Este glossário reúne palavras originárias do português e de outras línguas. No entanto, muitas vezes esses termos são utilizados em contextos diferentes do seu uso original, adquirindo significados absolutamente diferentes daqueles praticados na própria língua. Desse modo, é necessário identificar não somente a origem da palavra como também o contexto em que se atribui o significado aqui desejado. Para caracterizar esses contextos, foi estabelecida uma lista de campos de atividade profissional e conhecimento. Para palavras de uso habitual, quando é mantido seu uso corrente, adaptável a qualquer contexto, não é utilizada nenhuma indicação.

Blucher

Blucher

Rua Pedroso Alvarenga 1.245, 4º andar
04531-012 São Paulo – SP – Brasil
Tel 55 (11) 3078 5366
editora@blucher.com.br
www.blucher.com.br

Segundo Novo Acordo Ortográfico,
conforme 5. ed. do Vocabulário
Ortográfico da Língua Portuguesa,
Academia Brasileira de Letras, março de
2009.

É proibida a reprodução total ou parcial
por quaisquer meios, sem autorização
escrita da Editora.

Todos os direitos reservados pela
Editora Edgard Blücher Ltda.

Ficha Catalográfica

ABC da ADG / Associação dos Designers
Gráficos - Brasil. - São Paulo: Blucher, 2012.

Vários colaboradores.
ISBN 978-85-212-0632-3

1. Associação dos Designers Gráficos
2. Design - Brasil 3. Design gráfico -
Vocabulários, glossários, etc.

12-03948	CDD-745.403

Índices para catálogo sistemático:

1. Design gráfico: Vocabulários, glossários
    etc: Artes   745.403

ADGBrasil

ADG Brasil
Associação dos Designers Gráficos
Rua Pedroso Alvarenga, 1221 - 2º Andar
04531-012 - São Paulo - SP - Brasil
Tel 55 (11) 3066 2468
adg@adg.com.br
www.adg.org.br
www.twitter.com/adgbr
www.facebook.com/adgbrasil

ADG - Gestão 2011/2013

Diretores
Bruno Lemgruber
Chris Lima
Claudia El-moor
Fátima Finizola
Henrique Nardi
Rogério Maciel
Vanessa Rodrigues

Conselho Fiscal
Denise Tangerino
Samia Batista
Marco Aurélio Kato

Conselho de Ética
Adriana Campos
Alécio Rossi
João de Souza Leite
Ronald Capaz

Conselho Consultivo
André Stolarski
Cecília Consolo
Ruth Klotzel

Publisher
Edgard Blücher

Editor
Eduardo Blücher

Editor de desenvolvimento
Fernando Alves

Organização
Lara Vollmer

Revisora
Eugênia Pessotti

Projeto Gráfico
Vollmer Design

Diagramação
Mariana Oliveira

Ilustrações
Marcos Lisboa
Moana Moares

Colaboradores
Antonio Delfino
Antonio Roberto de Oliveira
Carin Ades
Ciro Roberto Matos
Cristiane Godinho Santarelli
Eunice Maria da Silva
João de Souza Leite
José Luis Solsona da Silva
Lara Vollmer
Mônica Moura
Paula Csillag
Sandra Maria Ribeiro de Souza
Solange Salva
Vivian Oliveira Preto

Impressão Yangraf

Tiragem 4.000

Papel capa e miolo
Cartão Supremo 300 gr.
Papel Couché Fosco 115 gr.

ADG Brasil

A Associação dos Designers Gráficos é uma associação sem fins lucrativos, de âmbito nacional, fundada em 1989 com o objetivo de congregar profissionais e estudantes para o fortalecimento do design gráfico nacional e o aprimoramento ético da prática profissional, bem como o desenvolvimento de seus associados.

ABC da ADG

Nos últimos anos, o Design Gráfico tem provado ser uma das profissões mais importantes para a evolução sistêmica e sustentável da nossa civilização, e já passou a ser uma ferramenta imprescindível para a conquista de um mundo mais organizado, otimista e belo. Por esse motivo, a nova edição do **ABC da ADG** incluiu a *Sustentabilidade* como mais um campo de conhecimento pertinente à nossa área.

Marketing, Artes Gráficas, Jornalismo e Fotografia, entre outras áreas da Comunicação, compõem a interdisciplinaridade tão pertinente ao Design Gráfico, e aqui se encontram também devidamente contempladas. Desde nossa primeira edição do **ABC da ADG**, muitos termos se perderam no tempo, enquanto tantos outros entraram em cena, criando uma constante necessidade de atualização. Esta segunda edição é uma prova concreta do rodízio de significados e significantes. Contudo, pretende-se aqui manter seu principal objetivo, que é o de continuar contribuindo com a universalização e melhor compreensão dos termos aplicados nas diversas áreas correlatas e de atuação do designer gráfico, dando apoio técnico e suporte sígnico – tanto para professores e alunos quanto para profissionais e clientes.

LARA VOLLMER

ORGANIZADORA

- **de** Design
- **ed** Editoração
- **em** Embalagem
- **ag** Artes Gráficas
- **mkt** Marketing
- **tip** Tipografia
- **ft** Fotografia
- **cin** Cinema, tevê e rádio
- **inf** Informática
- **pp** Publicidade e Propaganda
- **sus** Sustentabilidade
- **jor** Jornalismo

Aa

AA
Formato padrão de papel de impressão, também conhecido por 'dois A', com as dimensões 76 x 112 cm.

AA
Alteração do autor.

ABA
Associação Brasileira de Anunciantes. Associação civil sem fins lucrativos, com sede em São Paulo, que reúne empresas anunciantes de todo o País.

ABAD
Associação Brasileira de Atacadistas e Distribuidores.

ABA
Associação Brasileira das Agências de Propaganda. Associação civil sem fins lucrativos, com sede nacional em São Paulo, que reúne todas as agências de propaganda do Brasil.

ABDI
Associação Brasileira de Direitos de Informática e Telecomunicação.

ABEMD
Associação Brasileira de Marketing Direto. Associação que reúne empresas e usuários do sistema de marketing.

ABERT
Associação Brasileira de Emissoras de Rádio e Televisão. Associação civil sem fins lucrativos, com sede nacional em Brasília, que reúne emissoras de rádio e tevê. Fundação: 27-11-1962.

abertura
Veja diafragma.

ABIPEME
Associação Brasileira dos Institutos de Pesquisa de Mercado. Reúne parte das empresas do setor, estimulando o desenvolvimento da pesquisa de mercado no Brasil. Fundação: 9-12-1974, com sede em São Paulo.

ABNT
Associação Brasileira de Normas Técnicas. Órgão brasileiro responsável pelo estabelecimento de padrões e normas técnicas para todos os setores industriais, inclusive para produtos editoriais.

abordagem
Ato realizado por um(a) demonstrador(a), geralmente acompanhado por um folheto ou amostra promocional.

abordagem
Maneira de tratar a criação de um anúncio ou determinada campanha.

abordagem clássica
da probabilidade
Abordagem em que a probabilidade de um evento é determinada dividindo-se o número de maneiras como um evento pode ocorrer pelo número total de resultados possíveis.

abordagem contingencial
Concepção de que a técnica de administração que melhor contribui para o alcance dos objetos organizacionais pode variar em situações ou circunstâncias diferentes.

abordagem de custo total
Sistema de análise que avalia cada sistema de distribuição física possível e identifica todos os custos de cada alternativa.

abordagem de
mercado-alvo múltiplo
É a escolha de dois ou mais segmentos de mercado, tratando cada um deles com um composto de marketing diferente.

abordagem de
mercado-alvo único
É a escolha de segmento homogêneo como alvos da empresa.

abordagem sistêmica
Visão da organização como um sistema unificado e direcionado de partes inter-relacionadas.

aborta
Abortar, abandonar a execução de uma tarefa.

ABP
Associação Brasileira de Propaganda. Com sede no Rio de Janeiro, foi fundada em 16-7-1937.

ABRAS
Associação Brasileira de Supermercados.

abrir
Comando Abrir ou Open. Ao executá-lo, pode-se chegar a um documento já criado anteriormente.

ab

abrir letras
Aumentar o espacejamento entre as letras.

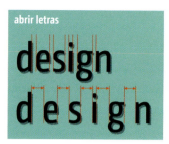

absorção de frete
Técnica segundo a qual vendedores assumem parte ou todo o ônus do frete, deduzindo-o de seus lucros.

ABTA
Associação Brasileira de Tevê por Assinatura.

acabamento
Processo de finalização de um produto gráfico (corte linear ou trilateral, plastificação, cultura, verniz, encadernação etc.)

acabamento mate
Termo atribuído ao acabamento fosco de superfícies impressas. Atribui-se a papel com superfície não calandrada, levemente acabado. Oposto de acabamento brilhante.

ação social
Qualquer atividade realizada pela empresa para atender às comunidades em suas diversas formas (conselhos comunitários, organizações não governamentais, associações comunitárias etc.), em áreas como assistência social, alimentação, saúde, educação, cultura, meio ambiente e desenvolvimento comunitário. Abrange desde pequenas doações a pessoas ou instituições até ações estruturadas, com uso planejado e monitorado de recursos, seja pela própria empresa, por fundações e institutos de origem empresarial, ou por contratados.

acceptable use policy - AUP
Regras de boa conduta para a utilização correta da rede e seus serviços. Pode ser um documento distribuído ao novo utilizador de um determinado sistema.

access
Acesso, entrada. Processo de obtenção de dados ou de acesso a arquivos.

access control
Controle de acesso – senha ou outro dispositivo de segurança que só permite o acesso de pessoas autorizadas a arquivos ou sistemas.

account
Contato. Elemento chave da agência que a representa para o cliente. Exige-se do contato, além de conhecimentos completos de propaganda, conhecimentos de marketing.

account director
Diretor de conta (ou de grupo de atendimento).

account executive
Executivo de conta, contato. Termo não adotado no Brasil, mas usado nas agências americanas que aqui operam.

account sampling
Em uma pesquisa de mercado, escolha de elementos ao acaso.

acento
Sinal ortográfico. Na língua portuguesa existem quatro acentos: agudo (´), grave (`), til (~) e circunflexo (^).

acerto de máquina
Todo o processo de preparação da máquina para assegurar uma impressão perfeita: alimentação da máquina, acerto das matrizes de impressão, ajuste de entintamento etc.

acessar
Entrar em um arquivo ou documento. Para que o arquivo seja encontrado pela máquina é preciso indicar a pasta ou diretório em que se encontra. Na Internet, é necessário fornecer o endereço eletrônico.

acesso
Ingresso, entrada, trânsito, passagem.

acesso dedicado
Forma de acesso à Internet no qual o computador fica conectado permanentemente a rede. Normalmente, o acesso dedicado é utilizado por empresas que vendem acesso e serviços aos usuários finais. Empresas de grande porte também

ad

estão conectando suas redes internas de forma dedicada à Internet. Além disso, todos os servidores encontrados na rede, como Web sites e servidores de FTP, mantêm uma ligação permanente para que os usuários possam acessá-los a qualquer momento. Nesse tipo de ligação, o computador recebe um endereço único pelo qual pode ser localizado.

acesso discado (dial-up)
É o tipo de acesso dos usuários comuns. Para utilizá-lo, basta um computador, linha telefônica e modem. O usuário utiliza o computador (com um programa de comunicação) para fazer a ligação até o seu fornecedor de acesso. Ao ser recebido pelo computador do fornecedor de acesso, ele deve fornecer seu nome de usuário e senha para poder entrar no sistema.

acetato
Base de película fotográfica ou cinematográfica, de combustão lenta, utilizada em transparências e fotolitos.

acondicionamento
Conjunto de operações específicas aplicadas a um produto para que possa ser transportado, estocado, distribuído, comercializado e consumido em condições adequadas.

acondicionamento
Do inglês packing – envoltório que tem a finalidade de acomodar e proteger produtos embalados.

acordo de preço
Ação ilegal de aumentar, baixar ou estabilizar preços em conjunto, praticada por algumas empresas.

acrílico
Nome comum do polimetil-
-metacrilato (PMMA), que é um termoplástico duro, vítreo e de alta transparência.

active
Profissional que exerce ação, que age, funciona, trabalha, move-se etc.

active window
Janela ativa, a janela do aplicativo realmente em uso.

active-X
Linguagem de programação, criada pela Microsoft, que permite a inclusão de itens multimídia em páginas Web.

acumulação de capital
Acumulação progressiva da capacidade de produzir riquezas.

AD
Abreviatura de advertisement – anúncio.

ad hoc
Pesquisa solicitada por apenas um cliente, com objetivos específicos.

ADC (Analog to Digital Converter)
Conversor Analógico-Digital – Uma placa de som que pode gravar sons.

add-in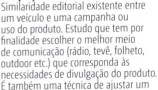
Aquilo que é adicionado; arquivos ou programas que são instalados como assistentes – ou para acrescentar comandos ou funções a outro programa; diz-se dos programas complementares que dão suporte a certos aplicativos.

add-on
Adicional; arquivos, programas ou dispositivos suplementares. Um add-
-on vem incluído em um programa, e trabalha em conjunto com ele, acrescentando recursos ou melhorando o seu desempenho.

adequação
Similaridade editorial existente entre um veículo e uma campanha ou uso do produto. Estudo que tem por finalidade escolher o melhor meio de comunicação (rádio, tevê, folheto, outdoor etc.) que corresponda às necessidades de divulgação do produto. É também uma técnica de ajustar um produto e um segmento de mercado pré-escolhido.

adesivo
Material impresso dotado de possibilidade de fixação por uma das faces (papel, plástico, metal, poliéster, cartão e outros). Por exemplo: adesivos de automóvel, avisos, sinalizadores, plaquetas e outros. Exceto rótulos e etiquetas autoadesivas.

adesivo
Lâmina impressa feita sobre um suporte adesivo e recortado.

11

ad

adesivo de chão
Adesivação no piso do ponto de venda, para a promoção de um produto ou serviço.

adesivo dupla face
Adesivo que permite fixação em ambas as faces.

ADG
Associação dos Designers Gráficos. Entidade sem fins lucrativos voltada para a divulgação e valorização do design gráfico brasileiro e do trabalho de seus profissionais. De caráter nacional, sua sede localiza-se em São Paulo.

adjacência
Relação topológica que permite distinguir elementos que têm, pelo menos, um ponto em comum. Tomando-se um atributo comum, o conceito de adjacência é utilizado para se agrupar elementos geográficos.

administração da qualidade total (TQM)
Busca constante da qualidade geral que envolve toda a empresa para melhor atender às necessidades do cliente.

administração de força de vendas
Objetivos, estratégicas, estrutura e remuneração das atividades da força de vendas; inclui a definição dos objetos de força de vendas, o projeto de sua estratégia e o recrutamento, a seleção, o treinamento, a supervisão e a avaliação dos vendedores da empresa.

administração de marketing
1. Processo de análise das oportunidades de marketing, de pesquisa e seleção de mercados alvos, de desenvolvimento da estratégia de marketing, de elaboração de planos de marketing, de organização, implementação e controle do esforço de marketing. 2. Controle de toda atividade mercadológica de uma empresa que compreende a escolha de objetivos e estratégias para os produtos existentes e também o estudo de oportunidade para o lançamento de produtos. 3. Esforço de compradores e/ou vendedores para conduzir a relação de troca, tendo em vista o ganho mútuo ou pessoal.

administração de preço
Ajustamento de preços à medida que estes se deslocam por meio dos canais de distribuição e são confrontados com certas condições de mercado.

administração de produto
Área do marketing que se ocupa especificamente de um produto de uma linha de produtos ou grupo de produtos afins. O gerente ou administrador de produto tem responsabilidade de manter os produtos já existentes, desenvolver, testar e lançar novos produtos, sua comercialização, seu envolvimento promocional e publicitário, sistemas de atendimento ao consumidor e assistência técnica aos produtos por ele geridos. O mesmo que gerência de produtos.

administração estratégica
Engloba as tarefas de coordenação do plano estratégico, seus primeiros passos, montagem do sistema de informação sobre o ambiente e, se necessário, do lobby que irá defender os interesses do grupo perante o poder público.

adoção
Decisão tomada por um indivíduo de tornar-se usuário regular de um produto.

adotantes iniciais
Aqueles que seguem ou imitam os inovadores e são importantes para a adoção pelos demais grupos.

adotantes inovadores
O primeiro segmento da população a adotar um novo produto ou serviço.

adotantes maioria inicial
Um grande grupo que segue os adotantes iniciais.

adotantes maioria tardia
O outro grande grupo que segue os adotantes da maioria inicial.

adotantes retardatários
A última parte da população a adotar.

ADs small
Pequenos anúncios classificados. Anúncios econômicos.

ADSL (Asymmetric Digital Subscriber Line)
Sistema de transmissão de dados por

ag

meio de linhas telefônicas tradicionais. Com a ADSL a frequência do sinal que chega ao domicílio é dividida em três canais: de 0 a 4 Khz para o serviço normal de telefonia, e o restante para o upstream (velocidade de upload feito pelo usuário), que pode chegar a 640 Kbps, e downstream, que opera na faixa de 6 Mbps. O principal problema do ADSL é que, além dos elevados custos dos equipamentos adicionais e do serviço propriamente dito, as distâncias entre a casa do usuário e a central não podem ser maiores do que 3,7 quilômetros.

advance premium
Prêmio adiantado. Prêmio entregue anteriormente à realização de uma compra.

advertisement
1. Maneira por meio da qual o conteúdo de uma mensagem publicitária é apresentado, utilizando para isso os recursos da comunicação imprensa ou eletrônica. Sua finalidade básica é informar, convencer, persuadir, segmentos de públicos em relação a ideias, serviços ou produtos. 2. Notícia ou aviso sobre qualquer fato levado ao conhecimento público. Veja também anúncio.

advertiser
Anunciante.

aerógrafo
Instrumento de pressão, de formato semelhante ao de uma caneta-tinteiro, que borrifa tinta por meio de ar comprimido sobre desenhos, cartazes, fotos etc. É usado manualmente para criar efeitos de gradação de tom, ilustrações e retoques de imagens.

aerógrafo

aerosol
Embalagem com gás propelente.

after market
Expressão em inglês que significa, literalmente, "depois do mercado"; consiste nas operações realizadas pela bolsa de valores de São Paulo (Bovespa) e pelas corretoras credenciadas, depois do encerramento do pregão normal (entre 11h00 e 18h00). Os negócios são realizados pela Internet e têm início às 19h00, prosseguindo até as 22h00.

after marketing
Pós-marketing, um dos componentes chave do marketing de relacionamento. Trata das relações duradouras com o cliente, antes, durante e, principalmente, depois da venda. Mais do que uma simples atitude, o marketing de relacionamento é uma filosofia que deve envolver todos os escalões da empresa para surtir efeito real e eficiente. O pós-marketing significa o fortalecimento da lealdade dos clientes ao encontrar e administrar suas expectativas.

age group
Agrupamento pela idade. Classificação de um grupo social por idades, para, assim, analisar como a mensagem publicitária é compreendida pelo receptor.

agência de propaganda ou publicidade
Prestadora de serviços, especializada no planejamento, organização e execução de programas de propaganda e publicidade, que tem por finalidade analisar e propor alternativas mercadológicas ao cliente, utilizando para isso as peças de comunicação mais adequadas, como anúncios, comerciais de tevê, folhetos, *jingles*, *spots*, cartazes, pôsteres etc. Suas funções básicas são: planejamento estratégico de campanhas; criação publicitária; produção e veiculação de anúncios comerciais e demais peças de campanhas. É utilizada para difundir no mercado uma empresa ou produto que se queira tornar público.

agências de crédito (rating)
São agências internacionais de avaliação de crédito que, depois de examinar a situação econômica e financeira de países, empresas, instituições etc., aconselham seus clientes a investir ou não nesses mercados, ou avisam sobre o risco existente nos investimentos.

agency
Agência de propaganda.

13

ag

agency agreement [pp]
Um acordo entre agências de publicidade, estabelecendo normas de colaboração ou atividade. Também pode ser um acordo estabelecido entre uma agência e um cliente.

agenda [ed]
1. Publicação em forma de livro ou similar, em geral com indicação de data dia a dia, destinada a anotações de compromissos. 2. Termo utilizado para uma seção que divulga eventos.

Agenda 21 [sus]
Foi um dos principais resultados da conferência Eco-92 ou Rio-92, ocorrida no Rio de Janeiro, Brasil, em 1992. Com a colaboração de 179 países, a Agenda 21 objetiva o desenvolvimento sustentável, priorizando o meio ambiente. O documento brasileiro foi elaborado com base na conservação ambiental, justiça social e crescimento econômico do País.

agent [inf]
Um programa de computador ou processo que opera sobre uma aplicação cliente ou servidor e realiza uma função específica, como uma troca de informações.

agente de compras [mkt]
Aquele que representa uma empresa e é o encarregado de efetuar compras em determinada região.

agente de mudança [mkt]
Em marketing social, um indivíduo, uma organização ou uma aliança que procure introduzir uma mudança social.

agentes de vendas [mkt]
Intermediários que, em sua atividade, assumem a tarefa de marketing que deveria ser desenvolvida pelos fabricantes.

agregação de mercado [mkt]
Estratégia de produzir um único produto e oferecê-lo a todos os consumidores com um só programa mercadológico.

água-forte [ag]
Técnica usada para gravar chapas metálicas com ácido.

água-tinta [ag]
Designação genérica das técnicas de calcogravura, cuja impressão resulta em estampas com aspecto de aguada.

airbrush
Sistema de pintura (acréscimo de cores) na tela, semelhante à aplicação de spray ou aerógrafo (ocupando gradualmente a cor de fundo). Ver aerógrafo.

alcance [mkt]
Porcentagem de pessoas no mercado alvo expostas a uma campanha de propaganda ou a certos tipos de veículos, ou mídias, durante um período de tempo.

alceamento [ag]
Também chamado colecionamento. Arranjo de folhas ou cadernos na sequência adequada para que as páginas fiquem na ordem correta antes da costura e da encadernação.

aleatório [mkt]
Termo muito conhecido em pesquisa de mercado, estende-se como processo de escolha de uma amostra feita ao acaso, mas com a característica de que cada elemento dentro desse universo tenha igual probabilidade de ser incluído na amostragem.

algarismo arábico [tip]
Cada um dos caracteres do sistema de numeração árabe: 1, 2, 3, 4, 5, 6, 7, 8, 9, 0.

aliança estratégica [mkt]
Parceria com outra empresa ou com outra divisão dentro de uma empresa

de várias divisões, para oferecer a um cliente produtos ou serviços que estejam fora da competência essencial daquela empresa/divisão. Embora a maioria das alianças estratégicas sejam feitas com organizações não concorrentes, pode valer a pena fazer uma aliança estratégica, até mesmo com um concorrente, para manter o relacionamento com um dado cliente.

alias
Significa segundo nome, ou apelido. Pode referenciar um endereço eletrônico alternativo de uma pessoa ou grupo de pessoas, ou um segundo nome de uma máquina. É também um dos comandos básicos do UNIX.

aliasing
Termo que designa a distorção provocada pelo mapeamento de pontos no computador – irregularidades em "escada" ou serrilha – nas linhas desenhadas ou na borda de áreas de cor em imagens gráficas. Excesso de contraste entre pixels vizinhos de uma imagem; o mesmo que serrilhado.

alimentos transgênicos
São alimentos produzidos com organismos geneticamente modificados, normalmente com a introdução de genes de outra espécie em seu genoma. O objetivo geral do desenvolvimento de transgênicos é tornar as plantações mais resistentes a pragas e a condições ambientais adversas, como períodos de secas, além de aumentar a produtividade das lavouras. A técnica ainda gera polêmicas, pois as consequências que esses alimentos podem trazer ao organismo humano ainda são desconhecidas.

alinhamento
Disposição precisa de linhas de textos, letras ou imagens por meio de uma linha imaginária vertical ou horizontal. Ao utilizar-se uma linha vertical, ainda assim, o texto pode ser alinhado à esquerda, à direita, centralizado ou justificado. Uma linha imaginária horizontal orienta a disposição de textos e imagens, na maioria das vezes, pela linha de base, podendo fazê-lo, entretanto, pela linha da caixa alta e pelo limite superior das imagens. Nesse último caso, costuma-se dizer texto e imagens parangonados.

all-type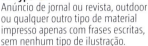
Anúncio de jornal ou revista, outdoor ou qualquer outro tipo de material impresso apenas com frases escritas, sem nenhum tipo de ilustração.

alocação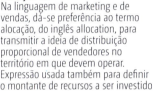
Na linguagem de marketing e de vendas, dá-se preferência ao termo alocação, do inglês allocation, para transmitir a ideia de distribuição proporcional de vendedores no território em que devem operar. Expressão usada também para definir o montante de recursos a ser investido em uma campanha ou evento.

alocação de marketing
Divisão do esforço de mercado de uma empresa entre seus produtos, seus segmentos de clientes e suas áreas de venda.

altas luzes
Áreas mais claras de uma imagem.

alteração climáticas
Mudanças bruscas nos diversos fenômenos climáticos que ocorrem na atmosfera. Podem ter causas naturais ou humanas; o principal responsável não natural – ou humano – dessas alterações é o efeito estufa.

alto-contraste
1. Efeito fotográfico que transforma a imagem em áreas sem muitas nuances, podendo chegar à eliminação total dos meios-tons.; quando aplicado em imagens coloridas, realça suas cores predominantes. 2. Diz-se da reprodução fotográfica que resulta dessa técnica.

altura das maiúsculas
(Cap-height, inglês). Altura da letra maiúscula X. Essa altura, indicada em pontos, é a medida da distância da

15

linha base até ao topo de um caractere com o M, T, U, W, X, Z etc.

altura-x
(x-height, inglês). Altura da letra minúscula x, usada para caracterizar um parâmetro essencial: a altura das letras minúsculas, em comparação com a altura das maiúsculas. Refere-se à altura das letras de caixa baixa de uma fonte, excluindo-se as hastes ascendentes e descendentes. Este parâmetro deve ser sempre entendido e referenciado como um número relativo, não como um número absoluto. Por exemplo: "A fonte XYZ tem uma altura-x grande: 9 pontos para uma letra com corpo de 10 pontos". Indicar um valor alto para a altura-x é constatar que os ascendentes e descendentes são curtos. Quanto maior for a altura-x, maiores serão as letras minúsculas relativamente às maiúsculas – e menos legíveis serão os caracteres.

aluguel de espaço
Prática de supermercados que alugam pontas de gôndola e espaços promocionais para exposição extra de produtos. O pagamento é feito por cheque, desconto em duplicata ou bonificação.

amostra
1. Oferta de uma quantidade grátis de um produto para experimentação; ela pode ser entregue porta a porta, enviada pelo correio ou distribuída em lojas. É um instrumento muito eficaz de vendas constituindo um estímulo à experimentação que pretende causar aumento de vendas do produto. 2. Segmento de população selecionado para pesquisa de mercado por representar a população como um todo. Subconjunto de uma população.

amostra aleatória
Amostra que foi escolhida ao acaso. O processo de amostragem aleatória permite obter uma amostra realmente representativa da população que se deseja estudar, isto é, cada elemento da população tem igual probabilidade de ser incluído na amostra. Uma das maneiras mais conhecidas de selecionar amostras representativas da população é a utilização da tabela de números equiprováveis, especialmente construída para esse fim.

amostra aleatória simples
Amostra probabilística em que cada elemento da população tem uma chance igual e conhecida de ser incluída.

amostra de conveniência
Amostra improbabilística em que os respondentes entram por acidente na amostragem.

amostra dependente
Amostra cujos valores estão relacionados com os valores de outra amostra.

amostra estratificada
Amostra probabilística que se distingue por um procedimento em duas etapas em que (1) a população é dividida em subgrupos chamados estratos e (2) a amostra aleatória simples é escolhida independentemente em cada subgrupo ou estrato.

amostra improbabilística
Procedimento de amostragem em que a seleção de um membro de uma população como base para a amostra tem por fundamento, em parte, o julgamento do entrevistador ou do pesquisador.

amostra independente
Amostra cujos valores não estão relacionados com os valores de outra amostra.

amostra por área
Amostra probabilística em que a população é dividida em áreas pelo emprego de mapas; depois é selecionada uma amostra das áreas.

amostra por julgamento
Amostra improbabilística em que os respondentes são escolhidos por uma pessoa que esteja informada sobre o quanto eles representam a população em estudo.

amostra por quota
Amostra improbabilística em que o entrevistador recebe uma quota que especifica as características das pessoas a serem entrevistadas, mas cuja seleção dos membros as serem pesquisados depende da escolha do entrevistador.

amostra probabilística
Amostra em que cada elemento da população tem uma chance conhecida de ser selecionado.

an

amostragem
Procedimento por meio do qual é realizada a amostra da população. Há vários métodos de amostragem sistemática (após ordenada a população, seleciona-se a amostra probabilística); amostragem por estágios múltiplos (utilização de um tipo de amostragem aleatória em cada um de seus estágios); amostragem estratificada; por cotas etc.

amostragem de conveniência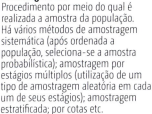
Amostragem em que os dados são selecionados em função de sua facilidade de acesso.

amostragem estratificada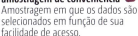
Processo de amostragem em que as amostras são extraídas de estratos. (classes).

amostragem por conglomerado
Amostragem feita a partir da divisão da área populacional em seções (ou conglomerados), seleção aleatória de algumas dessas seções e escolha de todos os elementos das seções selecionadas.

amostragem sistemática
Amostragem em que é selecionado cada elemento.

amostras emparelhadas
Duas amostras que são dependentes, no sentido de que os valores dos dados correspondem aos pares.

ampersand
O caractere &, em português designado "e" comercial, em inglês "and" e em francês "et" – a forma original (e+t=&).

ampliação
Reprodução de foto, desenho ou gravura, em tamanho maior do que o original.

amplitude de classe
Diferença entre dois limites inferiores de classe consecutivos em uma tabela de frequências.

AMPRO
Associação de Marketing Promocional.

análise ABC
Técnica administrativa desenvolvida nos Estados Unidos que afirma que poucos problemas são realmente vitais, enquanto grande número de outros apenas consomem tempo. Essa situação é denominada síndrome dos 20/80.

análise da concorrência
Diz respeito a avaliação das forças e fraquezas dos diferentes concorrentes e suas estratégias habituais.

análise da variância de um critério
Análise da variância envolvendo dados classificados em grupos, segundo um único critério.

análise da variância de um fator
Veja análise da variância de um critério.

Análise de agrupamento
Tipo de classificação que envolve a determinação do número de classes, o desvio padrão e o número de elementos em cada classe. Baseia-se no agrupamento desses elementos por meio de medidas de similaridade de seus atributos ou atributo analisado, sendo o limite de semelhança normalmente estipulado pelo usuário.

análise de adequação de lugares
Técnica geográfica analítica, utilizada para apresentar quadros da situação de uma localização, com base no uso dos atributos das entidades estudadas com relação a vários temas, para encontrar um lugar que melhor se adapte a uma futura utilização ou estabelecimento de uma determinada atividade.

análise de agrupamentos similares
Análise estática, que agrupa pessoas ou objetos.

análise de decisão e risco
Processo para assegurar a qualidade da tomada de decisão, dando ênfase especial a áreas de incerteza sobre o problema.

análise de discrepâncias
A diferença entre a previsão dos gerentes sobre a conclusão de uma pesquisa e o resultado real. Quanto maior a discrepância entre os resultados reais e os previstos, mais valiosa é essa informação.

análise de discriminante
Técnica utilizada para identificar perfis inovadores. Essa técnica

desenvolve critérios importantes para segmentação do mercado e examina o comportamento de preferência de marca do consumidor.

análise de fatores
Conjunto de técnicas estatísticas que estudam as inter-relações entre as variáveis observadas. Seu propósito é determinar se um grande número de variáveis tem um pequeno número de fatores comuns responsáveis por sua intercorrelação.

análise de mercado
1. Função que estabelece e delimita as características do mercado a ser atingido, definindo sua potencialidade.
2. Atividade que visa obter a direção das mudanças que provavelmente vão afetar os mercados e a demanda de produtos e serviços de uma empresa.
3. Variante de pesquisa de marketing. Veja também macroambiente.

análise de negócios
Revisão da análise de vendas, custos e projeções de lucros para um novo produto para descobrir se esses fatores satisfazem os objetivos da empresa.

análise de participação de mercado
1. Ato de a empresa verificar se está ocupando maior ou menor espaço no mercado ou segmento de atuação.
2. Avaliação das vendas da empresa em relação a seus concorrentes no mercado.

análise de portfólio
O processo feito para se detectar as diferentes contribuições dos componentes de um portfólio sob o ponto de vista da satisfação dos clientes, do nível de concorrência, da participação no mercado ou segmento.

análise de regressão
Recurso estatístico empregado para melhorar a previsibilidade da resposta baseada na análise de relacionamento múltiplo dentro de um banco de dados.

análise de regressão múltipla
Técnica de estimar uma equação que apresenta a contribuição de variáveis independentes na variável dependente. É utilizada em pesquisa de mercado, para prever desenvolvimento futuro de um produto ou serviço por meio da utilização da equação de regressão, considerando variáveis dependentes e independentes.

análise de séries temporais
Forma de análise estatística que consiste em dividir as vendas passadas de um produto ou serviços em seus componentes de tendência, de ciclo, de sazonalidade de eventos irregulares e, em seguida, recombiná-los para produzir uma previsão de vendas.

análise de valor
1. Método sistemático de avaliação de matérias-primas e componentes de um produto, para permitir aperfeiçoamentos e economia na produção. Em geral, essa análise serve de base para que as empresas industriais façam comparações entre os produtos e serviços que lhes são oferecidos. 2. Método de análise no qual os componentes são estudados com o propósito de determinar se podem ser projetados, padronizados ou feitos por métodos menos dispendiosos, visando otimização dos resultados.

análise de variância
Método de análise da variância de uma população a fim de fazer inferências sobre esse grupo populacional.

análise de variância de dois critérios
Análise da variância que envolve dados classificados segundo dois fatores diferentes.

análise decisória
Método de alcançar qualidade decisória por meio da combinação de aspectos da teoria de análise de sistemas e decisão estatística para formar um corpo de conhecimento que possa tratar com pragmatismo as escolhas em situações complexas, dinâmicas e incertas.

análise do ambiente
É o processo de identificação de Oportunidades, Ameaças, Pontos Fortes e Pontos Fracos que afetam a Empresa.

análise do concorrente
Processo de identificar os principais concorrentes, analisar seus objetivos, forças, fraquezas, estratégias e padrões de reação, bem como selecionar quais concorrentes atacar e quais evitar.

análise do estilo de vida
Muito importante para a área de

marketing é análise do padrão de vida de uma pessoa, que é normalmente expresso por suas atividades, interesses e opiniões. Recebe também a denominação de perfil psicográfico ou análise psicográfica.

análise estatística de demanda
Conjunto de procedimentos estatísticos utilizado para descobrir os fatores reais mais importantes que afetam as vendas de qualquer produto e a influência relativa de cada um desses fatores. Os fatores mais comumente analisados são preço, renda, população e promoção.

análise estimativa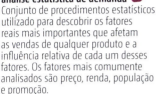
Descrição de eventos futuros tais como o treinamento necessário para que o pessoal do escritório trabalhe no "escritório do futuro" ou a natureza de sistemas de entretenimento doméstico em ano futuro. Pode ser um resumo descrevendo o envolvimento de uma sequência de eventos ou apenas um instantâneo de uma situação futura.

análise exploratória de dados (EDA)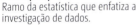
Ramo da estatística que enfatiza a investigação de dados.

análise fatorial
1. Ferramenta estatística empregada para determinar a seleção de fatores dentro de um banco de dados que influenciam na resposta. 2. Processo estatístico para tentar descobrir uns poucos fatores básicos que podem fundamentar e explicar correlações entre grande número de variáveis.

análise multivariada
Instrumental estatístico que estuda as múltiplas variáveis independentes, simultaneamente, para identificar um padrão ou padrões de perfis de consumidores em um banco de dados. É o estudo de um fenômeno (pessoas, empresas, objetos etc.) cujo entendimento requer a análise simultânea de múltiplas variáveis. As técnicas multivariadas são uma extensão da análise univariada e da análise bivariada. A seleção apropriada de uma técnica multivariada envolve a identificação e a mensuração das variáveis que serão levadas em conta na análise.

análise psicográfica
Análise do padrão de vida de uma pessoa, que é normalmente expresso por suas atividades, interesses e opiniões. Recebe também a denominação de perfil psicográfico ou análise psicográfica, sendo muito importante para a área de marketing.

análise qualitativa
Técnica que avalia informações geradas de forma não numérica, com entrevistas detalhadas de consumidores ou clientes, e que requer o emprego de métodos de análise mais interpretativos.

análise quantitativa
Técnica que enfatiza a inspeção dos dados por meio da utilização de elementos estatísticos. Os métodos quantitativos são objetivos e imparciais, embora sua interpretação possa ser feita de maneira parcial.

análises de tendências
Estudo que se baseia na análise e interpretação das inclinações, preferências ou propensão das diferentes variáveis de mercado, como a econômica, financeira e tecnológica, entre outras.

analógico
O oposto de digital; baseado em analogia. Descreve a expressão de uma quantidade em termos de mudanças contínuas.

ANATEL
Agência Nacional de Telecomunicações. Órgão regulador do setor, no Brasil.

anchor
É uma marcação inserida em um ponto de uma página Web, de forma que se tenha referência a esse ponto em uma determinada URL. Assim, partindo dessa URL, o usuário é levado diretamente para o ponto da marcação. ANEP Associação Nacional das Empresas de Pesquisa. Reúne parte das empresas do setor, incentivando o desenvolvimento da pesquisa de mercado no Brasil. Com sede em São Paulo, foi fundada em 19-2-1992.

anglo-americano
Sistema de medição tipográfica dos países de língua inglesa, derivado da polegada e estabelecido ao final do século XIX. Dispõe de duas unidades básicas, o ponto e a paica. Um ponto equivale a 1/72 de uma polegada, e 12 pontos constituem uma paica. Veja também didot e paica.

an

ângulo de retícula
Ângulo no qual as retículas são posicionadas para proporcionar a melhor ilusão de tom contínuo, evitando o efeito moiré. Veja também retícula.

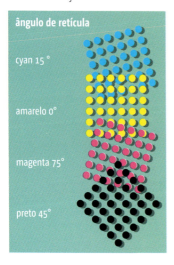

animação em 2-D
Animação que ocorre em um plano reto, imaginário, com apenas duas dimensões, altura e largura ou, em termos mais técnicos, um eixo x e um eixo y. Um animador pode adicionar uma ilusão tridimensional à animação utilizando truques de sombra bem-feitos e outros truques gráficos, mas, mesmo assim, a animação ainda ocorrerá em uma superfície bidimensional.

animação em 3-D
Modelagem e animação criadas em um programa que suporta um espaço virtual tridimensional com altura, largura e profundidade (o eixo z). Quando o modelo está formado, o animador pode movê-lo ou transformá-lo, alterando o seu tamanho, movendo-o ao longo dos eixos x, y e z e rotacionando-o ao redor de um eixo. Os programas 3-D podem também gravar cada etapa da transformação.

animador de vendas
Veja demonstrador(a).

ANJ
Associação Nacional de Jornais. Associação civil sem fins lucrativos, com sede nacional no Rio de Janeiro, fundada em 17-8-1979, que reúne as empresas editoras de jornais diários de circulação paga.

ANLOC
Associação Nacional de Lojas de Conveniência.

ano-base
Ano em que se tomam iguais a 100 os valores da intensidade de um fato, cujos números–índices pretendemos calcular.

anodização
Proteção ou decoração de uma peça de alumínio por oxidação anódica.

anonymous
Anônimo. Normalmente utilizado para o login num servidor FTP, para indicar que se trata de um utilizador não registado na máquina em questão.
A senha a fornecer deve ser o endereço eletrônico.

ANSI
American National Standards Institute. Organização afiliada à ISO e que é a principal organização norte-americana envolvida na definição de padrões (normas técnicas) básicos como o ASCII.

anterrosto
Primeira página de grande parte dos livros, que precede imediatamente a página de rosto e na qual vem impresso apenas o título da obra. Veja também falsa folha de rosto.

antetítulo
Palavra ou frase geralmente localizada anteriormente a um título, muitas vezes acima, como uma introdução.

anti-aliasing
Suavização. Técnica que torna uma transição de cor, em um bitmap, menos abrupta, diminuindo a aparência serrilhada e evitando o efeito aliasing. Nessa técnica, os pixels são misturados em valor e cor, surgindo valores intermediários, de forma a suavizar as bordas e criar uma ilusão de suavidade e a impressão visual de maior resolução.
O anti-aliasing de fontes em bitmaps é produzido interpolando-se para baixo (em geral, para metade do

20

ap

tamanho) o desenho das letras. Existem várias tecnologias anti-aliasing: da Adobe (integrada no ATM) e da Microsoft, integrada no sistema operativo Windows (ClearType).

anti-halo
Produto químico colorido e um pouco opaco que reveste a parte posterior da base dos filmes, para impedir o halo. Esse produto desaparece nos banhos de revelação.

antiqua
[Romana, em português; antigua, em espanhol] Designação alemã para os caracteres romanos serifados, derivada da expressão italiana renascentista littera antiqua.

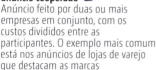

anúncio
Peça publicitária para mídia impressa. O termo também é utilizado como sinônimo de qualquer peça de propaganda. Em tevê se diz "comercial" e em rádio se diz "spot" ou "jingle".

anúncio cooperado
Anúncio feito por duas ou mais empresas em conjunto, com os custos divididos entre as participantes. O exemplo mais comum está nos anúncios de lojas de varejo que destacam as marcas de determinados fabricantes. Pode ser institucional ou promocional.

AP
1. Sigla utilizada pelos departamentos de mídia para designar apropriação de verba. 2. Autorização de publicação. Veja também autorização.

apara
Sobra do papel cortado pela guilhotina por exceder a linha de corte de um trabalho impresso.

aparador
Veja faixa de gôndola.

apelo
Aquilo de mais interessante, de mais atrativo, que existe em um produto ou serviço e que servirá de estímulo para a decisão de compra, seja ela emocional ou racional.

apelo emocional
Mensagem que utiliza fatores da emoção para gerar reações positivas ou negativas.

apelo moral
Mensagem direcionada que utiliza o senso comum em relação ao que é justo e correto.

apelo racional
Mensagem que apela para o autointeresse do público, mostrando os benefícios do produto. Exemplo: qualidade, economia, valor ou desempenho do produto.

apêndice
Parte suplementar a uma matéria, a um texto ou ao conteúdo de um livro, que se agrega ao seu final para propiciar esclarecimento.

aperfeiçoamento contínuo
Desenvolvimento pessoal e intelectual (relacionado tanto com os conhecimentos necessários para desempenhar as tarefas do trabalho quanto aos conhecimentos mais universais), que pode ser realizado por meio de atividades sistemáticas e organizadas para essas finalidades, como treinamentos, cursos, seminários, vivências etc.

API
Application Programming Interface — Interface de Programa Aplicativo. Um conjunto de funções e sub-rotinas que o sistema operacional coloca à disposição dos aplicativos para ativar um determinado dispositivo no programa. A Microsoft utiliza várias APIs nas várias versões do Windows, como a Win16 API, Win32 API, a OLE API e a Telephony API, entre outras. Quando um programa executa uma função em que estão envolvidos recursos do sistema operacional, muito provavelmente ele está fazendo uma chamada para alguma API do Windows.

aplicação
Programa que faz uso de serviços de rede,

ap

tais como transferência de arquivos, login remoto e correio eletrônico.

apoio a vendas
Aplicação do telemarketing que proporciona à equipe de vendas de campo contatos "quentes" e maneiras para desempenhar uma variedade de funções de apoio, como qualificação de leads, verificação de posição de créditos, controle de pedidos e entrega ou recebimento de pedidos.

appeal
Veja apelo.

Apple
Um dos primeiros fabricantes de computadores pessoais, sendo pioneiro no desenvolvimento de interfaces amigáveis, fáceis de usar.

applet
Pequeno programa escrito em linguagem Java para ser inserido em uma página Web. A expressão applet é usada para diferenciá-lo dos aplicativos, que também podem ser criados com a linguagem Java e executados em qualquer computador, sem o auxílio do browser.

approach
1. Etapa do processo de vendas na qual o vendedor se encontra com o comprador e tem sua primeira conversa com ele, devendo dar-se um início positivo ao relacionamento. 2. Maneira de tratar a criação de um anúncio ou determinada campanha. Veja também abordagem.

aprendiz
Maior de 14 anos e menor de 18 que está inscrito em programa de aprendizagem regulamentado pela CLT, a qual dispõe sobre o contrato de aprendizagem a obrigação das empresas em empregar aprendizes, a carga horária permitida, piso salarial do aprendiz e outros direitos. A lei 10.097/00 conceitua o contrato de aprendizagem como "o contrato de trabalho especial, ajustado por escrito e por prazo determinado, em que o empregador se compromete a assegurar ao maior de 14 anos e menor de 18 anos, inscrito em programa de aprendizagem, formação técnico-profissional metódica, compatível com o seu desenvolvimento físico, moral e psicológico, e o aprendiz, a executar, com zelo e diligência, as tarefas necessárias a essa formação". (Fonte: Fundação Abrinq. Disponível em: <http://www.fundabrinq.org.br>)

aproveitamento de papel
Estudo e escolha do melhor formato de papel a ser utilizado para a impressão de um produto, visando a menor perda possível de papel.

aquecimento global
Aumento da temperatura média dos oceanos e do ar perto da superfície da Terra que ocorre desde meados do século XX e que deverá continuar no século XXI. As pesquisas recentes indicam que a queima de combustíveis fósseis, a queimada de florestas e a poluição industrial lançam gases que intensificam o efeito estufa, provocando mudanças climáticas e o aquecimento global.

arbitragem
Tirar proveito da diferença entre dois preços distintos para uma mesma ação ou commodity.

Archie
Ferramenta de procura de arquivos. Para consultá-lo, usa-se o Telnet ou enviam-se comandos por e-mail. O Archie devolve uma lista com os arquivos encontrados por meio de palavras-chave ou de alguma descrição. Existem vários servidores Archie espalhados pela rede.

arco
Componente de uma letra minúscula, formada por uma linha em forma de bengala, que nasce na haste principal.

área comercial
Região demarcada de um centro de distribuição de produtos, caracterizada pelos apelos de diversificação e precificação dos produtos oferecidos tanto em nível de atacado como de varejo.

área de atração comercial
Região na qual residem os consumidores que se poderiam tornar clientes de determinado ponto de venda.

área de influência
Raio de ação de atração de um ponto de venda, medida potencialmente pelo tempo ou distância ideal de deslocamento do consumidor.

área geográfica
1. Área coberta por determinado veículo de mídia. 2. Área de cobertura de um plano de mídia. Veja também região geográfica.

áreas Nielsen
Sete áreas geográficas definidas pela empresa A.C. Nielsen, para realização de pesquisas de mercado de varejo brasileiro. Abrangem os estados litorâneos do Ceará ao Rio Grande do Sul, além de Minas Gerais e Distrito Federal, Mato Grosso do Sul e Goiás, compreendendo cerca de 89% da população brasileira.

argumentação
Ato de explorar positivamente o principal atributo de um produto ou serviço, levando o consumidor a aceitá-lo e adquiri-lo. Também conhecido como argumento de venda.

armação
Elemento rígido ou estrutura que sustenta os vários componentes de um expositor.

Arpanet
Rede de computadores criada em 1969 pelo Departamento de Defesa norte-americano, interligando instituições militares. Em meados dos anos 1970, várias grandes universidades americanas aderiram à rede, que deu lugar à Internet.

arquivar
Armazenar ou gravar. Deixar um ou mais itens guardados em disquete, no disco rígido da máquina ou em outra mídia.

arquivo
Conjunto de dados agrupados em uma unidade – podem ser números, textos, imagens ou programas. Cada arquivo representa um documento próprio que precisa estar relacionado ao sistema de alguma forma para poder ser aberto e utilizado.

arquivo aberto
1. Denominam-se assim os arquivos de computador em formato nativo do programa utilizado para a feitura do trabalho. Ex.: CDR, PM6, AI, PSD etc. 2. Arquivo salvo no próprio programa em que foi criado como por exemplo arquivos de PageMaker/InDesigner, QuarkXpress, Illustrator ou CorelDRAW.

arquivo digital
Arquivo de informações (texto e/ou imagem) gerado em computador; também chamado de arquivo eletrônico.

arquivo fechado
Diz-se de arquivo digital finalizado, no qual qualquer manipulação é desnecessária ou indesejada. A extensão mais comum dos arquivos fechados é PDF.

arquivo PostScript
Arquivo gravado em linguagem PostScript. Veja PostScript.

arrancamento
Remoção de parte da superfície do papel durante a impressão. Ocorre quando a força de atração (a pega) da tinta é maior do que a resistência da superfície ou da camada do papel.

arte
Qualquer original preparado por profissional – designer, artista, ilustrador, fotógrafo – para ser reproduzido.

arte-final
Acabamento final de um trabalho de arte, gráfico ou informatizado, destinado à produção gráfica, com indicações referentes a áreas de cor, retículas, fotografias, ampliações, reduções etc. Qualquer trabalho pronto para ser reproduzido.

artemídia
O vocábulo artemídia – forma aportuguesada do inglês media arts – tem se generalizado nos últimos anos como a expressão mais universal e mais abrangente para designar todas as formas de expressão artística que se apropriam de recursos tecnológicos recentemente desenvolvidos, sobretudo pelas indústrias da eletrônica e da informática, que disponibilizam interfaces áudio-tátil-moto-visuais propícias para a realização de trabalhos artísticos. É aplicável seja nos campos mais consolidados das artes visuais e audiovisuais, da literatura, da música e das artes performáticas, seja em campos ainda não inteiramente mapeados e conceitualizados, como arte colaborativa baseada em redes, intervenções em ambientes físicos ou virtuais, aplicação de recursos de

hardware e software para a geração de obras interativas, probabilísticas, potenciais, acessáveis remotamente etc. O termo abrange, portanto, todos aqueles trabalhos criativos que, pelas suas qualidades no plano da conceitualização, da realização e da exploração das possibilidades de linguagem abertas pelos novos meios, possam ser fruídos como formas de expressão artística de nosso tempo. Abrange também experiências de diálogo, colaboração e intervenção crítica nos meios de comunicação de massa. Nesse sentido, o termo "artemídia" abrange e extrapola expressões anteriores, como arte & tecnologia, artes eletrônicas, arte-comunicação, poéticas tecnológicas etc.

artes gráficas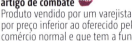
Conjunto de processos e atividades auxiliares que visa reproduzir, em qualquer número de cópias, escritos e imagens a partir de uma matriz. Abrange criação, pré-impressão, impressão e acabamento de qualquer material gráfico.

artigo
Gênero jornalístico que traz interpretação ou opinião do autor; é sempre assinado e pode ser escrito na primeira pessoa.

artigo de combate
Produto vendido por um varejista por preço inferior ao oferecido pelo comércio normal e que tem a função de atrair consumidores. Também é utilizado quando o comerciante pretende trocar determinada linha de produtos.

artigos de impulso
Bens de conveniência que o consumidor não planeja comprar, mas os adquire em consequência de alguma forte necessidade imediatamente sentida.

ASA
American Standard Association. Unidade de medida empregada para designar a sensibilidade do filme. Quanto maior o número da ASA, mais sensível à luz é o filme: um índice ASA mais alto indica capacidade para registrar imagem com menos luz, ou em menor tempo de exposição. Um filme de ASA 200 é um f/stop (ou um tempo de exposição) mais sensível à luz que um filme de ASA 100. O filme ASA 400 é dois f/stop mais sensível à luz que um filme de ASA 100. O filme ASA 800 é três f/stop mais sensível que um filme ASA 100, e assim por diante. Os filmes de ASA baixa 200, 100, 50 etc. são mais nítidos e ricos em cores que os filmes de ASA alta, como 400, 800 e 1600. Na fotografia digital a ASA é uma referência aos filmes "analógicos" e serve para estabelecer a sensibilidade do chip à luz.

ASB
Advanced Set-top Box. Aparelho que permite o acesso a diferentes serviços, como, por exemplo, acesso à Internet e ao VDO, entre outros.

ascendente
A parte das letras minúsculas que se prolonga acima da altura-x. Ascendentes têm as letras d, b, d, f, h, k, l, t. A linha dos ascendentes (que define a altura máxima dos ascendentes) pode ser um pouco mais baixa que a linha de altura das maiúsculas. Esse recurso microtipográfico melhora a legibilidade da fonte e tem sido usado por numerosos typeface designers.

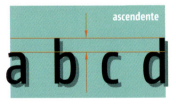

ASCII (American Standard Code for Information Interchange)
Tabela estabelecida pelo American National Standart Institute (ANSI) de códigos de oito bits, para todos os caracteres do teclado do computador. Define um padrão para equipamentos de computação.

assédio moral
"É a exposição dos trabalhadores e trabalhadoras a situações humilhantes e constrangedoras, repetitivas e prolongadas durante a jornada de trabalho e no exercício de suas funções, sendo mais comuns em relações hierárquicas autoritárias e assimétricas, em que predominam condutas negativas, relações desumanas e aéticas de

at

longa duração, de um ou mais chefes dirigida a um ou mais subordinado(s), desestabilizando a relação da vítima com o ambiente de trabalho e a organização, forçando-o a desistir do emprego. Caracteriza-se pela degradação deliberada das condições de trabalho em que prevaleçam atitudes e condutas negativas dos chefes em relação a seus subordinados, constituindo uma experiência subjetiva que acarreta prejuízos práticos e emocionais para o trabalhador e a organização. A vítima escolhida é isolada do grupo sem explicações, passando a ser hostilizada, ridicularizada, inferiorizada, culpabilizada e desacreditada diante dos pares. Estes, por medo do desemprego e a vergonha de serem também humilhados, associado ao estímulo constante à competitividade, rompem os laços afetivos com a vítima e, frequentemente, reproduzem e reatualizam ações e atos do agressor no ambiente de trabalho, instaurando o 'pacto da tolerância e do silêncio' no coletivo, enquanto a vítima vai gradativamente se desestabilizando e fragilizando, 'perdendo' sua autoestima." (Fonte: Assédio Moral no Trabalho. Disponível em: <www.assediomoral.org/>)

assédio sexual
Crime passível de pena de um a dois anos de detenção para quem "constranger outra pessoa com intuito de obter vantagem ou favorecimento sexual, prevalecendo-se o agente de condição hierárquica superior ou ascendência, inerentes ao exercício do emprego, cargo ou função". Lei 10.224, artigo 216 do Código Penal brasileiro.

assinatura
1. Um arquivo (geralmente de três ou quatro linhas) que as pessoas inserem, no final de suas mensagens, para adicionar nome, endereço, telefone e, em alguns casos mais criativos (ou exibicionistas, dependendo do ponto de vista), citações e desenhos feitos com caracteres, conhecidos como arte ASCII. 2. (Fazer uma assinatura.) Entrar em uma lista de distribuição ou newsgroup. 3. Contrato realizado com um fornecedor de acesso ou serviço. Ao fazer uma assinatura (também chamada de conta) com um fornecedor de acesso ou serviço, o usuário recebe um nome pelo qual será identificado na rede (chamado de username, nome de usuário ou apelido) e uma senha para garantir a segurança do acesso.

assíncrono
O tipo mais comum de comunicação serial ou por modem. Cada caractere vem entre bits de início e de fim, e a temporarização entre os caracteres pode ser desigual. Seu oposto é a transmissão síncrona, usada na comunicação com alguns mainframes e microcomputadores.

astralon
Base de polivinil translúcido, estável e não inflamável, para montagem de filmes (fotolitos) de texto e/ou ilustrações, na ordem e posição adequadas das páginas em uma folha de impressão. Alguns gráficos fazem distinção entre base e astralon, designando por base a película mais fina.

AT
Comandos usados por modem Hayes e compatíveis. Todos os comandos se iniciam pelas letras AT. Entre os comandos mais comuns, estão:
ATDT ou ATDP (discar um número em modo Tone ou Pulse)
ATA (responder manualmente ao telefone)
ATZ (redefinir o modem)
ATS0 (desativar a resposta automática)
ATH (desligar o telefone)

atacadista
Empresa envolvida primariamente em atividades de comercialização de grandes volumes.

atacado
Todas as atividades envolvidas na venda de bens ou serviços para aqueles que compram para revenda ou uso industrial.

atendimento
1. Forma de prestação de serviço que uma agência oferece ao cliente integrando-se às as suas necessidades de comunicação de forma a acompanhar todas as etapas de levantamento, pesquisa, criação, produção e execução de serviços de comunicação mercadológica. 2. Área ou setor de uma agência de propaganda encarregada de conta do cliente. 3. Profissionais que servem de elo de ligação entre a agência e o cliente.

at

aterro controlado
O aterro controlado está em uma fase intermediária entre o lixão e o aterro sanitário, pois possui algumas ferramentas de captação de chorume e gás, mas não trata o chorume, apenas o recoloca na superfície. O contato com o solo é evitado, geralmente, com o uso de argila e grama. No aterro controlado também é realizada a captação de gás.

aterro sanitário
O aterro sanitário é o modo mais correto de depósito de lixo. As células (grandes valas no terreno) são impermeabilizadas com mantas de PVC e o chorume é drenado para um poço, de onde será retirado para tratamento. O gás oriundo do acúmulo de lixo é drenado e pode ser queimado ou usado para eletricidade. O aterro sanitário é coberto diariamente por uma camada de terra e não acumula pragas urbanas.

atingimento
1. Neologismo criado pelos profissionais de marketing e comunicação. 2. Ato de atingir um consumidor por meio de mensagem publicitária. 3. Região geográfica ou segmento de consumidores cobertos por um meio ou veículo de comunicação.

atitude
Avaliações, cognitivas, emocionais e tendências consistentes – favoráveis ou desfavoráveis – de uma pessoa em relação a um objeto ou ideia.

atitude question
Pergunta feita para se analisar a atitude, o comportamento e as reações do público.

ativação
1. Ato ou efeito de ativar. 2. Um dos elementos dos 4 A's de Raimar Richers, que diz respeito a venda, distribuição, marketing direto, promoção de vendas e comunicação, entre outros.

ATM
1. Adobe Type Manager. Software que melhora a representação visual das fontes na tela, e que tem a função opcional de gerenciar as fontes instaladas. Não é necessário no Mac OS X – o sistema encampou suas funções. 2. Asynchronous Transfer Mode. Método para liberar largura de banda. É uma tecnologia projetada para permitir que a informação viaje mais rápido ao maximizar a capacidade disponível na rede.

atributos
Características da transação que influenciam significativamente a satisfação do cliente. Agrupam-se em áreas de valor, várias das quais, por sua vez, integram um certo determinante do valor (por exemplo: qualidade percebida pelo mercado).

attach / attachment
Literalmente significa "anexo". A expressão é utilizada para designar arquivos que acompanham mensagens de e-mail ou newsgroup. Não há restrição quanto ao tipo de arquivo que pode ser enviado (texto, imagem, som, programa etc.).

attention factor
Fator de atenção. Primeiro fator psicológico do anúncio.

attention value
Fator que indica até que ponto o anúncio pode garantir que prende a atenção inicial do leitor. Valor atenção. Atrativo publicitário.

audiência
1. Qualidade total de indivíduos atingidos por uma peça/campanha de marketing direto. 2. Audição, atenção dada a quem fala, conjunto de pessoas que sintonizam determinado programa de rádio ou tevê. 3. Número de ouvintes ou de telespectadores de rádio ou tevê. Para jornais e revistas usa-se a expressão "número de leitores".

audiência acumulada
Grupo de pessoas que sistematicamente foi exposto a determinada peça de publicidade tanto em um único veículo de comunicação como em vários deles.

audiência bruta
Total de audiência obtida, sem descontar as publicações.

audiência cativa
Pessoas ou grupo de pessoas que demonstram fidelidade a determinados veículos de comunicação.

audiência herdada
Quando um programa de rádio ou tevê

recebe influência, em sua audiência, do programa que o antecede.

audiência líquida
Audiência simples, sem superposição.

audiência média
Soma de audiências registradas em diferentes transmissões, dividida pelo número de vezes em que houve transmissões.

audiência primária
Audiência obtida prioritariamente por um veículo de comunicação, como, por exemplo, as crianças em um programa infantil, os assinantes de uma revista, ou compradores de um jornal.

audiência secundária
Audiência obtida entre pessoas às quais o veículo de comunicação não é destinado, como, por exemplo, os adultos em um programa infantil ou as pessoas que pedem, emprestada, uma revista.

audímetro
Espécie de aparelho utilizado para medir a audiência de programas de rádio e tevê por meio de dispositivos eletrônicos.

auditoria de marketing
A análise do macroambiente: do produto, dos clientes, do mercado e dos concorrentes para elaboração do plano de marketing.

autoestrada da informação
Uma ligação ou conjunto de ligações entre computadores, formando uma rede de redes, de preferência com meios de comunicação extremamente rápidos.

autoflow
Refere-se ao fluxo automático de texto. Recurso empregado por alguns programas de editoração em que a colocação dos textos é feita automaticamente sem a intervenção do operador, de uma página para outra, segundo a orientação das colunas na publicação.

autorização
Documento que autoriza a veiculação de peça publicitária. Também conhecida como ordem de inserção.

autosserviço
Sistema de vendas no qual o consumidor tem acesso direto ao produto, dispensando a presença do vendedor.

autotipia
Processo de fotogravura em relevo que permite a reprodução de originais (fotografia e desenhos) em que há meios-tons: a imagem, focada por meio de retícula, é decomposta em pontos minúsculos, maiores ou menores, segundo a gradação de tons do original. Veja também retícula.

autotrace
Técnica de criar uma ilustração vetorial tendo como referência uma imagem bitmap.

avaliação do cliente
O valor de um cliente para a empresa, composto por dois elementos: valor real, que é o atual valor vitalício do cliente, e valor estratégico, que é o valor potencial do cliente, se ele puder ser desenvolvido até seu potencial máximo.

avant-première
Expressão francesa que significa apresentação especial antes da primeira de uma sessão especial.

average cost
Quociente dos custos de todos os produtos pela quantidade produzida.

AVI
Audio Video Interleave. Similar da Microsoft para o Quick Time, um formato de vídeo digital para computadores IBMPC compatíveis.

aviltar
Redução ilógica do preço.

award
Descontos ou vantagens oferecidas pelos veículos em função do volume de trabalho executado por uma agência de propaganda. O mesmo que bônus. Prêmios: bens oferecidos gratuitamente ou por custos reduzidos como incentivo para a compra de um produto. Veja também bonificação.

.ai
Formato de arquivos gerados pelo Adobe Illustrator – editor de imagens vetoriais desenvolvido e comercializado pela Adobe Systems.

27

.aiff
Um dos muitos formatos de arquivos de som para Mac.

.au
Formato de arquivos de som do sistema operacional Unix.

.avi
Abreviação para *Audio Video Interleaved*, o formato de arquivos audiovisuais para Windows; forma de associação de entrelace de áudio e vídeo, cada um deles em suas respectivas proporções e particularidades. É um espaço em que se guarda informação.

Bb

B
Abreviação de byte (e não bit), que representa a quantidade de armazenamento nas unidades de disco ou memória do seu computador. Corresponde a um conjunto de oito bits que podem representar um número ou caractere.

B2B
Business to business, relação de negócios entre empresas.

B2C
Bussiness to consumer, relação de negócios entre empresas e o consumidor final.

baby boomers
Em uma tradução livre, significa "explosão de bebês". Crescimento da taxa anual de natalidade que se seguiu à Segunda Guerra Mundial. Os nascidos entre 1945 e 1964, hoje são indivíduos que foram jovens durante as décadas de 1960 e 1970 e acompanharam de perto as mudanças culturais e sociais dessas duas décadas.

Bacalhau
Termo que se refere à realização de uma emenda ou retoque em layout, arte-final ou fotolito, orientado a corrigir um defeito.

back light
Tipo de painel luminoso constituído por uma caixa de chapa galvanizada, com lona translúcida na parte frontal, pintada do lado avesso. É dotado de iluminação interna que apresenta mensagem e/ou imagem. À noite, a iluminação interna produz sensação de relevo.

back light

backbone
Em português, espinha dorsal. O *backbone* é o trecho de maior capacidade da rede e tem o objetivo de conectar várias redes locais. No Brasil, foi a RNP (Rede Nacional de Pesquisa) que criou o primeiro backbone da Internet, a princípio para atender entidades acadêmicas que queriam se conectar à rede. Em 1995, a Embratel começou a montar um backbone paralelo ao da RNP para oferecer serviços de conexão a empresas privadas. Os fornecedores de acesso costumam estar ligados direta e permanentemente ao backbone.

background
Fundo, o que fica por detrás em um arquivo, último plano.

background
1. Breve histórico sobre as condições que geram o objetivo da pesquisa. 2. Qualquer tipo de ruído ou som que surge ao fundo de uma mensagem publicitária.

backspace
Retrocesso; tecla que desloca o cursor um caractere por vez para a esquerda, apagando o que estava anteriormente naquela posição.

backup
Cópia de arquivo digital, feita como medida de segurança, geralmente mantida em memórias externas destinadas para esse fim ou mídias de transporte e/ou armazenamento, que permitem o resgate de informações importantes ou programas em caso de falha do disco rígido.

bag in box
Saco plástico com bocal inserido dentro de uma de papelão. Usado principalmente como embalagem institucional para acondicionar produtos líquidos e pastosos da indústria alimentícia ou química. Como embalagem primária, o sistema é muito usado para acondicionar vinhos e sucos (por exemplo, embalagem de iogurte para máquinas de lanchonete).

baixa de preços
Redução do valor de bens de consumo ou serviços, pelo fato de terem se tornado obsoletos, ou em virtude da concorrência entre produtores.

ba

baixa de valor
Diminuição do valor de algum bem ou serviço.

baixa no mercado ou crash
Desaceleração violenta no ritmo de um ramo de atividade econômica em determinado mercado.

baixar
Fazer download. Processo de transferência de arquivos de um computador remoto para outro, por meio de modem e programa específico.

baixas luzes
Diminuir as áreas de sombra de uma imagem, deixando-a menos brilhante.

balanço social
Balanço social é um recurso para dar transparência às atividades corporativas por meio de um levantamento dos principais indicadores de desempenho econômico, social e ambiental da empresa. Além disto, é um instrumento que amplia o diálogo com todos os públicos com os quais a empresa se relaciona: acionistas, consumidores e clientes, comunidade vizinha, funcionários, fornecedores, governo, organizações não governamentais, mercado financeiro e a sociedade em geral. O balanço social funciona também como uma ferramenta de autoavaliação, já que dá à empresa uma visão geral sobre sua gestão e o alinhamento dos valores e objetivos presentes e futuros da empresa com seus resultados atuais.

balcão de degustação
Estande que tem como objetivo dar a conhecer ou divulgar, de forma personalizada, um produto apresentado por um promotor ou demonstrador.

banco de dados
Em termos de Internet, computador que contém um número muito grande de informações, que podem ser acessadas pela rede.

banco de dados enriquecido
Aquele obtido pela combinação de diferentes informações que se completam.

banco de dados para marketing
Rede de dados organizados sobre clientes individuais ou potenciais, que pode ser utilizada para gerar a qualificar a conduta dos clientes, vender produtos e serviços e manter relações com os clientes.

banco de dados relacional
Modelo que se refere às relações de registros, ou seja, tabelas, listas de registros. Não confundir com o conceito de relacionamento.

banco de dados temporal
Banco de dados geográficos no qual uma mesma área e seus atributos são enfocados em diferentes momentos.

banco de imagens
Coleção de imagens de toda e qualquer natureza, disponível para utilização mediante pagamento pelos direitos de reprodução.

bandeirolas
Conjunto de cartazetes pendurados em varal para decoração de ponto de venda. São utilizadas por supermercados, lojas, shopping centers ou pontos de grande concentração de pessoas. São peças de fácil legibilidade e visualização rápida, que podem ser impressas frente e verso ou coladas.

bandeja de pescoço
Bandeja que é pendurada no pescoço da promotora para divulgação e/ou degustação de produto.

bandeja de troco
Suporte colocado sobre o balcão que leva publicidade e sobre o qual se devolve o troco.

bandwidth
Largura de banda. Termo que designa a quantidade de informação passível de ser transmitida por unidade de tempo, num determinado meio de comunicação (fio, fibra ótica etc.). Normalmente, é medida em bits por segundo, kilobits por segundo, megabits por segundo etc.

banner
Faixa informativa de caráter temporário, geralmente impressa por processos digitais em material flexível, destinada a eventos, exposições, mostras, pontos de venda etc.

banner digital
Forma publicitária comum na Internet, muito usado em propagandas para

be

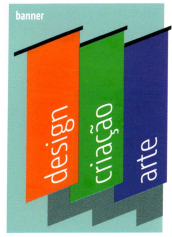

banner

divulgação de sites que pagam por sua inclusão. É criado para atrair um usuário a determinado site de interesse por meio de um link. Os tamanhos mais comuns de banners são:
- Leaderboard (728 x 90 pixel)
- Full Banner (468 x 60 pixel)
- Half Banner (234 x 60 pixel)
- Rectangle (180 x 150 pixel)
- Square Button (125 x 125 pixel)
- Micro Bar (88 x 31 pixel)
- Skyscraper (120 x 600 pixel)
- Wide Skyscraper (160 x 600 pixel)
- Large Rectangle (336 x 280 pixel)

barra de ferramentas
Barra gráfica com "botões" que executam alguns dos comandos mais comuns dos softwares em geral.

barriga
Grave erro de informação contido em publicação.

barriga ou pança
Linha curva de uma letra minúscula ou maiúscula, fechada, ligada à haste vertical principal em dois locais. P B p b D d.

base de dados ou
banco de dados
Veja database.

baseline
Linha de base em que se apóiam as letras de caixa alta e a altura-x das letras de caixa baixa.

batch
Marcação de data de fabricação, lote e vencimento de um produto.

bater esquadro
Realização do alinhamento das laterais da pilha de papel, que em geral é feita com o auxílio de equipamento mecânico para tal fim.

baud rate
A expressão baud rate é utilizada como medida de velocidade de transmissão de informação entre computadores por meio de linhas telefônicas. Essa expressão é frequentemente utilizada como sinônimo de bits por segundo (bps), apesar de não ser tecnicamente correto. O termo baud vem de J. M. Baudot, inventor do código telegráfico Baudot. Veja também BPS.

BB
Formato padrão de papel de impressão, também conhecido por "dois B", com as dimensões 66 x 96 cm.

below the line
Termo utilizado frequentemente para definir veículos promocionais que não pagam comissões.

bem
Aquilo que se produz em função de uma necessidade material.

bem de capital
Produto duradouro – como máquinas e equipamentos, que são utilizados para fabricação de outros produtos – que pode ser usado e depreciado em muitos anos.

bem de compra comparada
Bem de consumo com o qual o consumidor, no processo de seleção e compra, faz comparações com base em adequação, qualidade, preço e estilo.

bem de consumo
Bem comparado pelos consumidores finais para consumo pessoal. São aqueles que os consumidores compram regularmente (sabonete, refeição, pasta de dente etc.)

bem de consumo durável
Bem que não se deteriora com o uso imediato, conservando ao longo do tempo certo valor econômico (roupa, canetas "de marca", malas, carteiras etc.).

bem de consumo imediato
Produto geralmente destinado á satisfação de uma necessidade imediata do consumidor e/ou de sua

31

família, exaurem-se com o uso e têm, em geral, durabilidade limitada.

bem de conveniência
Bem que o consumidor costuma comprar com frequência, de imediato e com o mínimo esforço durante o processo de comparação e compra.

bem de escolha
Bem adquirido somente depois de terem sido avaliados os produtos concorrentes, em torno de preço, qualidade, estilo e cor.

bem de transformação
Matéria-prima ou produto semiacabado que entra na fabricação de bens de consumo.

bem durável
Bem que não se deteriora com o uso imediato, conservando ao longo do tempo certo valor econômico (roupa, canetas "de marca", malas, carteiras etc.).

bem imaterial
Bem que, embora não sendo tangível, é objeto de relações jurídicas, como, por exemplo: o nome e as marcas características da empresa, os direitos autorais e os direitos de invenção.

bem industrial
Bem comprado por indivíduos e organizações para novo processamento ou para utilização na condução de negócios.

bem intangível
Bem que não pode ser percebido pelos sentidos, como os serviços.

bem não durável
Produto geralmente destinado a satisfação de uma necessidade imediata do consumidor e/ ou de sua família, exaurem-se com o uso e têm, em geral, durabilidade limitada.

bem não procurado
Bem de consumo cuja existência o consumidor desconhece ou normalmente não pensa em procurar.

bem tangível
Bem cujas características podem ser fisicamente percebidas, por meio de visão, audição, tato, paladar ou olfato.

benchmark
Medidor de desempenho ou teste de bancada, aplicável a todo tipo de produto.

benchmark interno
Compara operações da empresa com as de um departamento interno ou de outras organizações do mesmo grupo. É fácil de implementar e o objetivo é identificar internamente qual o melhor modelo a seguir.

benchmark competitivo
Tem como referencial a concorrência direta. Comparam-se produtos e serviços, de forma a superar o desempenho das empresas concorrentes. É mais difícil de colocar em prática porque as informações sobre os métodos dos concorrentes são difíceis de se obter.

benchmark genérico ou multissetorial
Consiste na comparação com empresas de outros sectores, mas reconhecidas como apresentando as melhores práticas. Como se tratam de empresas não concorrentes, a abertura à troca de informação é geralmente maior.

benchmark study
Estudo feito para se chegar a uma base para avaliação de futuros projetos de pesquisa.

benchmarking
1. Comparação do desempenho de produtos e processos com o daqueles de empresas líderes. 2. Arte de descobrir como e por que algumas empresas podem desempenhar muito mais tarefas do que outras. O propósito de uma empresa fazer benchmarking é imitar ou melhorar os melhores desempenhos de outras empresas.

benday
Consiste na inclusão de uma ou mais retículas uniformes, sem gradação de tonalidades, para obter uma estampa com efeitos mais diversificados (fundo, sombra, gris etc.).

benefício percebido
O que os clientes acham que devem pagar pelos benefícios que recebem de um produto ou serviço.

benefícios
Atributos ou conjunto destes que represente atendimento a desejos de um segmento ou mercado ou, ainda, o

bi

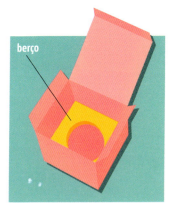
berço

atributo que motiva o comportamento de compra.

benefícios básicos
Benefícios trabalhistas definidos pela CLT aos quais todos os trabalhadores legalmente regularizados têm direito, além de benefícios negociados e acordados entre os setores e os sindicatos específicos.

berço
Suporte preparado para receber o produto dentro da embalagem. Pode ser feito do mesmo material da embalagem ou de outros materiais, entre eles poliuretano, isopor ou plástico termo-moldado.

beta
Diz-se de uma versão avançada, ou preliminar, de um software

Bézier
Veja curva de Bézier.

BG
Abreviação de background. 1. Breve histórico sobre as condições que geram o objetivo da pesquisa. 2. Qualquer tipo de ruído ou som que surge ao fundo de uma mensagem publicitária. Veja background.

bibliografia
Lista de títulos de livros utilizados para o desenvolvimento de determinado trabalho, que contém informações necessárias para a identificação das obras: nome do autor; título da obra; nome do tradutor, se for o caso; título da coleção ou série; local da edição; editora e data.

biblioteca
Conjunto de rotinas de programação desenvolvidos pelo fabricante de um produto de desenvolvimento ou por terceiros. As rotinas podem ser incorporadas aos programas criados, seja para implementar determinada função ou para criar a interface entre o novo programa e o sistema operacional.

bicromia
Processo de impressão em cores, no qual se utilizam dois clichês ou fotolitos, ou quaisquer outros pares de matrizes reticuladas, cada uma entintada com cor diferente. A superposição de tintas permite a obtenção de novos tons e cores. O mesmo que duotone.

bicromia de duplo preto
Bicromia na qual ambas as chapas são entintadas em preto.

bicromia falsa
Impressão de um meio-tom a uma cor sobre um fundo uniforme (chapado) da segunda cor.

big players
Grandes empresas em determinado setor/mercado. Líderes de mercado. Por exemplo: as maiores redes de supermercados.

bigode
Designa fio, originalmente mais grosso no centro e fino nas pontas, que separa textos, títulos, fotografias etc. Não ocupa toda a largura do material que separa.

bimodal
Que tem duas modas.

binário
Sistema de numeração composto por dois dígitos (0 e 1) usado para representação interna de informação nos computadores. Refere-se também a qualquer formato de arquivo cuja informação é codificada em algum formato que não o padrão character encoding scheme (método de codificação de caracteres). Um arquivo escrito em formato binário contém um tipo de informação que não é mostrada como caracteres. Para interpretar a informação em um arquivo binário é necessário um software capaz de entender o método de codificação de formato binário. Esse formato normalmente é utilizado para armazenar mais informação em menos espaço.

bi

BinHex
Um sistema de conversão que converte arquivos que estão em sistema binário para texto ASCII. Esse sistema é utilizado, principalmente, pelos microcomputadores Macintosh.

biodegradável
Qualidade inerente aos materiais e substâncias que, por processos biológicos naturais, podem ser decompostos por ação de microorganismos. Dessa forma o material quando se decompõe, perde as suas propriedades químicas nocivas em contato com o meio ambiente, diminuindo o impacto ecológico. Diversos países adotaram algumas normas para obrigar certos setores econômicos a fazer o uso de materiais biodegradáveis.

biombo
Elemento de três ou mais partes que cumpre função de display articulado no PDV.

BIOS
Basic Input/Output System. Sistema básico de entrada e saída; conjunto de instruções, parte do sistema que controla operações de entrada e saída; programa básico que vem contido num conjunto de chips da ROM – denominado ROM-BIOS – usado para inicializar o computador. É a camada de controle de trânsito entre o hardware do seu computador e o software que aceita as teclas digitadas e redireciona os dados para e a partir do monitor, das unidades de disco e das portas de I/O. Alguns componentes, como certas placas controladoras de disco, incluem seus próprios BIOS, cujo código é reconhecido e incorporado como parte do próprio BIOS do sistema. Cada ato de leitura ou gravação de dados na nidade de disco ou na memória se utiliza dos serviços do BIOS.

birô de mídia
Entidade que representa o anunciante ou a agência de propaganda nas negociações com os veículos utilizados para comunicação. Prestadora de serviços de planejamento e/ou compra de espaços publicitários. Podem ser de quatro espécies: a. os independentes – não associados a agências ou anunciantes (brokers); b. os vinculados à agência ou anunciante – nesse último caso, também chamados in house – media buying; c. as centrais ou consórcios de agências; e d. as centrais de mais de um anunciante.

bisagra
Parte flexível que une a lombada com a capa e a contracapa de um livro.

bisnaga
Embalagem tubular flexível (ex.: creme dental).

bit
Nos sistemas de computação, a menor unidade de informação, representando um dígito binário, 0 ou 1 (ativado ou desativado). A palavra é derivada das primeiras duas letras de binary e a última letra de digit. Cada bit é um sinal eletrônico, que, em grupo, ativa ou desativa o computador. Quatro bits formam um nibble (termo raramente usado); oito bits formam um byte. Um byte cria um caractere (número ou letra) na tela do computador. Um kilobyte tem 1.024 bytes e um megabyte tem 1.024 kilobytes. As CPUs possuem 8, 16 ou 32 bits. Isso se refere à quantidade de informações que podem processar de cada vez.

bitmap
1. Imagem gráfica computadorizada formada por pontos chamados pixels; imagens com resolução fixa. 2. Formato de arquivo (extensão.bmp) que, por exemplo, permite ao Windows exibir uma imagem consistentemente em diferentes dispositivos. Veja GIF e TIFF.

Bitnet
Because It's Time Network. Rede educacional internacional que liga computadores em aproximadamente 2.500 universidades e institutos de pesquisa no mundo todo. A Bitnet não usa o protocolo da Internet, o TCP/IP, mas pode trocar mensagens de correio eletrônico com essa rede. Até o início dos anos 1990, a Bitnet tinha alguma importância na conectividade mundial, mas foi definitivamente suplantada pela maior abrangência da Internet. A principal aplicação da Bitnet tem sido a manutenção de listas de distribuição. A diferença mais visível entre a Bitnet e a Internet está nos endereços dos servidores. Os endereços Bitnet não vêm acompanhados de pontos para separar nomes de máquinas de domínios. Um endereço típico da Bitnet seria listserv@bitnic.

bo

bitola
Medida reguladora usada em cinematografia e fotografia. Designa, em milímetros, a largura do filme e, consequentemente, determina as dimensões do registro da imagem filmada ou fotografada.

black market
Situação em que os bens e os serviços são comercializados a preços mais elevados, em virtude da escassez ou falta de disponibilidade nos canais normais de distribuição.

blanqueta
Também conhecida como caucho ou pano de borracha. No sistema offset, a película de borracha, natural ou sintética, que, estirada sob tensão em torno do cilindro impressor das máquinas, tem a propriedade de transferir para o papel, com alta fidelidade, a imagem gravada na chapa.

bleed
Veja sangria.

blend
(Mesclagem) Efeito presente nos programas de ilustração de vetores, pelo qual se criam automaticamente objetos de transição entre dois (ou mais) outros objetos vetoriais. Se os objetos base em um blend forem idênticos, as repetições intermediárias serão cópias exatas. Se forem diferentes, as repetições formarão etapas de transição de cor e forma. O blend é útil principalmente para criar degradês com formas complexas.

blimp
Inflável hermético de grandes proporções instalado em grandes ambientes abertos, que expõe mensagem e/ou imagem. Normalmente é alimentado por gás hélio. Veja inflável.

blister
Tipo de embalagem em que o produto é acondicionado entre um suporte (cartão, alumínio, plástico) e uma estrutura de plástico termorretrátil ou termomoldado transparente, que permite sua visualização.

blocar
O mesmo que justificar; formar um bloco perfeitamente alinhado à esquerda e à direita, ajustando o espaço entre palavras para que cada linha de um texto tenha exatamente a mesma largura.

bloco
Em análise da variância, um grupo de indivíduos similares.

bloco
Agrupamento de folhas destinado a anotações. Pode ter fim promocional ou comercial.

blow up
Técnica fotográfica que consiste em ampliar o detalhe de uma fotografia, destacando-o.

blueprint
Veja prova heliográfica.

blur
Comando, em edição de cores, que permite reduzir o contraste de valores pixel na imagem para dar-lhe suavidade (enevoar, embaçar), reduzindo a nitidez de seu contorno.

BMP
Bitmap; formato gráfico que pode ser dependente ou independente de aplicativo. Os arquivos independentes de dispositivos são codificados para serem interpretados por uma ampla variedade de telas e impressoras.

bobina
Rolo contínuo de papel (usado nas impressoras rotativas). Depois de impressa, no final da máquina impressora, a bobina é cortada em comprimentos menores ou é enviada para outro equipamento, uma máquina de embalagem, por exemplo.

body
Corpo de anúncio.

body
As fontes de tipos usados na composição gráfica.

body copy
Parte principal do texto, onde se desenvolvem os argumentos de persuasão para a venda.

boi de piranha
1. Artifício de ofertar um produto em condições diferenciadas, visando colocar outros produtos no mercado. 2. Em marketing político, candidato indicado para ser queimado e derrotado.

bo

boicote
Constrangimento, provocação de dificuldades nas relações comerciais.

bold
O mesmo que negrito. Variação mais espessa ou grossa de um tipo. É uma das variações usuais encontráveis numa família de fontes.

boletim
Publicação periódica especializada.

boneca ou boneco
Objeto demonstrativo de projeto gráfico de jornal, revista, livro ou qualquer outro trabalho gráfico de mais de duas páginas destinado a ser impresso. Confeccionado no mesmo formato em que se pretende imprimir o trabalho em questão, o/a boneco/a funciona como um layout e orienta o paginador ou o arte-finalista, com o desenho das páginas a serem montadas e com a disposição de cada página em relação a outra. Em se tratando de livro, parte do/a boneco/a é geralmente constituída de folhas em branco, para dar a ideia do aspecto que terá o volume: espessura, tipos de papel do miolo e da capa, formato, dimensões da capa e da lombada, disposição dos cadernos. No Rio de Janeiro diz-se boneca; em São Paulo, boneco.

bonificação
Remuneração extra relacionada ao desempenho de determinadas tarefas ou atividades.

bônus de descontos
Forma difundida para intervir de maneira tática, ou seja, em curto prazo, no preço do produto, sem mexer em sua embalagem; são distribuídos por meios de diversos canais para aqueles consumidores que possuírem a prova de compra do produto.

bonus pack
Embalagem promocional que oferece ao consumidor uma quantidade a mais do produto em relação à embalagem convencional, pelo mesmo preço.

bookmark
1. Marcador de páginas. 2. O mesmo que ex-libris.

bookmark
1. Em programas editores, um local marcado em um documento, ou uma passagem em um texto, a que se deu um nome para referenciar aquele local. 2. Ferramenta presente em todos os browsers atuais que serve como um bloco virtual de anotações. Nele, o usuário guarda os endereços que mais lhe interessam para poder acessá-los quando quiser.

boom
Crescimento anormal dos negócios em período determinado.

boomerang
Técnica para ultrapassar as objeções de venda que utiliza os argumentos do cliente para não comprar como base para traçar as razões de compras.

boot
Iniciar, carregar. Programa de inicialização do computador. Procedimento de carregar um sistema operacional na memória RAM principal, executado por um pequeno programa, contido no BIOS da memória ROM, que instrui o microprocessador sobre como proceder para localizar o sistema operacional no disco e carregá-lo na memória.

BOPP
Polipropileno biorientado. É um filme plástico de alta resistência, com orientação da fibra nos dois sentidos. É usado em vários segmentos industriais, mas principalmente em embalagens alimentícias.

border
Cercadura. Contorno de fios ou vinhetas que se põem em composição ou gravura, guarnição, orla, tarja, quadro.

botton
Peça promocional em forma de broche, que pode ser produzida em diferentes formatos.

bounding box
Caixa de contorno. Em softwares de ilustração e paginação, é uma caixa retangular que surge sobre um objeto selecionado; é formada por quatro ou oito pontos de controle que são manipulados para distorcer, mover, girar etc. Alguns problemas em arquivos fechados (rotação e corte irregular) podem ser resolvidos alterando-se os valores numéricos associados a esses pontos de controle.

box pallet
Caixa que pode ser produzida de diferentes materiais, utilizada para o transporte e a apresentação de grandes quantidades de mercadorias em pontos de vendas, como: supermercados, hipermercados, lojas atacadistas e varejistas.

box ou boxe
Caixa ou moldura com texto curto que aparece em destaque, em associação com outro texto mais longo. Colocado em separado do todo, geralmente fornece informação complementar ao leitor.

BPI
Bits per inch = bits por polegada (medida de densidade de bits).

BPS
BPS (bits por segundo) é uma medida de velocidade de transmissão de dados. É utilizada para avaliar a velocidade de modems e conexões como linhas dedicadas. Há também as medidas Kbps (equivalente a mil bps) e Mbps (equivalente 1 milhão de bps).

braço
Traço horizontal ou oblíquo ligado apenas por uma das extremidades à haste vertical principal de uma letra maiúscula ou minúscula. Aos dois braços do T também se chama travessão.

brainstorming
Tempestade cerebral. Técnica utilizada para gerar ideias. Consiste em uma discussão em grupo no qual se externam, sem censura, todo tipo de associações que vierem à mente sobre determinado problema proposto. Objetiva obter dos participantes a maior quantidade possível de ideias para avaliação posterior.

brand
Identificação sob a forma de nome, símbolo, termo, desenho ou alguma combinação de todos, que diferencia um produto de seus similares. A somatória de todas as características, tangíveis e intangíveis de uma marca.

brand consciousness
Consciência de marca.

brand demand
Preferência do consumidor por determinada marca.

brand equity
Somatória das percepções que tornam uma marca única, expressando a força da relação que a une aos seus consumidores ou usuários. Valor agregador que é resultado de transformação de um produto numa marca. O conceito de brand equity atribui a determinadas marcas um valor superior ao que os consumidores lhe atribuem.

brand extension
Extensão de marca. Um novo produto ou serviço que está associado a uma marca preexistente, mas que oferece benefícios e/ou apelo a um público diferenciado.

brand familiarity
Habilidade do consumidor de conhecer uma particular marca de produto.

brand identity
Identidade de marca. A manifestação única ou a essência de uma marca em um determinado mercado ou segmento. Assim, uma empresa de marketing divergente (que atua em mercados diversos) pode ter imagem ou percepções distintas nos segmentos em que atua.

brand identity equities
Equidade de identidade de marca. O valor que elementos específicos da identidade de uma marca (por exemplo, nome, símbolo, cores etc.) têm em relação aos seus consumidores e usuários.

brand image
1. Grupo de crenças que os consumidores têm acerca de determinada marca. 2. Uniformidade de todos os elementos internos e externos do ponto de venda. Contribui, junto com os produtos, para tornar "única" a atmosfera característica

por um sistema de franchising. Veja também imagem corporativa.

brand leader
Marca líder. Produto considerado o melhor em seu mercado ou comercializado de acordo com esse pressuposto.

brand loyalty
É a fidelidade em relação à marca de um produto, dada pelo consumidor.

brand name
Nome da marca, sua parte verbal, por oposição à pactória.

brand positioning
Posicionamento de marca. É o nicho específico de ocupação de uma marca, sua competitividade, seus benefícios, atributos e diferenciais, frente ao seu público-alvo.

brand preference
Preferência de uma marca.

brand recognition
Reconhecimento de um produto por meio de um anúncio.

brand revitalization
Revitalização de marca. Esforço que combina auditoria, análise e reposicionamento, com o objetivo de fortalecer ou regenerar criativamente a identidade de uma marca.

brand strategy
Estratégia de marca. Planos e táticas relativos à utilização de marcas.

brand switching
Mudanças do consumidor na compra de uma marca.

branded
Artigos de marca registrada. Uma marca registrada ou marca registrada comercial (respectivamente, símbolos ® ou ™) é qualquer nome ou símbolo utilizado para identificar uma empresa, um produto (bem de consumo) ou serviço. As marcas registradas são um tipo de propriedade intelectual e sua efetividade depende do registro de exclusividade concedido por autoridades governamentais competentes.

branding
Sustentação da identidade de uma marca de empresa, produto ou serviço; conjunto de ações destinadas à consolidação de uma marca no mercado.

break-even point
Definição de um preço para cobrir os custos de fabricação e marketing de um produto ou para atingir um lucro desejado. Ponto onde a oferta é igual à demanda, volume de venda em que se igualam custo e receita e no qual a empresa não apresenta lucro ou prejuízo. Ponto de nivelamento: Volume de vendas quando a receita total é igual aos custos totais.

break-up
Quebra de mercadorias que as inutiliza por não poderem ser vendidas normalmente.

bridge
Um dispositivo que conecta duas ou mais redes de computadores transferindo, seletivamente, dados entre ambas.

brief
Soma de conhecimento que abrangem a situação de mercado e o produto ou serviço em relação a suas características intrínsecas, aos concorrentes e aos objetivos gerais da empresa e do plano de marketing, em termos de venda ou imagem.

briefing
1. Resumo; série de referências fornecidas, que contêm informações sobre o produto ou objeto a ser trabalhado, seu mercado e objetivos. O briefing sintetiza os objetivos a serem levados em conta para o desenvolvimento do trabalho. Muitas vezes, o designer auxilia em sua delimitação. 2. Passagem de informações e de instruções de modo ordenado, fornecida para o correto desenvolvimento de uma entrevista. De maneira geral, o briefing é um documento que um profissional de marketing transmite a quem vai realizar uma campanha publicitária promocional, de relações públicas ou uma pesquisa de mercado.

brifar
Ato de passar o briefing para outra parte envolvida.

brightness
Veja brilho.

brilho
Atributo de cores auto iluminantes, que varia de fraco a muito intenso.

brinde
Artigo promocional útil com o nome da empresa impresso, oferecido como presente aos clientes, parceiros e/ou consumidores.

broad side
Folheto destinado ao público interno e intermediário (distribuidores e varejistas) apresentando o produto e a sua campanha de comunicação.

broadcast
Em comunicações por rede de computadores, designa o envio de uma mensagem para muitos destinatários.

broadcast
1. Palavra usada para designar a estratégia de programação de tevê. Vem sendo muito utilizada para definir a estratégia de programação de conteúdo da Internet, pois as duas partem da mesma concepção.
2. Radiodifusão em canais abertos, de livre acesso ao público. Termo indicativo de rede de rádio ou tevê.

broadsheet
Folha grande de papel que tem a impressão em um só lado.

broadside
Peça promocional impressa dirigida a vendedores, distribuidores e varejistas com o objetivo de explicar como será a campanha de publicidade ou de promoção a ser lançada. Por meio de um broadside, o revendedor toma conhecimento do produto e do apoio publicitário que terá para vendê-lo.

broche
Foto ou ilustração aplicada sobre outra maior, em região de pouca informação visual. Funciona como informação complementar. Também é chamado de destaque.

brochura
Tipo de acabamento que se caracteriza por uma capa mole (plastificada, envernizada ou sem proteção) que envolve os cadernos de um livro. Esses cadernos, que formam o miolo do livro, podem ser costurados, grampeados ou colados entre si. O termo designa também a própria capa, flexível, geralmente de cartolina ou de papel encorpado, chamada comumente de "capa mole" utilizada nesse tipo de livro.

broker
Agente de distribuição terceirizado.

bromuro
Duplicação fotográfica de um original, utilizada para indicar ao gráfico o tamanho, a posição e o corte desejados no impresso. Designação genérica do Photostat, nome comercial.

browse
Colocar em exibição arquivos e diretórios (botão Browse = exibe a lista de arquivos e diretórios para seleção); comando para exibição de uma tela com os registros de banco de dados, que possibilita a edição desses registros.

browser
Interface de busca na Internet, que, em português, recebe o nome de navegador. É o programa utilizado para visualizar na tela as páginas da World Wide Web. O primeiro browser, Mosaic, foi criado em 1991 pelo laboratório Cern. Hoje, os mais conhecidos são o Netscape e o Explorer. Em termos de marketing, o browser permite uma série de interações com o usuário, desde saber suas preferências de layout de tela até os lugares por onde andou.

brush
Ferramenta típica dos programas de tratamento de imagem, geralmente utilizada para preenchimento e retoque.

BS8800
Norma criada pela British Standards sobre sistema de gestão da saúde e segurança no trabalho.

budget
1. Cálculo da receita ou da despesa.
2. Estimativa das entradas e despesas correspondentes a determinado período de tempo. 3. Cálculo de custo futuro. 4. Instrumento de programação das atividades da empresa e de controles dos resultados, a fim de avaliar eventuais desvios do programa.

buffer
Local de armazenamento temporário de dados durante sua transferência

de uma parte do sistema para outra. Buffer de rolagem, por exemplo, como sugere o nome, é a área da memória que guarda as informações que não cabem na tela. Quando uma tela muito comprida é "rolada", a parte que não se vê está guardada no buffer de rolagem. O buffer de teclado, por sua vez, guarda todas as teclas que foram pressionadas, na sequência correta, mesmo que a tela não apresente o resultado instantaneamente.

bug
Um erro de programação ou fabricação que causa um defeito na funcionalidade de um software ou hardware. Às vezes, o defeito não é grave e o usuário pode conviver com ele; outras vezes, pode impedir por completo a utilização do produto.

build-up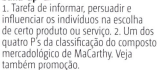
1. Tarefa de informar, persuadir e influenciar os indivíduos na escolha de certo produto ou serviço. 2. Um dos quatro P's da classificação do composto mercadológico de MaCarthy. Veja também promoção.

bulk discount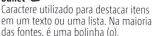
Redução de preço para cliente que clientes que compram um produto em grande volume.

bullet
Caractere utilizado para destacar itens em um texto ou uma lista. Na maioria das fontes, é uma bolinha (o).

bulletin
1. Boletim informativo de mala direta ou cartaz pintado de anúncio externo. 2. Publicidade ao ar livre.

bundling
Embalamento (secundário, terciário) de produtos como garrafas de refrigerantes, caixas de leite etc., feito geralmente com filme termoencolhível e executado com equipamento de termoencolhimento.

bureau
Empresa que executa serviços de prepress e, eventualmente, também impressão e produção gráfica.

buril
Instrumento usado em gravação, feito de uma barrilha de aço temperado, com seção triangular, quadrada ou romboidal, terminando em uma das extremidades em ponta oblíqua, cortante, tendo a outra fixa num cabo semiesférico.

bus
Barramento. Conjunto de linhas condutoras elétricas que interligam os diversos elementos dentro do computador, constituindo um canal entre múltiplos aplicativos. Geralmente tem a forma de linhas sobre uma placa de circuito impresso.

business card
Cartão de visitas de empresa comercial.

business gifts
Brindes para utilização em escritórios, tais como agendas, canetas, porta--lápis, abridores de cartas etc.

business paper
Publicidade especializada e direcionada a determinada empresa.

button
Área, objeto ou pequena imagem disposta na tela de um computador, que pode ser acionada pelo ponteiro de um mouse.

BV
Abreviação de Bonificação de Volume (publicidade) ou de vendas (acompanhamento gráfico); comissão, em dinheiro ou em crédito, recebida em contrapartida ao volume de inserção de anúncios em veículos ou por acompanhamento de produção de material gráfico.

byte
Unidade de armazenamento de informação em computadores composta por oito bits. Um byte contém o equivalente a um caractere simples, como uma letra, um cifrão ou um ponto decimal.

Cc

CA / ca
Abreviação de "caixa alta" (texto em maiúsculas). A origem desse termo e do seguinte está na composição manual, na qual os tipos móveis eram guardados em gavetas; as maiúsculas ficavam na parte alta (fundo) da gaveta. Veja também caixa alta/baixa.

CAB / cab
Abreviação de "caixa alta e baixa" (texto normal em maiúsculas e minúsculas). Veja também caixa alta/baixa.

cabeça
1. Parte de cima de qualquer letra. 2. Parte superior de uma página ou livro.

cabeça de página
Alto da página; espaço nobre reservado para a publicação de textos mais importantes.

cabeçalho
Nome que se dá à parte superior da primeira página de um jornal, onde constam logotipo e informações como data, número, ano, nome do diretor ou redator-chefe e endereço da sede. Nas páginas internas, usa-se o fio-data.

cabeceado
Pequeno cordão colorido, feito em geral de seda ou algodão, que é colocado nas extremidades do lombo do livro encadernado, na cabeça e no pé, como elemento decorativo e de reforço.

cabo eleitoral
Em marketing político, indivíduo que, por meio de relações pessoais e prestígio individual, arregimenta o eleitorado.

cache
Local na memória do computador onde são armazenados, temporariamente, dados frequentemente utilizados, para evitar repetidos acessos ao disco rígido. Também é conhecido como disk cache.

cachê
Pagamento efetuado a profissionais ou amadores para desempenharem determinadas funções por tempo determinado. A importância que se paga ao artista por representação ou, ainda, ao modelo por posse fotográfica em anúncio ou filme comercial.

CAD
Computer-Aided Design. Desenvolvimento de projetos com a ajuda do computador. Programa que permite automatizar o processo de desenho em projetos de design, arquitetura, topografia, engenharia industrial e várias outras áreas, em especial da engenharia.

CAD/CAM
Computer-Aided Design/Computer-Aided Manufacturing. Projeto e manufatura auxiliados por computador.

CADD
Computer-Aided Design & Drafting. O mesmo que CAD, com recursos adicionais para desenho, como dimensionamento e entrada de textos.

cadeia de demanda
A cadeia de transações a começar pelo cliente, passando pela rede de distribuição, até o fabricante ou prestador de serviços original. A cadeia de demanda é similar à cadeia de fornecimento, porém vista da perspectiva oposta.

cadeia de emissoras
Reunião permanente ou temporária de emissoras de rádio ou tevê para transmissão simultânea de fatos ou programas.

cadeia de lojas
Dois ou mais distribuidores que pertencem à mesma fonte e são por ela controlados, fazem compras e marketing centralizado e vendem mercadorias similares.

cadeia produtiva
São todos os integrantes do processo produtivo, desde a extração da matéria-prima até a comercialização do produto final ao último consumidor.

caderno
1. Folha de impressão depois de dobrada, ou formando partes de um livro, jornal, revista etc. Dependendo de suas dimensões e do formato da publicação, resulta geralmente em oito, 16 ou 32 páginas. 2. Conjunto de folhas de papel impressas, pautadas ou em branco, cortadas e dobradas, grampeadas ou costuradas. 3. Cada uma das partes separadas de um exemplar de jornal. Pode ser a sequência da própria edição, com suas notícias e artigos, como também ser dedicado a um assunto especial.

41

ca

caderno
Termo jornalístico que especifica seção voltada para um único tema ou público-alvo determinado.

caderno regional
Suplemento publicitário das revistas e jornais nacionais, veiculado em regiões específicas.

caixa
Tabuleiro de tipos móveis utilizados em composição manual. Cada um dos caracteres da fonte de tipos tem sua própria seção no tabuleiro, chamado caixa de tipos.

caixa alta/baixa
A expressão caixa alta indica o emprego de letras maiúsculas; caixa alta e baixa, de maiúsculas (na primeira letra das palavras, segundo as regras da língua) e minúsculas (nas demais). Os nomes vêm da divisão das caixas em que se guardavam os tipos (letras) para a composição manual de textos: na divisão de cima (caixa alta), letras maiúsculas; na de baixo (caixa baixa), minúsculas.

caixa de embarque
Embalagem secundária ou caixa que acondiciona os produtos para serem transportados/estocados. Em geral, é de maior resistência que a embalagem do produto.

caixa de texto
Bloco dentro de uma caixa de diálogo onde o utilizador insere a informação necessária para executar um comando.

caixa telescópica
Caixa composta por duas seções de formatos similares, uma formando o corpo e a outra formando a tampa. O comprimento e a largura da tampa são levemente maiores que o comprimento e a largura do corpo, de tal forma a permitir que o corpo seja envolvido pela tampa.

calandra
1. Espécie de prensa usada para produção de matrizes de estereotipia (flãs). É constituída por uma superfície plana horizontalmente móvel (cama, como nas máquinas impressoras tipográficas planas) e por um cilindro. O flã ainda não gravado, coberto por uma manta, é colocado sobre a fôrma, que repousa na cama. O operador leva o conjunto flã/fôrma até encostar no cilindro e aciona o avanço da cama. O conjunto é forçado a passar sob a forte pressão exercida pelo cilindro e grava no flã, em baixo-relevo, os caracteres tipográficos, fios e clichês.
2. Máquina utilizada na fabricação de papéis. Ao passar por inúmeros cilindros que compõem a máquina, a massa do papel (pasta mecânica) adquire unidade, textura, espessura e acabamento adequados.

calço em CMYK
é o reforço deliberado da tinta preta com alguma das outras tintas, para melhorar sua reprodução. Normalmente o calço do preto é feito com um pouco de cyan (40%).

calcogravura
Qualquer processo de gravura a entalhe sobre matriz de metal. A gravura em metal costuma ser classificada em duas famílias: a traço (buril, criblê, ponta-seca, roulette, verniz mole) e águas-tintas (em suas várias formas, além das técnicas conhecidas como lávis, maneira-negra e rebaixamento).

cálculo de texto
Determinação da área necessária para a disposição de uma dada quantidade de caracteres de um original em uma especificação tipográfica (tipo, corpo e entrelinha). Sua prática entrou em desuso com a introdução do computador, tornando essa tarefa mais fácil e rápida, quando necessária.

calendário de parede
Impresso de consulta de cronologia, largamente usado como peça publicitária. Itens como legibilidade, formato, originalidade, papel, tintas especiais e acabamento são largamente utilizados como recursos.

calha
1. Parte anterior das folhas de um livro, oposta ao dorso e pela qual o livro se abre. 2. Espaço em branco entre duas colunas dentro de uma página, ou o espaço em branco entre as manchas de duas páginas adjacentes numa publicação.

calhau
Pequeno texto ou anúncio utilizado para preencher espaços em branco, ou criados pela falta de material previsto (jornalístico ou de publicidade) em revistas ou jornais. Também se diz pejorativamente de texto muito "frio" ou considerado ruim.

calibração
Processo de ajustar algum dispositivo de imagens digitais, tais como scanners, monitores, impressoras, de modo que estes reproduzam cores de maneira mais acurada.

call rate
Quantidade de contatos pessoais feitos com clientes, dentro de um intervalo de tempo.

camada social
Divisão dos consumidores que seguem parâmetro de cultura, costumes, padrões e renda.

câmera alta
Ângulo obtido com a câmera filmando de cima para baixo.

câmera baixa
Ângulo obtido com a câmera filmando de baixo para cima.

câmera contínua
Técnica narrativa característica das montagens com pouco ou nenhum uso de cortes.

câmera lenta
Slow motion. Técnica que consiste em filmar um assunto em velocidade aumentada e projetar a imagem em velocidade normal. Assim é possível apresentar uma ação em movimento mais lento do que o real.

câmera rápida
O contrário de câmera lenta.

campanha
1. Conjunto de ações e esforços para se atingir um fim determinado. 2. Totalidade das peças publicitárias criadas segundo um planejamento anterior e que serão veiculadas para um público-alvo definido. 3. Conjunto de operações mercadológicas com um objetivo determinado.

campanha de manutenção
Esforço publicitário, realizado após o lançamento do produto com o objetivo de manter a situação desfrutada atualmente pelo produto ou serviço.

campanha de vendas
Programa que tem por finalidade incentivar o aumento de demanda de um produto ou serviço.

campanha publicitária
Totalidade de peças publicitárias criadas segundo um planejamento anterior e que serão veiculadas para um público-alvo definido.

campo
Denominação atribuída ao trabalho de entrevistas de uma pesquisa, sua verificação ou supervisão. Diz-se também da área pesquisada, que é o campo da pesquisa. É errôneo seu uso como sinônimo de amostra/universo.

campo focal
Na prática, é a parte da fotografia que aparece em foco. Fotografar, por exemplo, uma paisagem, tendo um campo focal de 3 a 11 metros, significará que tudo que estiver entre 3 e 11 metros de distância, do centro ótico da lente fotográfica, estará em foco, e o restante estará fora de foco. O campo focal é comandado pelo diafragma da lente.

canais de comunicação impessoal
Meios que transmitem mensagem sem contato ou intervenção pessoal, incluindo mídia, atmosfera e eventos.

canais de comunicação pessoal
Canais por meio dos quais duas ou mais pessoas se comunicam diretamente, incluindo comunicação face a face, de uma pessoa para o público, por telefone ou por correio.

canais de distribuição
Meios que são utilizados para fazer com que os produtos e serviços saiam do produtor e cheguem ao cliente final. São os meios utilizados para se definir o "P" Praça (um dos 4 Ps do marketing).

ca

canais reversos
São canais de recepção de produtos empregados para recuperar mercadorias não desejadas pelos consumidores.

canal
Em bitmaps, é a informação relativa a cada uma das cores primárias. Por exemplo, o espaço de cor RGB tem os canais Red (vermelho), Green (verde) e Blue (azul), e o CMYK tem os canais Cyan, Magenta, Yellow (amarelo) e Black (preto).

canal
Meio ou veículo de comunicação utilizado para levar a mensagem até o público-alvo.

canal alfa
Em bitmaps, é um canal adicional, invisível na imagem final, que usualmente é empregado para armazenar o recorte de transparência da imagem ou máscaras de seleções.

canal de distribuição
1. Todas as etapas do caminho percorrido para a distribuição de bens, desde o produto até o consumidor.
2. Grupo interdependente de organizações envolvido no processo de tornar um produto ou serviço disponível para uso ou consumo pela indústria ou pelo consumidor.

canal de marketing direto
O mais conhecido uso do marketing direto; é empregado como um típico canal de distribuição para venda de produtos e serviços diretamente ao consumidor. Pedido por correspondência.

canaleta
Parte da encadernação de um livro que forma a articulação de uma capa dura com o miolo, na junção com a lombada.

canibalização
Em marketing político, nova mensagem que se sobrepõe à anterior, tirando-lhe a força.

canibalização de mercado
Resultado da introdução de um novo produto que tomará parte do mercado de um produto já existente do mesmo fabricante.

canoa
1. Processo de grampeamento em que o grampo é colocado no dorso do livro ou revista (exatamente na dobra). Também se diz cavalo. 2. Espécie de revista, livro ou boletim grampeado por esse processo.

cantear
Cortar folhas arredondando os cantos.

cantos
Linhas decorativas ou desenhos disponíveis em tipos, usados para cercar a mancha tipográfica ou a página.

cap and trade
Sistema econômico no qual se determina uma quantidade de gás carbônico que um setor da indústria ou país pode emitir. O cap and trade permite que as companhias que reduziram suas emissões acima do necessário comercializem seus créditos de carbono.

capa
Cobertura de papel, cartão, couro ou outro material, que forma a parte externa de livro, revista, programa ou catálogo.

capa dura
Capa de um livro cartonado ou encadernado, com aspecto rígido.

capital
Também conhecida como letra capital, versal, maiúscula ou caixa alta.

capital social
Termo proposto pelo sociólogo francês Pierre Bordieu para complementar os conceitos de capital econômico e capital cultural, para se referir às redes de relacionamentos pessoais e sociais.

caps lock
Trava de maiúscula no teclado do computador; tecla fixadora de maiúsculas que, quando pressionada, permite digitar letras maiúsculas sem o uso da tecla Shift.

caption
Legenda. Pequeno texto que acompanha uma imagem a fim de esclarecer o assunto.

caractere
É todo símbolo utilizado em texto, incluindo os espaços entre as palavras (letras individuais, números, sinais de pontuação etc.).

caractere
Símbolo que compõe uma tabela de codificação digital de arquivos (como a ASCII) ou fonte.

característica
Toda qualidade que constitui um ponto de diferenciação. Usado no plural, o termo indica complexo de dados relativos a um produto ou serviço.

carga poluidora
Carga de poluentes gerada ou lançada no meio ambiente expressa em quantidade de poluentes por tempo. No caso de poluição hídrica, exemplos são a DBO (Demanda Bioquímica de Oxigênio) ou DQO (Demanda Química de Oxigênio).

carro-chefe
Produto de maior representação e/ou fatura dentro de uma empresa.

car-sharing
Sistema adotado por empresas ou moradores de um mesmo bairro, rua ou condomínio, que consiste no compartilhamento de um veículo por várias pessoas, evitando que uma pessoa saia sozinha ao volante. O car-sharing visa reduzir o volume de carros em circulação e, consequentemente, os engarrafamentos e a poluição no ar.

cartão
Folha grossa de papel, obtida pela colagem e prensagem de várias outras folhas ou fabricada diretamente na máquina. Conforme a grossura, diz-se cartolina ou papelão. A distinção é feita pela espessura: é chamado de papelão quando esta supera meio milímetro. Na prática, diz-se cartão se a folha pesar 180 g ou mais por metro quadrado; menos do que isso é papel.

cartão de visitas
Cartão pessoal ou de negócios, impresso sobre suporte celulósico ou não, que pode incluir efeitos especiais, como aplicação de cores metálicas, relevo, hotstamping e efeitos tridimensionais, como holografia e outros.

cartão duplex
Trata-se de um cartão fabricado em duas camadas, sendo a superior (forro) de melhor qualidade, monolúcido, ou com revestimento couché, geralmente de 80 a 100 g/m², bem colado. A camada inferior, ou suporte, é fabricada com pasta química não branqueada, pasta mecânica e quase sempre com aparas. O peso total vai de 200 a 600 g/m². É sobretudo utilizado na confecção de cartuchos, caixas, pastas e similares. Comumente, é comercializado no formato de 77 x 113 cm.

cartão triplex
Muito semelhante ao duplex, mas com suporte feito em duas ou mais camadas, sendo a última geralmente branca. É utilizado e comercializado da mesma forma que o duplex, porém tem melhores características aparentes e de vincagem.

cartão-postal
Representação de imagens turísticas ou institucionais. Não há limite para formato, tamanho, número de cores e estilo de acabamento. Regido por regras dos correios (ECT).

cartão-resposta
Peça comumente usada no marketing direto e que facilita a resposta, por parte do consumidor, sobre o pedido de determinado produto ou serviço. Exemplo: quando da assinatura de jornais ou revistas.

cartaz
Meio de publicidade e de informação visual, algumas vezes realizadas em peça única, mas geralmente impressos, de grande formato, para se tornar visível em lugares de grande frequência de público. É normalmente executado sobre suporte de papel.

cartaz aéreo
Cartaz produzido em qualquer material, destinado a ser pendurado no alto, dentro de ponto de venda.

cartaz de ponto de venda
Peça impressa em papel ou outra superfície, apresentado mensagem e/ou imagem, para ser fixado no PDV, com a finalidade de promover o produto.

cartazete
Cartaz menor utilizado no ponto de venda. Geralmente, é colocado sobre o produto para destacá-lo na loja.

cartel
1. Entendimento comercial entre

empresas produtoras, as quais, embora conservem a autonomia interna, organizam-se em grupos para distribuir entre si os mercados e determinar os preços, suprimindo a livre concorrência. 2. União ilegal de empresários do mesmo ramo, visando, por meio de práticas ilegais, combater a concorrência.

cartelas
Lâmina de cartão ou plástico em que são fixados diretamente os produtos (grampeados, colados, amarrados etc.).

cartoon
Desenho humorístico que pode servir de ilustração para algum texto ou ter existência autônoma. Gênero em que o autor pode fazer crítica de costumes.

cartridge
1. Cartuchos de tinta para impressora laser ou jato de tinta. 2. Fita magnética em invólucro plástico, para gravação de dados.

cartucho
Embalagem fabricada a partir de uma chapa de cartão por meio de operações de corte e vinco (por exemplo: de cereais matinais, de sabão em pó). Geralmente expedido pelo fabricante aberto ou colado e colapsado, sendo montado, preenchido e fechado apenas no usuário, para facilitar o estoque e o transporte.

cartucho

cascata
Texto feito apenas para ocupar espaço, sem informação nova nem análise ou interpretação inédita, que não deve ser publicado.

cascata de distribuição
A cascata de diferentes relacionamentos dentro do sistema de distribuição. Tais relacionamentos começam no fornecedor original do produto ou do serviço, e vão se estendendo em cascata pelo armazém/distribuidor, varejista ou revendedor, até o cliente final. Cada "nível" dessa cascata pode ser tratado com uma base de clientes caracterizada por seu próprio conjunto de necessidades e de diferenças de valor.

case
1. O mesmo que caso. Normalmente, usa-se esta palavra para exemplificar determinado acontecimento pela citação de todas as etapas que o compuseram. 2. Acontecimento de sucesso.

catálogo
Material destinado a ilustrar os produtos/serviços que a empresa disponibiliza aos clientes.

catálogo de arte
Livro, catálogo ou folheto volumoso apresentando fotos e textos de exposições, coleções particulares, apresentação de coleções de artistas, trabalhos impressos de coleções de obras de arte, livros, moedas, selos, cartões etc., segundo catalogação realizada por entidade física ou jurídica.

categoria
Conjunto de produtos gerenciáveis entre si que atendem a uma necessidade do consumidor, percebidos como substitutos ou interelacionados.

cauda, perna
Apêndice do corpo de algumas letras (g, j, J, K, Q, R) que fica abaixo da linha de base. Nas letras K e R também pode ser chamado "perna".

cavalete
Elemento de sinalização móvel, geralmente localizado na entrada do PDV.

cb ou cxb
Abreviação de "caixa baixa" (texto somente em minúsculas). Veja também caixa alta/baixa.

campanha
Série de artigos, matérias ou anúncios, sobre determinado tema, visando sensibilizar a opinião das autoridades ou do público para o problema levantado.

capitular
Recurso gráfico que consiste na

utilização da primeira letra do texto em tamanho maior do que as demais. Geralmente, é usada em textos longos e de caráter literário.

características opcionais
Correspondem às particularidades de cada produto ou serviço, pelas quais o consumidor pode optar. Essas características podem ser cores diferentes, tamanhos originais etc.

CCD
Charge Coupled Device (Dispositivo de acoplamento de carga). Componente eletrônico fotossensível, utilizado em câmeras digitais e nos scanners. É uma matriz de elementos compostos por sensores ópticos sintonizados nas cores primárias R (vermelha), G (verde) e B (azul). Cada uma dessas tríades corresponde a um pixel da imagem captada.

cobertura geográfica
Distância máxima a que pode chegar a emissão ou distribuição de um meio ou veículo de comunicação. O mesmo que alcance.

código de barras
Técnica de codificação que usa uma sequência de barras e espaços de várias larguras, impressas em etiquetas ou na própria embalagem, para agilizar e facilitar a identificação de um produto por meio de um leitor ótico e coletor de dados. Constitui um código internacional de identificação de produto, que contém informações sobre o país de origem, a empresa fabricante e o tipo de produto.

ColorSync
Software de gerenciamento de cor, desenvolvido pela Apple, que garante a consistência visual das cores entre os vários dispositivos de imagem: monitores, scanners, impressoras. Para cada dispositivo é gerado um perfil ICC, documento que contém uma descrição da maneira como esse dispositivo faz a representação das cores. Quando o arquivo é transferido entre dispositivos, o ColorSync traduz as cores de acordo com as informações contidas nos respectivos perfis ICC, da Apple Computers.

CDL
Clube dos Dirigentes Lojistas. Entidade que reúne todas os comerciantes da área de mercadorias, englobando eletrodomésticos, móveis, roupas, presentes, ótica etc.

CD-R
CD regravável. Geralmente usado para fazer backup de dados e programas.

CD-ROM
Compact Disc-Read Only Memory. Disco compacto com memória somente para leitura. É um disco de leitura a laser que contém informações digitais para serem lidas por um computador. Sua capacidade de armazenamento é de 650 MB de informações, o equivalente a 250 mil páginas de texto impresso ou 75 minutos de filme digital full motion.

celofane
Polímero natural derivado da celulose. Tem o aspecto de uma película fina, transparente, flexível e resistente a esforços de tensão, porém é muito fácil de ser cortado. Outra de suas qualidades é ser biodegradável. Não resiste bem à humidade, já que tende a absorvê-la.

célula
Categoria utilizada para separar dados qualitativos (ou atributos).

células de prospecção
Segmento (grupo) de consumidores potenciais identificados como *prospect*.

cenário de refência
Cenário que agrupa fatores internos e externos a empresa, que possam, de alguma maneira, indicar novas oportunidades ou até mesmo evidenciar alguns problemas.

censo
Pesquisa sobre a população que possibilita a recolha de várias informações, tais como o número de habitantes, o número de homens, mulheres, crianças e idosos, onde e como vivem as pessoas e o trabalho que realizam, entre outras coisas. Esse estudo é realizado normalmente a cada dez anos na maioria dos países.

censo geográfico
Levantamento físico de todos os pontos de venda/distribuição relacionados a um segmento do mercado.

centimetragem
Volume total ocupado por um anunciante num jornal, ou por todas

47

as inserções em um ou mais jornais, durante um período determinado.

centímetro de coluna
Espaço padrão de um jornal, ou seja, um centímetro de comprimento por uma coluna de largura.

centralizar
Dispor qualquer componente gráfico na página de modo que ele fique a igual distância das margens das colunas.

centro de distribuição
Depósito de grande parte, altamente automatizado, projetado para receber produtos de várias fábricas e fornecedores, receber pedidos, preenchê-los de forma eficiente e entregar os produtos aos clientes com a maior rapidez possível.

centro óptico
Ponto localizado cerca de 10% acima do centro geométrico de uma página ou layout.

[Diagrama: centro óptico — zona óptica primária, zona morta, centro óptico, centro geométrico, zona morta, zona terminal]

CEO
Chief Executive Officer. Principal executivo de uma organização.

CERN
Trata-se do Laboratório Europeu de Física de Partículas, localizado em Genebra, Suíça. A sigla CERN vem de seu nome anterior, Conseil Européen pour la Recherche Nucleaire (Conselho Europeu para Pesquisa Nuclear).

Para os usuários Internet, o CERN é conhecido como o local onde foi desenvolvido a World Wide Web.

CERT
Computer Emergency Response Team. Organismo criado em 1988 pela Darpa, visando tratar questões de segurança em redes, em particular na Internet.

certificação orgânica
É a certificação que garante a procedência e qualidade orgânica dos produtos obtidos. É um processo de auditoria de origem e trajetória de produtos agrícolas e industriais, desde sua fonte de produção até o ponto final de venda ao consumidor. Se todos os requisitos estão atendidos, a certificação é emitida. Os principais certificadores no Brasil são a Associação de Agricultura Orgânica (AAO) e a Associação de Certificação Instituto Biodinâmico (IBD).

cesto
Peça normalmente construída em metal para acondicionamento e exposição de produtos no PDV.

CGI
Common Gatyway Interface. É uma interface para programadores desenvolverem scripts ou aplicativos que rodam por trás de um servidor Web. Esses scripts podem gerar texto ou outro tipo de dados em tempo real, em resposta a um input do usuário (exemplo: contador de usuários, sistemas de busca). Também podem levar respostas do usuário para o computador central (exemplo: quando a pessoa preenche um formulário online e envia para o provedor). O diretório (ou folder) CGI, nos servidores de home pages, são usados não apenas para guardar as imagens expostas na Web, como também para armazenar os pequenos processos que se desenrolam na página.

chain letter
Corrente. Carta ou email recebido por alguém e enviado para várias pessoas e assim sucessivamente até que seu conteúdo se torna extremamente difundido.

chain mail
O mesmo que chain letter.

chamada
Texto curto na primeira página que

ci

resume as informações publicadas pelo jornal a respeito de um assunto, remetendo o leitor para as páginas que trazem a cobertura extensiva. É um texto jornalístico que exige frases curtas, secas, substantivas.

chapa de impressão
Folha de metal flexível na qual são gravadas as imagens destinadas à impressão offset.

chapado
Na impressão, refere-se a áreas que são completamente cobertas com tinta, ou seja, áreas que imprimem 100% de uma determinada cor. Termo que designa a impressão uniforme e contínua, sem retícula, obtida por meio de uma fôrma, chapa ou matriz completamente lisa.

chapéu
Palavra ou expressão curta colocada acima de um título. Usada para indicar o assunto de que trata o texto ou os textos que vêm abaixo dela. Veja também retranca.

character encoding scheme
Método de codificação de caracteres; incluindo os alfabéticos, números, pontuação e outras marcações, além de caracteres de controle, usando números binários. Para um computador "escrever" a letra A ou o número 7 na tela, por exemplo, nós precisamos ter uma maneira de dizer a ele que um determinado grupo de bits representa a letra A ou o número 7. Existem padrões, comumente chamados de "conjunto de caracteres", que estabelecem que um determinado byte representa um A, e outro byte refere-se ao 7. Os dois padrões mais comuns para representação de caracteres em bytes são ASCII e EBCDIC.

charge
Representação pictórica de caráter satírico, utilizada no comentário a fatos, sobretudo políticos.

chat
Do inglês chit and chat (bate-papo), a palavra chat, na Internet, como o próprio nome diz, significa lugar onde as pessoas batem papo, geralmente dividido por temas ou assuntos de interesse. Inicialmente, isso ocorria apenas por meio de textos escritos, mas atualmente já é possível "bater papo" com imagens, voz e avatares (personagens). O Netscape Chat, programa auxiliar do navegador Netscape, permite que várias pessoas troquem mensagens ao mesmo tempo e compartilhem endereços de páginas, resultando em uma forma de navegação em grupo. O chat na Internet ficou famoso por meio dos servidores de IRC (Internet Relay Chat), no qual são criadas as várias "salas" ou "canais" para abrigar os usuários. Em termos de marketing digital, o chat é um instrumento que pode ser potencializado de várias maneiras, por exemplo, convidando-se uma personalidade ou especialista em determinado assunto para participar do papo.

checklist
Documento com itens de verificação e acompanhamento detalhado de ações promocionais ou eventos.

check stand
Prateleiras ao lado da caixa registrada do supermercado.

chip
Peça de silício, na qual há um circuito eletrônico integrado, miniaturizado, com milhões de minúsculos componentes que desempenham uma função específica.

chooser
Comando, em um computador, que define as relações entre portas de conexão e dispositivos de output.

chroma key
Sistema que permite a composição de imagens de vídeo captadas por câmeras diferentes em uma única imagem; técnica de efeito visual que consiste em colocar uma imagem sobre uma outra por meio do anulamento de uma cor padrão de fundo, como por exemplo o verde ou o azul.

Cromalin®
Prova colorida que simula os resultados da impressão a partir dos fotolitos, obtida por processo misto de fotografia e depósito de pigmentos coloridos produzido pela Dupont.

ciano ou cyan
Uma das cores da seleção utilizada para impressão de quadricromia; um dos filtros usados na separação de cores. Também chamado azul de seleção.

cibachrome
É uma ampliação em papel fotográfico feita a partir de um cromo. É um processo muito tóxico e complicado, por isso não é feito no Brasil em grande escala. Fotógrafos brasileiros que utilizam esse processo costumam fazer as suas ampliações em Paris. O resultado é uma imagem mais nítida que a obtida a partir do negativo e com maior intensidade de degradês e cores. A duração (resistência ao tempo) do cibachrome também é maior que a da ampliação a partir do negativo, pois a imagem tinge o papel fotográfico, não ficando somente na superfície.

ciberespaço
Termo criado pelo escritor William Gibson e inspirado no estado de transe em que ficam os aficionados de videogame durante uma partida. A palavra foi utilizada pela primeira vez no livro Neuromancer, de 1984, e adotada desde então pelos usuários da Internet como sinônimo de rede.

cícero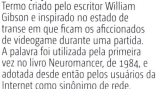
1. Unidade de medida tipográfica equivalente a 12 pontos (= 4,511 mm); a largura de uma coluna de texto é usualmente dimensionada em cíceros, por exemplo, uma coluna-padrão na diagramação de jornais mede 10 cíceros. 2. Antiga denominação dos caracteres tipográficos em corpo 12, equivalente a um quadratim.

ciclo de cores
Técnica de animação que cria a ilusão de movimento, passando de uma cor do pixel na paleta de uma imagem em bitmap para outra. Recurso normalmente usado em gráficos de previsão do tempo, tutoriais e outros aplicativos em que as animações precisam ser criadas de forma rápida e eficaz.

ciclo de serviço
Série de "momentos da verdade" atribuída a um cliente, ou segmento de clientes, deflagrada a partir do momento em que este entra em contato com a Organização de Serviços.

ciclo de venda do produto
Ciclo representado num gráfico que mostra, com base no ritmo de vendas durante determinado período, a evolução do produto ao longo de quatro fases consecutivas: introdução, crescimento, maturidade e declínio.

ciclo de vida
Consiste no exame do ciclo de vida de um produto, processo, sistema ou função, visando identificar seu impacto ambiental, no decorrer de sua "existência", que inclui desde a extração do recurso natural, seu processamento para transformação em produto, transporte, consumo/uso, reutilização, reciclagem, até disposição final. É comum utilizar-se da figura de linguagem "do berço ao túmulo" para exemplificar esse conceito. Hoje, fala-se do "berço ao berço", já que há produtos que podem servir como matéria-prima para novos produtos (por exemplo: plástico).

ciclo de vida do produto
Termo utilizado para definir os períodos de vida de um produto, que começa com seu lançamento, crescimento, maturidade, declínio e, muitas vezes, reciclagem.

ciclo de vida familiar
1. Estágios pelos quais uma família pode passar à medida que seus membros amadurecem. 2. Estágios relacionados com a forma como a família se forma, cresce, se desenvolve e muda seus padrões de consumo.

ciclo mercadológico
1. Vida de um produto desde sua concepção. 2. Estudos dos diversos períodos que compõem a criação, a produção, a divulgação, a comercialização e a aceitação de um produto.

CIF
Cost, Insurance, Freight. Determinação especificada em um contrato de compra e venda que inclui a entrega da mercadoria no ponto de embarque, o respectivo frete e também o seguro, dentro de um valor preestabelecido.

cilindro de impressão
Cilindro oco de aço, recoberto de cobre, utilizado como matriz no processo de impressão por rotogravura.

cimeira
Significa uma reunião de cúpula ou do mais alto nível entre representantes de governos ou de instituições políticas ou econômicas.

cinestesia
Sentido pelo qual se percebem os movimentos característicos do corpo. Segundo o estudioso Umberto Eco, as posições do corpo, os comportamentos

gestuais e as expressões do rosto são fenômenos que estão entre o comportamental e o comunicativo.

cinta
Tira de papel apropriada para cingir impressos (jornais, revistas, livros) que serão expedidos pelo correio.

circuito aberto
Em rádio ou televisão, as emissões de caráter aberto, que qualquer aparelho sintonizador pode captar.

circuito fechado
Tipo de transmissão restrita, dirigida a público definido.

circulação
1. Total de exemplares de uma edição de jornal ou revista efetivamente distribuídos ou vendidos. 2. Diferença entre tiragem e o encalhe de uma edição.

circulação controlada
Total da circulação gratuita dirigida a determinados segmentos da população ou a grupos profissionais.

circulação dirigida
Veja circulação controlada.

circulação fracionada
Anúncio aplicado apenas em revistas ou jornais, quando o anunciante pretende divulgar seu produto ou serviço em determinadas regiões do país.

circulação gratuita
Veja circulação promocional.

circulação promocional
Circulação gratuita dirigida aos anunciantes, às agências e aos segmentos formadores de opinião.

circulação verificada
Circulação certificada por um instituto especializado em verificações de circulação ou firma de auditoria contábil.

clam shell
Embalagem em forma de bolha de plástico que se abre como uma concha.

claros
São os espaços não impressos tanto em uma linha de texto como em uma página, não somente próximos a títulos e clichês, mas também em colunas. O equilíbrio de claros em uma mancha tipográfica é fator determinante para o grau de conforto na leitura do texto em questão.

classe social
Estrato de pessoas que, em uma sociedade, ocupam posições próximas por causa da semelhança na profissão, instrução e renda.

classe socioeconômica
Parte da população agrupada por suas características de renda, arbitradas pelas entidades representativas do mercado publicitário. As pessoas são classificadas em grupos segundo critério que mede a propensão do consumo, ao responder questões quanto a tipos de bens e quanto desses bens possui. O critério mais utilizado pelas agências de propaganda e veículos de comunicação é o da ABI-ABIPEME, que define cinco classes: A, B, C, D e E.

classificado
Tipo de anúncio, geralmente, de pequenas dimensões, publicado pelos jornais. Agrupado por área de interesse.

clicar
Pressionar e largar o botão do mouse do computador num único movimento. Em determinadas circunstâncias é necessário repetir a operação rapidamente, para acionar o que se deseja.

clichê
Chapa em relevo utilizada na impressão tipográfica. Usam-se em sua confecção materiais como zinco, cobre ou magnésio, com imagens ou

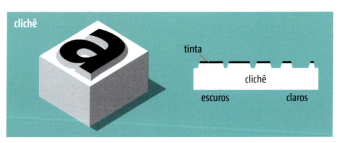

texto em relevo, feitos em estereotipia, galvanotipia ou fotogravura, usados na impressão tipográfica.

clichê editorial
Originalmente, chapa de metal para a qual uma página é transposta para poder ser impressa. As expressões primeiro clichê, segundo clichê e assim por diante designam as edições sucessivamente atualizadas do jornal em um mesmo dia.

clicheria
1. Oficina de fotogravura ou lugar da oficina onde são feitos os clichês. O termo é extensivo a oficinas de estereotipia e de galvanotipia, embora pouco usado nessas acepções. 2. Técnica de fazer clichês.

cliente
1. Constituinte, em relação ao advogado, ou procurador. Divididos em mercados alvos, podem ser: consumidores, industriais, revendedores, empresas governamentais e internacionais.
2. Forma pela qual os publicitários designam os anunciantes, os empresários em geral, quando vinculados a uma agência de propaganda. 3. Aquele que compra bens ou serviços.

cliente
Programa que requisita serviços a um servidor. A Internet é toda baseada em uma estrutura de cliente/servidor. Por isso, cada um de seus serviços (correio eletrônico, FTP, WWW etc.) funciona basicamente com esse par de programas. Para cada tipo de cliente, há um servidor correspondente. Na Web, os programas clientes são os navegadores, enquanto os servidores são os programas que armazenam as páginas e verificam as autorizações dos usuários para acessar determinados arquivos, além de executar programas especiais (de busca, por exemplo).

cliente final
Consumidor ou usuário final de bens ou serviços.

cliente flux
Clientes de um ponto de venda que residem ou trabalham num raio de três a cinco minutos de caminhada.

cliente inativo
Cliente que não compra ou não se serve mais da empresa por diversos motivos. Os dados desse cliente são importantes para a empresa, pois são uma fonte de informações.

cliente interno
Quadro funcional da empresa. Envolve todos os escalões e departamentos. É o ponto de partida para o sucesso do programa de fidelização. O trabalho em equipe assume importância na sua base, pois, se não houver comprometimento do time interno, o cliente externo não poderá ser fidelizado.

cliente potencial
Cliente que poderia ser da empresa, mais ainda não é.

cliente prime
O cliente apontado pelos dados da Pesquisa de Satisfação do Cliente como sendo leal à empresa ou à marca. Aquele que irá pensar duas vezes antes de aceitar ou não uma oferta concorrente, mesmo que seja aparentemente melhor. Diferencia-se de outros clientes tidos como "satisfeitos", "vulneráveis" e "de risco".

cliente semiflux
Clientes de um ponto de venda que residem ou trabalham num raio de 10 a 15 minutos de caminhada.

cliente total
O cliente que avalia e busca aumentar o valor extraído de uma transação (ou seja, aquele que não se conforma em adquirir apenas um produto ou um serviço bem-feito e de baixo custo).

cliente traffic
Clientes de um ponto de venda que residem ou trabalham num raio de mais de 15 minutos de automóvel.

clientes abaixo de zero
Clientes BZ, no grau da hierarquia, cujo custo de atendimento é maior do que o retorno que possam algum dia vir a dar. Esse grupo é o outro lado da moeda do princípio de Pareto: os 20 por cento da base que geram 80 por cento dos prejuízos, dores de cabeça, telefonemas de cobrança etc.

clientes do segundo nível
Clientes não tão valiosos quanto os CMVs (clientes mais valiosos), mas que poderiam vir a sê-lo, caso a empresa conseguisse aumentar sua participação nos negócios daqueles clientes.

cm

clientes industriais e organizacionais
São formados por empresas que adquirem produtos para revender ou para produzir outros bens e serviços.

clientes mais valiosos - CVMs
Aqueles com o mais alto valor real para a empresa – os clientes que mais fazem pedidos, geram as mais altas margens e se mostram mais dispostos a cooperar, tendem a ser os mais leais, em cujos negócios a empresa tem a maior participação.

cliente-servidor
Modo de distribuição de informações pela rede que envolve o uso de um pequeno número de programas servidores para fornecer dados aos programas clientes, instalados ao longo da rede em muitos computadores. Com um banco de dados, o programa servidor fornece informações que lhe são solicitadas. O Gopher e o Archie são exemplos de sistemas cliente-servidor.

climbers
Indivíduos divididos entre seus laços tradicionais e a abertura para as últimas novidades culturais e técnicas, buscam soluções de compromisso entre o risco e a segurança.

clip art
Ilustração previamente preparada para ser empregada, em sua forma original ou modificada, em aplicações diversas (geralmente infografia). Os principais programas de ilustração costumam vir com bibliotecas de clip art gratuitas.

clipboard
Área de armazenamento na memória do computador para texto ou elementos gráficos cortados ou copiados. O conteúdo do clipboard pode ser colado em outro lugar do documento, outro documento ou outro aplicativo. O clipboard guarda a informação até se cortar ou copiar um outro texto ou elemento gráfico.

clipbook
Versão mais avançada do clipboard do Windows; permite armazenar e acessar na "área de descarte" ou "área de transferência" várias páginas, e não apenas uma, com texto, imagem etc.

clipping
Coleção de recortes de material impresso, materiais de rádio ou tevê, com notícias sobre determinado assunto, empresa, pessoa ou marca.

clipping file
Pastas que armazenam recortes de anúncio. Muito usados em departamentos de criação.

clipping path
Máscara vetorial, em geral, utilizada para fazer o recorte de objetos (que podem ser outros vetores ou bitmaps).Função do Photoshop que permite exportar linhas ou curvas junto com os arquivos EPS. Esta função permite posicionar uma imagem em outro documento mantendo a transparência do fundo (imagem recortada).

cluster
Grupo, bloco. Unidade de alocação de dados no espaço de armazenamento do disco; a menor parte de um disco que pode ser atribuída a um arquivo. A combinação de dois ou mais setores (sectors) numa trilha (track) na superfície de um disco de armazenamento de dados. A menor unidade de leitura ou gravação em disco do sistema operacional. Seu tamanho é variável, em função do tamanho do disco. Se o cluster mede 32 KB, qualquer arquivo menor que esse número ocupa, obrigatoriamente, um espaço de 32 KB.

cluster
Conglomerado urbano onde se realiza a coleta de dados. É comumente chamado de quarteirão, mas pode ser um conjunto de quarteirões de uma região na qual o entrevistador deverá realizar determinado número de entrevistas.

CLUT
Color Look-up Table (Tabela de Consulta de Cores). Um tipo de recurso que grava a cor de acordo com sua posição em uma tabela de 256 cores, assim como zero para branco e 255 para preto. As cores em 16, 24 e 32-bit não possuem uma CLUT asssociada a elas.

CMM
Color Matching Module. Considerado o "motor" de um sistema de gerenciamento da cor, o CMM usa

perfis de equipamentos e espaço de trabalho para transferir dados cromáticos entre plataformas diferentes, aplicativos de software e equipamentos.

CMOS
Complementary Metal-Oxide Semiconductor. Um tipo de memória que armazena informações de configuração que perduram, por meio de bateria, mesmo se o computador for desligado, como relógio e calendário, dados do disco rígido ou senha de acesso ao computador.

CMV
Cliente mais valioso.

CMYK
Cyan, Magenta, Yellow, Black (ou ciano, magenta, amarelo e preto). Sistema de composição de cores subtrativas primárias usadas na impressão de policromias. Quando pontos dessas cores são combinados em diferentes densidades, obtém-se uma grande variação de cores. Também conhecidas como cores de processo.

cmyk

coat
Cobertura, revestimento. É a aplicação de diferentes materiais sobre uma superfície impressa (tinta, verniz etc.) destinada a melhorar o aspecto final e a qualidade da impressão.

cobertura
Espectro de território geográfico ou de segmento de população coberto por um veículo de comunicação.

cobertura
Trabalho realizado por um repórter ou equipe de reportagem no local de um acontecimento.

cobertura de mercado
Parte do mercado potencial que a força de vendas da empresa está em condições de contatar e explorar.

cobertura de público
Total de pessoas atingidas pelo menos uma vez por veículo ou combinação de veículos de uma programação.

co-branding
Cooperatividade de marcas. Estratégia de juntar duas marcas reconhecidas por suas qualidades é estratégia para se diferenciarem diante da grande concorrência e das dificuldades para falar com o consumidor.

codec
Termo derivado de compression-decompression (compactação-descompactação). Algoritmo de compactação normalmente aplicado ao vídeo digital, para reduzir o tamanho do arquivo. O vídeo descompactado é executado a, aproximadamente, 27 MB por segundo, um valor alto de informações para a maioria dos computadores.

código de compromisso social
Instrumento de realização da visão e da missão da empresa, que orienta suas ações e explicita sua postura social a todos com quem mantém relações.

código de ética
Conjunto de normas que devem ser seguidas pelos profissionais que atuam em determinado campo profissional. No caso de pesquisa de mercado e de opinião pública, os principais órgãos que regem essa atividade no Brasil são as entidades representativas dos institutos (ANEP, ABIPEME) e dos profissionais de pesquisa (SBPM e ESOMAR).

código fonte
Durante o desenvolvimento de um programa, ele é inicialmente escrito em uma linguagem de programação (chamada, nesse caso, de linguagem de alto nível) e depois traduzido, com o auxílio de um programa especial chamado compilador, para uma forma que pode ser entendida pelo computador. O código fonte é a versão do programa na linguagem na qual ele foi escrito. A disponibilidade do código

CO

fonte permite que um programador modifique o programa.

coextrudado
Processo especial de extrusão em que a embalagem final apresenta mais de uma camada de diferentes tipos de plástico.

colaboração
Ação do cliente ao investir no relacionamento com a empresa. O esforço necessário para especificar tamanho, cor, estilo, preferência, detalhes de engenharia etc. Tempo, energia ou esforço despendido pelo cliente para ajudar a empresa a criar ou projetar um produto ou serviço que atenda às suas necessidades individuais, em oposição à melhoria geral de um produto em benefício de um mercado.

colaboradores
Todos aqueles que estão envolvidos na execução das atividades de uma organização como empregados, prestadores de serviço e funcionários terceirizados.

colagem
Linguagem visual baseada na técnica da fusão de imagens.

colar
Introduzir texto ou imagem cortado ou copiado, temporariamente armazenado em clipboard, em um documento. O mesmo que paste.

coleta de dados
Procedimentos que compõem o levantamento, identificação e obtenção dos dados a serem utilizados em um sistema.

coleta seletiva de materiais
Uma alternativa de coleta de resíduos que prevê uma etapa inicial de separação dos tipos de materiais descartados antes de destiná-los à reciclagem, evitando o envio para aterros sanitários e/ou lixões.

coletura
Papel utilizado durante a etapa de acerto de máquina anterior ao início de uma impressão.

colofão / colofon
Indicações do nome do impressor, diagramador, ilustrador, data, materiais e processos utilizados, fontes tipográficas etc. colocadas ao final de uma obra editorial. Sem formato definido, provém do grego e era utilizado, ao fornecer dados objetivos sobre a obra, para garantir a integridade de manuscritos compostos de folhas soltas.

colorimetria
É o processo de mensuração de superfícies iluminadas por luzes compostas, com comprimentos de ondas heterogêneos.

coluna
Cada uma das subdivisões verticais em que a página de um jornal, revista ou livro é dividida. Por extensão, coluna também significa o espaço no jornal em que um autor escreve regularmente.

COM
Communications. Porta de comunicações ou porta serial usada por modems, mouses e algumas impressoras. O DOS define essas portas como COM1, COM2, COM3 e COM4.

comendas
Peça composta de fita em tecido nobre e medalha em bronze, prata ou ouro, utilizada para condecorar pessoas.

comércio eletrônico
É toda forma de transação comercial em que as partes interagem eletronicamente. Conjunto de técnicas e tecnologias computacionais utilizadas para facilitar e executar transações comerciais de bens e serviços através da rede de Internet.

comércio justo
O comércio justo contribui para o desenvolvimento sustentável ao proporcionar melhores condições de troca e a garantia dos direitos para produtores e trabalhadores localizados em comunidades e regiões de baixa renda. O movimento

do comércio justo propõe ampliar o acesso de pequenos produtores, economicamente em desvantagem, ao mercado. O conceito se baseia na importância de o consumidor adquirir produtos comercializados de maneira responsável, que possibilite remuneração justa e condições de trabalho favoráveis, incluindo o uso sustentável dos recursos naturais.

commodity
Em inglês, este termo significa, literalmente, "mercadoria". Nas relações comerciais internacionais, o termo designa um tipo particular de mercadoria em estado bruto ou produto primário de importância comercial, como é o caso do petróleo, da carne, do café, do chá, da lã, do algodão, da juta, do estanho, do cobre etc., ou seja, mercadoria de consumo geral, sem diferencial.

comportamento de
compra rotineira
Comportamento de compra que ocorre nos casos em que o comprador se vê diante de uma decisão de compra que envolve itens simples, de baixo custo e pouco envolvimento, pertencente a classes de produtos conhecidas. Os compradores não refletem muito nem despendem muito tempo com busca e compra desse tipo de produto.

comportamento
do consumidor
(Processo pelo qual as pessoas ou os grupos de pessoas passam para selecionar, comparar, usar, utilizar, dispor de produtos, serviços e experiências para satisfazer suas necessidades e desejos.

composição
Ato ou efeito de compor tipograficamente qualquer texto (linhas e páginas de caracteres, fios ou vinhetas) destinado a impressão.

composite
Arquivo de bitmap colorido em que as informações de cor são contidas em canais vermelho, verde e azul (RGB - Red, Green, Blue) ou ciano, magenta, amarelo e preto (CMYK - Cyan, Magenta, Yellow, Black). Este termo ocorre em oposição à separação, na qual as imagens são divididas em arquivos correspondentes as essas cores fundamentais, codificadas em níveis de cinza.

compostagem
Processo que transforma sobras orgânicas em adubos, como folhas caídas, corte de gramados, materiais de poda de árvores. Esse adubo orgânico produzido pode ser utilizado em hortas comunitárias, viveiros de mudas para reflorestamento etc.

composto de marketing
A definição do composto abrange definir os 4Ps do marketing, a saber: Produto, Preço, Promoção e Praça, a fim de serem atendidas as necessidades de um mercado específico. Compreende as estratégias usadas desde a concepção do produto até sua colocação no mercado. O mesmo que "mix" de marketing. Veja também 4Cs e 4Ps.

composto mercadológico
Veja composto de marketing.

compra compulsiva
Ocorre quando o consumidor, levado por um súbito desejo, adquire um produto em que, conscientemente, não tinha intenção ou sequer precisava comprar.

compra por impulso
Aquisição de bens sem qualquer planejamento ou esforço de procura, já que são amplamente expostos e normalmente de baixo preço, tais como revistas, chocolates etc.

compra premeditada
Ocorre quando o consumidor decide antecipadamente sobre o produto que quer comprar, a marca, o tamanho, o preço etc.

compra sugerida
Ocorre quando o consumidor decide a compra influenciado por terceiros como, por exemplo, comerciante, demonstradora etc.

comprador misterioso
Visita surpresa, feita por pessoa contratada pela empresa fabricante ao local de venda, para checar se o vendedor está oferecendo o produto.

compras de baixo envolvimento
Refere-se a compra de um produto que, pelo valor monetário ou emocional envolvido, não apresenta grande preocupação para o cliente.

compress
Comprimir, compactar. Recodificar dados

para eliminar redundâncias, resultando em menor espaço para armazenamento e tempo para transmissão.

compressão
Processo pelo qual, por meio de programas específicos, procura-se diminuir o tamanho dos arquivos, sem perda de dados, para que ocupem menos área nos discos.

compressão tonal
Técnica utilizada em colorimetria para transformar as cores que estão fora do gamut de um equipamento em cores que poderão ser reproduzidas.

comunicação de massa
Refere-se à exposição simultânea, ou em curto período de tempo de audiência ampla, dispersa e heterogênea, a mensagens transmitidas por sistema industrial de meios. A comunicação de massa, caracteriza-se por recepção ou audiência de massa, embora a produção das mensagens se faça por segmentos minoritários da sociedade. Por isso é também estudada como indústria cultural. A produção dos meios de comunicação de massa, ou cultura de massa, não deve ser confundida com cultura popular, conceito este fora do âmbito de nosso dicionário.

comunicação interativa
É toda e qualquer comunicação que se utiliza da interatividade como principal veículo. Está se tornando, cada vez mais, uma das principais formas de comunicação. Quando se fala em marketing digital, necessariamente está se falando de uma comunicação interativa.

comunicação interpessoal
Comunicação direta estabelecida entre dois ou mais indivíduos, por meio de fala frente a frente, carta, telefone etc.

comunicação visual
Conjunto de técnicas, conhecimentos e procedimentos que buscam maior eficácia na transmissão visual de mensagens verbais ou não verbais por meio dos diversos meios de comunicação.

CONAR
(Conselho de Autorregulamentação Publicitária) Entidade formada por anunciantes, veículos e agências que administram o comprimento de Código Brasileiro de Autorregulamentação Publicitária.

conceito
Concepção virtual a respeito de qualquer coisa. Também a argumentação prévia à concepção de peças de comunicação, seja uma identidade visual, uma campanha publicitária, um cartaz, etc.

concentração
1. Estratégia que visa a maior rendimento e otimização, por meio da centralização de recursos e/ou atividades. 2. Utilização da verba num só veículo, grupo de veículos ou meio, numa campanha. 3. Utilização da verba de uma campanha num curto período de tempo. 4. Veiculação de uma campanha em poucas ou somente numa área geográfica.

concessões
Ocorre quando um fabricante ou intermediário negocia condições diferenciadas para seus clientes ou consumidores, seja de preço, prazo de pagamento ou de entrega dos produtos, entre outras.

concorrência
Disputa entre empresas produtoras, ou entre comerciantes, para conseguir colocar no mercado o melhor produto pelo preço mais baixo.

concorrência de
mercado agregado
Modelo competitivo tradicional no qual as empresas definem a população de clientes como "mercado" e tentam vender produtos ou serviços aos membros daquele mercado por meio da promoção dos benefícios ou das características que eles acreditam ser mais atraentes para o membro médio ou típico. Esse modelo recorre principalmente à amostragem estatística para obter o maior entendimento possível do cliente médio do mercado. Inclui marketing de massa, marketing segmentado e de nicho, e a maioria das formas de marketing dirigido. Inclui marketing por banco de dados quando é mais regida por oferta de programa ou produto, campanha a campanha, do que pelo cultivo de relacionamentos cliente a cliente.

concorrência direta
Concorrência entre duas empresas que comercializam o mesmo produto ou serviço para o mesmo mercado.

CO

concorrência indireta
Concorrência entre duas empresas que comercializam produtos ou serviços diferentes, mas que são substituíveis entre si. Por exemplo, Coca-Cola e Guaraná.

concorrência monopolista
Mercado em que muitos consumidores e vendedores comercializam dentro de um espectro de preços e não com base em um único mercado.

concorrência não relacionada a preço
É a ação agressiva desenvolvida por um fabricante de produtos ou por um fornecedor de serviços que se baseia em um ou mais dos 4Ps, que não seja preço.

concorrência oligopolista
Mercado em que existem poucos vendedores, que são altamente sensíveis aos preços e estratégias de marketing uns dos outros.

concorrência orientada para o cliente
Concorrência baseada em produtos e serviços personalizados para cada cliente – seja um cliente individual ou outra empresa – , desenvolvidos a partir de feedback e interação com o cliente. É o oposto da concorrência de mercado agregado.

concorrência perfeita
Situação de mercado que ocorre quando existem diversos concorrentes atuando com produtos homogêneos, havendo também muitos compradores e facilidade de entrada de compradores e vendedores.

condensação
Recurso gráfico que permite diminuir a largura da letra sem alterar sua altura. Torna possível dispor mais letras no mesmo espaço.

condensado
Estilo de tipo em que a sua largura é menor do que o tipo normal. Dependendo da família, pode ser a fonte principal ou uma variação. Pode ser produzido de forma "forçada" na paginação, comprimindo-se a largura da letra normal.

conectividade
O termo refere-se às redes de comunicação ou à comunicação entre computadores e terminais.

conexão
É a união de equipamentos eletrônicos (como, no computador: monitor, teclado e mouse) por meio de cabo ou wireless.

conexão direta
Ligação permanente entre dois computadores. Também é conhecida como linha dedicada.

confiabilidade
Em pesquisa, significa que os métodos utilizados garantem a imparcialidade da informação. Se o estudo fosse repetido nas mesmas condições, os resultados seriam similares.

configuração
Configurar um computador e os diversos periféricos a ele conectados significa estabelecer características comuns, para que funcionem em harmonia. Configurar um programa é ajustá-lo às características da máquina e do usuário.

conflito de canal
Desacordo entre os membros do canal de marketing sobre objetivos e papéis – sobre quem deve fazer o que e por quais recompensas.

conhecimentos universais
Abrangem conhecimentos culturais, científicos, de línguas e outros que possam agregar valor ao desenvolvimento pessoal e intelectual.

connect
Ligar, unir, juntar, associar, conectar; ligar dois pontos em uma rede, um circuito etc. Diz-se do ato de acessar a Internet.

consumer insights
Constatações a partir do estudo do consumidor.

---

condensado
fonte normal

design

fonte condensada

—design—

co

consumerismo
1. Movimento em que os consumidores exigem que as entidades vendedoras deem mais atenção a suas necessidades e desejos, bem como à qualidade do produto ou serviço. 2. Movimento de defesa e proteção do consumidor.

consumidor
Aquele que faz uso dos bens ou serviços, adquiridos por si ou por outros.

consumidor primário
(ou principal)
Segmento da população que independendo da quantidade, consome a maior parte de um produto/serviço, tornando-se, portanto, o target (grandes consumidores) a que são, em geral, dirigidas as campanhas publicitárias.

consumidor secundário
Segmento do mercado de importância relativamente menor para o produtor/comerciante. Conforme a estratégia do mercado, esse consumidor secundário pode passar a ser público-alvo, e assim ter uma campanha publicitária voltada especialmente para ele.

consumidor-cliente
O destinatário dos produtos da organização. Pode ser uma pessoa física ou jurídica. É quem compra e/ou quem faz uso do produto (usuário/consumidor).

consumo
Satisfação das necessidades humanas por meio de produtos e/ou serviços.

consumo consciente
Conceito que inclui o atendimento das necessidades de bens e serviços das atuais e futuras gerações, de maneira sustentável econômica, social e ambientalmente, isto é, um consumo com consciência de seu impacto e voltado à sustentabilidade. Consumir de forma consciente é buscar o equilíbrio entre a sua satisfação pessoal e a sustentabilidade, maximizando as consequências positivas desse ato não só para si mesmo, mas também para as relações sociais, a economia e a natureza. O consumidor consciente busca disseminar o conceito e a prática do consumo consciente, fazendo que pequenos gestos realizados por um número muito grande de pessoas promovam grandes transformações. Consumir conscientemente é uma maneira de contribuir de forma voluntária, cotidiana e solidária para continuidade da vida no planeta. (Fonte: Instituto Akatu.)

conta
Termo utilizado para designar o atendimento publicitário permanente de agência a determinado produto, serviço, marca ou empresa.

conta
Ter uma conta em um fornecedor de acesso é como ser sócio de um clube. O titular da conta recebe um nome de usuário (username ou apelido) e senha para acessar o sistema; paga uma mensalidade, de acordo com os serviços que utiliza e com os planos de pagamento do fornecedor de acesso.

conta-fio

conta-fio
Pequena lente de aumento utilizada para examinar a qualidade dos pontos de uma retícula em uma impressão. É estruturada de modo que, ao ser colocada sobre uma superfície, se mantém regularmente à distância focal dessa superfície. O nome vem da sua anterior utilização por tecelões para averiguar a qualidade da malha produzida pelos teares; era literalmente usado como contador de fios.

container
Também chamado de contêiner ou contentor, é um equipamento utilizado para transportar carga. Recipiente de metal ou madeira, geralmente de grandes dimensões, destinado ao acondicionamento e transporte de carga em navios, trens etc. É também conhecido como cofre de carga, pois é dotado de dispositivos de segurança previstos por legislações nacionais e

por convenções internacionais. Trata-se de um fantástico sistema de transporte, responsável pela movimentação de 95% da carga geral hoje conduzida pela frota mercante mundial.

contato
Profissional que representa a agência para o cliente, atuando como elemento de ligação entre as duas partes, no atendimento a uma conta de publicidade. É o executivo da conta: supervisiona o planejamento, a execução, a distribuição e o controle dos serviços prestados ao cliente (anúncios, campanhas etc.) pelos diversos departamentos da agência. Transmite à sua agência as intenções do cliente, suas determinações, problemas e objetivos relacionados à propaganda. Acompanha de perto a elaboração das campanhas ou de quaisquer outros serviços e os apresenta ao cliente para aprovação. Cuida de toda a administração comercial da conta, desde a aprovação de verbas pelo cliente até o momento de remeter à contabilidade as informações para faturamento. O levantamento e a conquista de novos clientes (novas contas) são, também, atribuições do contato da agência.

contato
Profissional que representa um determinado veículo de divulgação (jornal, revista, emissora de tevê ou rádio, etc.) apara as agências e anunciantes. Sua função é promover o veículo e vender espaço ou tempo para inserções publicitárias.

contato
Inversão normal de um filme (positivo x negativo) ou, no caso de filme direto, a sua duplicação.

contato
Cópia fotográfica obtida a partir de contato direto do negativo com o papel sensível, por meio de ampliador ou de uma copiadora apropriada, sem ampliação da imagem (nesse caso, a cópia apresenta o mesmo tamanho do negativo). Por esse processo, várias chapas são reproduzidas numa única folha de papel, que serve de prova para seleção das fotos a serem ampliadas. Diz-se também cópia por contato.

conteúdo linear
Estrutura tradicional da maioria das narrativas, com um início, meio e fim definidos. Os desenvolvedores de multimídia normalmente criam programas com modelo não linear, permitindo que os usuários participem da estrutura do aplicativo.

continuidade
Variável de planejamento de mídia que estabelece o período de tempo de veiculação de uma campanha.

continuidade
Esquema dos anúncios de modo uniforme dentro de dado período.

contracapa
Qualquer um dos lados internos da capa de uma publicação. Também chamada de 2ª e 3ª capas.

contrafibra
Lado contrário ao sentido (direção) da fibra de papel ou plástico.

contrapropaganda
Propaganda destinada a combater ou anular a propaganda do produto ou serviço concorrente.

contraste
Relação entre gradações de tom, entre altas, médias e baixas luzes, ou ainda entre luzes e sombras. Pode-se dizer, em um modo livre, contraste entre cores.

contrato de exclusividade
Contrato que proíbe os intermediários de negociarem com produtos concorrentes, exceto quando isso tiver por objetivo reduzir a concorrência ou criar monopólio.

control
1. Tudo o que se acrescenta (campos) a um formulário criado em banco de dados, com texto, gráfico, imagem, etiqueta, caixas de lista etc. – mesmo campo de uma tabela. Em banco de dados, um objeto gráfico, como uma caixa de texto, um retângulo, um botão de comando etc., que se coloca em um formulário ou relatório para exibir dados, executar uma ação ou como simples decoração. 2. Botão de comando conhecido como "Ctrl" que, ao ser acionado simultaneamente a outros, aciona diretamente a função desejada.

controle de fluxo
O processo de início e fim de handshaking que impede que o modem ou a impressora serial receba

uma quantidade excessiva de dados do computador ou de outro modem. O controle de fluxo de software é chamado de XON/XOFF (transmissor ativado e desativado). O controle de fluxo de hardware é chamado de RTS/CTS (request/clear to send). Geralmente, o controle de fluxo de software pode ser melhor e mais rápido. Na sua configuração, selecione o controle de hardware se você souber que o outro sistema também o utiliza (o controle de software não pode ser usado nesse caso), selecione a opção "nenhum" se o outro sistema não tiver controle de fluxo excessivo e selecione XON/XOFF se não souber qual é o tipo de controle usado pelo outro sistema.

controle de marketing
1. Processo de mensuração e avaliação dos resultados das estratégias e planos de marketing. 2. Adoção de ações corretivas para assegurar que os objetivos de marketing sejam atingidos.

controle de preços
1. Regulamentação de preços de produtos e serviços para reduzir a inflação no custo de vida. 2. Estratégia imposta pelo governo. 3. Sistema que obriga o revendedor de determinado produto de um fabricante a não vendê-lo por preço diferente do estabelecido pelo fabricante para venda ao consumidor.

controle de qualidade
Processo de análise da qualidade, que utiliza padrões estabelecidos, realizado após a produção com a finalidade de evitar que produtos não conformes sejam enviados aos clientes. Tem por funções elaborar padrões para medir a excelência, comparar o realizado com esses padrões, e tomar medidas corretivas, caso haja diferenças, bem como concretizar a estrutura necessária para realizar tais funções. Difere da simples inspeção, que apenas descarta as peças defeituosas. Originalmente, aplicava-se unicamente ao controle de produtos fabricados, mas hoje se estende a todos os processos operacionais.

controle de qualidade
dos dados
Processo de tomar provas ou realizar controles para garantir que a qualidade dos dados esteja dentro do padrão previsto para o sistema.

co

controle do
processo estatístico (CPE)
Utilização de processos estatísticos, como cartas de controle, para analisar um processo ou seus resultados, a fim de tomar medidas apropriadas para atingir e manter uma situação de controle estatístico e melhorar a capacidade do processo.

conversão a traço
Reticulagem. Conversão de original de tom contínuo em traço por meio do uso de retícula de meio-tom convencional ou retícula de efeitos especiais padronizados.

copatrocínio
Divisão de cotas entre empresas que patrocinam um mesmo programa ou evento. Exemplo: Copa do Mundo.

copidesque
Trabalho – ou pessoa que o executa – de reescrever textos para publicação. Quando for inevitável que outro jornalista o faça, a assinatura do autor original deve ser suprimida caso as alterações sejam profundas e não puderem ser a ele comunicadas. O mesmo que copydesk.

copy
1. Texto de uma peça publicitária. 2. Comando para copiar arquivos ou suas partes. Em aplicativos diversos, comando que remete à área de descarte uma cópia da imagem ou texto selecionados, mantendo o texto ou imagem original no documento.

copydot
Processo de digitalização dos filmes/chapas de um trabalho já impresso, gerando um arquivo que é cópia fiel dos pontos existentes para cada uma das chapas. Normalmente é gerado um arquivo DCS com a quantidade de plates (canais) necessários para a reimpressão, e estes são armazenados em formato bitmap de 1 bit de profundidade de cor. Alguns equipamentos permitem a alteração/edição desses arquivos após terem sido digitalizados, porém ainda com ferramentas muito rústicas e longe das facilidades disponíveis no tratamento de imagens.

copyright
Direito legal exclusivo de reproduzir, publicar e vender uma obra literária, musical ou artística.

co

cor complementar
Duas cores que, quando misturadas nas proporções certas, geram uma cor acromática.

cor especial
Diz-se de qualquer tinta com cor ou matiz diferente das cores de seleção para policromia. São geralmente especificadas por meio de escalas especiais de fabricantes de tintas ou da escala universal Pantone®. Em softwares gráficos, são chamadas spot colors.

cor luz
É a radiação luminosa visível que tem como síntese aditiva a luz branca. É a base de todos os sistemas de exibição na tela e de captura da imagem digital.

cor pigmento
É a substância material que, conforme sua natureza, absorve, refrata e reflete os raios luminosos componentes da luz que se difunde sobre ela. É a base da cor impressa.

cor primária
Cor pura, que não resulta de nenhuma mistura de outras cores. São três, as cores básicas, a partir das quais todas as outras cores podem ser obtidas. As cores primárias diferem no caso de impressão ou de projeção de luz. Para impressão, tem-se: ciano (cyan), magenta e amarelo. Em impressão de policromias, utilizam-se essas três, acrescidas do preto, (diz-se impressão a quatro cores) para reproduzir toda a variedade de cores. Para projeção de luz são: vermelho, verde e azul, usadas na tecnologia do CRT (Cathode Ray Tube) – tubo de raio catódico – e em iluminação de palco. Intensidades iguais das cores primárias para efeito de luz produzem tons variados de branco, variando de cinzas em direção à luz branca pura.

cores frias
Normalmente consideradas azul, verde e violeta, e suas variações tonais, em oposição às cores quentes, como vermelho, amarelo e laranja. Entretanto, não se deve esquecer da relatividade das cores, em que uma cor violeta, por exemplo, pode parcer mais quente perto de um azul.

cores primárias aditivas
Cores fundamentais da luz visível pelo olho humano (vermelho, verde e azul). Correspondem às cores básicas que, quando sobrepostas (processo aditivo), formam a luz branca. A mistura dessas cores, duas a duas, resulta nas cores secundárias aditivas (vermelho + verde = amarelo, vermelho + azul = magenta, verde + azul = ciano). São em RGB as imagens mostradas por equipamentos que emitem luz própria, como o CRT (tubo de raios catódicos) ou o LCD (cristal líquido); ou seja, monitores e aparelhos de tevê.

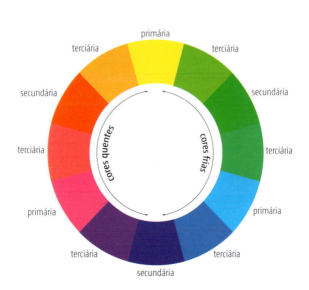

CO

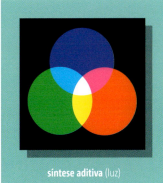
síntese aditiva (luz)

síntese subtrativa (pigmento)

cores primárias subtrativas
Cores fundamentais dos sistemas de impressão e métodos de produção de imagem que utilizam tintas. São: ciano (azul turquesa), magenta (cor de rosa) e amarelo. As tintas funcionam como filtros que subtraem da luz branca certas cores e refletem suas cores complementares. As cores que observamos são as restantes desse processo. Prova disso é que, sem a luz, não enxergamos a cor do objeto. A mistura das cores primárias subtrativas, duas a duas, resulta nas cores secundárias subtrativas (magenta+ciano=azul, magenta+amarelo=vermelho, amarelo+ciano=verde). As cores primárias subtrativas são as secundárias aditivas, e as cores secundárias subtrativas são as primárias aditivas. O trio ciano+magenta+amarelo deveria sozinho reproduzir todas as cores subtrativas, mas misturas totais das três tintas não produzem o preto, além de sobrecarregarem a impressora. Por isso, existe uma quarta tinta de impressão, a preta, que substitui parcialmente as outras três nos tons mais escuros.

cores quentes
Normalmente consideradas amarelo, vermelho e laranja, e suas variações tonais, em oposição às cores frias, como azul, verde e violeta. Entretanto, não se deve esquecer da relatividade das cores, em que uma cor magenta, por exemplo, pode parcer mais fria perto de uma vermelha.

cores secundárias
Cores que resultam da mistura de duas cores primárias: laranja (amarelo e vermelho), violeta (vermelho e azul) e verde (amarelo e azul).

cores terciárias
Cores produzidas pela mistura de duas cores secundárias: laranja e verde, verde e violeta, violeta e laranja.

corner
Conjunto de elementos de apresentação de uma marca ou de uma linha de produtos que forma uma "miniloja" dentro do ponto de venda.

coroa
Peça impressa a ser fixada na parte superior do expositor.

corpo
Dimensão, em altura, dos tipos de uma fonte, geralmente medido em pontos. Essa medida compreende a altura total necessária para apresentar os caracteres de uma fonte, incluindo ascendentes, descendentes e espaço reservado para acentos, no caso de fontes para textos. Dependendo do estilo do caractere e da programação da fonte, o mesmo corpo pode corresponder a diferentes alturas de letras. O termo tem sua origem como uma das dimensões do bloco metálico conhecido por caractere tipográfico e descrevia o tipo de chumbo usado na impressão tradicional.

corpo da matéria
Matéria de leitura regular, ou texto. Também chamado corpo do original.

corporate brand
Marca corporativa. A marca de uma corporação associada à sua identidade única, que inclui sua filosofia, cultura, valores e estrutura.

CO

corporate image
Imagem corporativa. Mensagem transmitida por um conjunto de elementos, como filosofia, cultura, valores e estrutura.

correção de continuidade
Ajuste feito quando uma variável aleatória discreta é aproximada por uma variável aleatória contínua.

correção de cores
Método manual ou eletrônico para melhorar (ou estragar) a formação de cores em uma imagem digital, na impressão etc. Exemplos: ganho de ponto, máscaras de ajuste e realce, retículas etc.

correio eletrônico
E-mail. Forma de trocar mensagens entre usuários. Não é necessário que o destinatário esteja conectado à rede no momento em que a mensagem chegar. Um aviso indicando quantas mensagens novas existem será apresentado assim que o usuário se conectar ao sistema. É possível enviar cópias de mensagens para várias pessoas e também guardar as mensagens enviadas. Pode-se, ainda, usar o correio eletrônico para participar de listas de distribuição.

corte e vinco
Processo industrial que efetua o corte e o vinco, e molda a folha de papel ou papelão no formato proposto, empregando uma faca especial, conforme cada caso.

corte
Parte do original é cortado para ajustá-lo conforme o layout da página. Para isso são feitas marcas de corte no original indicando ao impressor onde será feito o corte no impresso.

cota de patrocínio
Fração devida a marcas ou produtos patrocinadores de um evento ou programa.

CPM/mala direta
O custo total de envio de mil malas diretas. É composto de quatro partes: custo de impressão, custo de lista, custo da postagem e custo da manipulação/expedição. Ao contrário dos Estados Unidos, onde não é usual incluir o custo de criação e produção, no Brasil ele é normalmente considerado, provavelmente pela constante instabilidade econômico-mercadológica que reduz drasticamente a vida útil de uma peça de mala direta.

CPU
Central Processing Unit ou Unidade de Processamento Central. O cérebro do computador (um chip) também chamado microprocessador. Alguns chamam de CPU a placa de circuitos ou a caixa em que está o clock. Sua velocidade varia de acordo como número de bits processados por vez.

cracker
Pessoa que tenta acessar sistemas sem autorização. Essas pessoas geralmente não têm as melhores intenções, ao contrário dos hackers, e possuem muitos meios de quebrar um sistema.

crédito
Indicação de autoria de obra intelectual, pictórica ou fotográfica; indicação de responsável por trabalhos de natureza técnica ou artística; ou ainda indicação de direitos de propriedade – de textos, imagens, atuações – em qualquer trabalho editado sobre qualquer suporte ou meio de comunicação.

crest
Brasão, emblema.

criação
1. Ato de conceber conceitos e expressá-los por meios verbais e visuais. 2. Departamento encarregado do trabalho criativo dentro de uma agência. 3. Diz-se dos profissionais especializados na criação de peças publicitárias.

criptografar
Encriptar. Criptografar um arquivo significa convertê-lo num código secreto, para que as informações nele contidas não possam ser utilizadas ou lidas até que sejam decodificadas.

cristalização
Na impressão, uma condição na qual a camada de tinta impressa e seca tem pega insuficiente para aceitar a deposição de uma segunda tinta impressa sobre ela.

critério ABA-ABIPEME
Critério de definição das classes

socioeconômicas adotado em conjunto pela ABA e pela ABIPEME, utilizando como padrão pelo mercado. Com a criação da ANEP e a proposta de revisão e atualização conjunta deste critério, seu nome foi modificado para Critério ABA-ANEP.

critério ABA-ANEP
Critério de definição das classes socioeconômicas adotado em conjunto pela ABA e pela ANEP.

critério Brasil
Critério de Classificação Econômica Brasil (CCEB), é um instrumento de segmentação econômica que utiliza o levantamento de características domiciliares (presença e quantidade de alguns itens domiciliares de conforto e grau escolaridade do chefe de família) para diferenciar a população. Atribui pontos em função de cada característica domiciliar e realiza a soma destes pontos. É feita então uma correspondência entre faixas de pontuação do critério e estratos de classificação econômica definidos por A1, A2, B1, B2, C1, C2, D, E .

CRM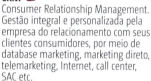
Consumer Relationship Management. Gestão integral e personalizada pela empresa do relacionamento com seus clientes consumidores, por meio de database marketing, marketing direto, telemarketing, Internet, call center, SAC etc.

cromado
Acabamento final de proteção ou de decoração de um objeto metálico ou plástico à base do cromo.

Cromalin®
Prova de alta qualidade para materiais em fotolito. Utiliza uma base laminada fotossensível que, após exposição à luz protegida pelo fotolito, mantém áreas de cola (em que não houve exposição) em ação para receber um pó pigmentado conforme a tinta de impressão correspondente. Esse processo se repete para cada cor e é finalizado com uma camada protetora brilhante. Tecnologia e materiais exclusivos da DU Pont.

cromaticidade
Atributo de uma cor, determinado por seu comprimento de onda dominante junto com sua pureza.

crominância
Informações de cor em sinais de vídeo Y/C das câmeras de vídeo Hi-8 e S-VHS.

cromo
Fotografia colorida em positivo, revelada sobre uma película transparente de celuloide. É considerado o processo mais puro da fotografia.

cromo
Forma reduzida de cromolitografia. Litografia em cores.

crop marks
Marcas de corte; pequenas linhas verticais e horizontais que mostram as dimensões finais para o refile de uma página impressa.

cross merchandising
Ações promocionais cruzadas, realizadas por duas ou mais empresas, visando agregar valor às duas marcas/produtos, utilizando-se da força individual de cada uma, junto ao segmento objetivado. Essas marcas/produtos podem ser complementares, correlatas ou possuir alguma afinidade umas com as outras (por exemplo: farinha de trigo e fermento, macarrão e molho de tomate).

cross section
Divisão do público em camadas sociais. Segmentação por hábitos, sexo, idade, renda etc.

cross selling
Venda cruzada. Ato de oferecer produtos complementares e/ou agregados àquele que o consumidor adquiriu ou possui. Ação sistemática e automática em operações de database marketing.

CRT
Cathode Ray Tube – tubo de raios catódicos. Tubo a vácuo usado em televisores e em monitores, que possui um ou mais "canhões" de elétrons, ativados por uma combinação de correntes elétricas de baixa e alta tensão, que "pintam" a imagem do lado oposto do tubo, quando os elementos de fósforo brilham em resposta à corrente de energia.

CT
Continuous tone (tom contínuo). Diz-se das imagens em que a passagem entre

ct

os diversos tons se dá por meio de gradação de tons.

Ctrl
Controle. Tecla Ctrl do teclado. Veja também control.

cultura
Grupo de valores, percepções, preferências e comportamentos básicos que um membro de uma sociedade aprende de sua família e outras instituições importantes.

cupom
Pequeno papel impresso, muitas vezes numerado e certificado, que permite ao cliente ou consumidor a participação em determinado evento promocional ou a solicitação de algum produto ou serviço.

cupom de desconto
Peça promocional contendo oferta de desconto de preço, normalmente por determinado período. Distribuída por meio de mala direta, mídia impressa, embalagem de produtos ou em pontos de venda. O mesmo que discount off.

cupom de resposta direta
Peça ou parte de uma peça de resposta direta para ser preenchida pelo receptor e retornada ao anunciante. Também conhecida por carta-resposta.

cuponagem
Mensagem que estimula o preenchimento e o envio de um recorte de jornal ou revista.

cursiva / cursivo
Estilo tipográfico que se assemelha à escrita manual.

cursor
Ponto de inserção na tela de um computador, comandado por um dispositivo acoplado, como um mouse.

curva ABC
Curva de gráfico em que figura o custo total de compra de cada item adquirido pela empresa (obtido pela multiplicação das quantidades pelo custo unitário). Esse gráfico é dividido em três faixas. A primeira, denominada A, inclui poucos itens, mas de maior peso nos gastos com sua aquisição; a terceira chamada C, envolve os mais numerosos, porém de menor peso nas despesas de compras; finalmente, em posição intermediária, está a B.

curva de Bézier
Método de definição geométrica para vetores (curvas) usados em CAD, ilustração vetorial e tipografia digital. Qualquer curva pode ser descrita como uma sequência de dois ou mais pontos fixos, cada um com um par associado de pontos de controle (âncoras) móveis. A posição relativa destes aos respectivos pontos fixos define a curvatura.

custo bruto
Preço que o veículo de publicação cobra antes da dedução do desconto de agência e de volume.

custo de target
Custo para atingir o target ou público-alvo de uma campanha.

custo de vendas
Valor total envolvido na comercialização de um produto em determinado período.

custo por GRP
Custo para atingir 1% da audiência de um veículo, espaço ou programação de mídia.

custo por mil (CPM)
Custo para atingir mil consumidores por meio de um veículo, espaço ou programação de mídia.

custo variável
Custo que varia de acordo com o nível de produção.

customização em massa
Produção em massa (e eficiente em custos) de bens e serviços em partidas unitárias ou de poucas unidades por vez. Customização rotineira.

Dd

DAC
Digital to Analog Converter (Conversor Digital-Analógico). Uma placa de som que pode reproduzir sons armazenados em um arquivo.

dado
1. Aquilo que se torna como base para um cálculo quantitativo ou qualitativo
2. Números ou informações que descrevem alguma característica.

dados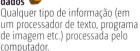
Qualquer tipo de informação (em um processador de texto, programa de imagem etc.) processada pelo computador.

dados qualitativos
Dados que podem ser separados em categorias diferentes que se distinguem por alguma característica não numérica.

dados quantitativos
Dados numéricos que representam contagens ou medidas.

daemon
Programa que é executado num computador e está pronto a receber instruções/pedidos de outros programas para a execução de determinada ação.

daguerreótipo
O primeiro processo fotográfico, registrado oficialmente em 1839, na França, por Louis Daguerre. Trata-se de um processo direto, sem uso de negativo, no qual a imagem é registrada em uma lâmina de cobre coberta de prata. Posteriormente, após um processo de revelação complexo, a imagem final precisa ser protegida por um cristal, não podendo ter contato com o ar. A apresentação final de um daguerreótipo é, por tanto, uma placa de vidro.

DAT
Digital Audio Tape. Uma fita de armazenamento de alta densidade.

data
Dados.

database
Ferramenta do marketing que se utiliza das tecnologias da informática para a segmentação de grupos de consumidores através da análise do seu perfil e do desenvolvimento de ações dirigidas, permitindo a melhor exploração do público e a descoberta de novos nichos de mercado. Muito mais que um cadastro, é capaz de gerar/proporcionar interatividade e aproximação.

database
Banco de dados. Coleção integrada de dados armazenados de modo sistemático (de forma estruturada em memória de massa), facilitando o acesso a usuários, a recuperação e a atualização dos itens.

data label
Texto que identifica ou provê informação adicional sobre um data marker; legendas que encimam as barras ou seus correspondentes em gráficos (data markers), com base em uma planilha.

database marketing
Marketing desenvolvido a partir do banco de dados de clientes. Aprofunda a captação e utilização das informações, efetuando múltiplos cruzamentos das informações.

DCS
Desktop Color Separation. Uma opção para salvar arquivos EPS previamente separados, pela qual são gerados cinco arquivos para cada imagem em CMYK. Cada um dos arquivos adicionais corresponde a uma das cores primárias: ciano (extensão .C), magenta (extensão .M), amarelo (extensão .Y) e preto (extensão .K). O quinto arquivo retém o nome original e leva a extensão .EPS. Esse arquivo é de baixa resolução e é utilizado somente para a prismagem no programa de paginação. Na hora do fechamento do arquivo, o que o programa imprime são os quatro arquivos de separação da imagem.

DDL
Data Description Language. linguagem de descrição de dados.

DDN
Acrônimo para Defense Data Network, uma porção da Internet que conecta bases militares norte-americanas e seus fornecedores, e que é usada para comunicações não confidenciais.

de

deadline
1. Prazo final para o fechamento de uma edição. 2. Último prazo para entrega de um material ou serviço.

dealer
Revendedor, distribuidor, negociante.

debug
Depurar, pesquisar, localizar e eliminar erros (bugs) de programação ou no equipamento. Comando para montar códigos de programas, consertar arquivos de programas existentes, examinar memória e outras funções técnicas.

decalque
Transferência indesejada de tinta de uma folha impressa para outra.

decisão de compra
Estágio no qual o consumidor escolhe os produtos no ato da compra.

decodificação
Processo no qual as mensagens são interpretadas pelo receptor.

default
Padrão. Ajustes, formatos e posições predefinidos em aplicativos, como margens, paradas de tabulação etc.

defesa
Espaço com que se recua uma composição tipográfica à esquerda, à direita ou em ambos os lados, para deixá-la menor do que a bitola da coluna. O mesmo que recolhido ou recuo. Veja também indentação.

defesa do consumidor
Movimento de cidadãos e do governo para fortalecer os direitos e poder dos compradores.

degradação
Processo de desgaste, destruição, deterioração.

degustação
Atividade promocional que visa oferecer oportunidade ao consumidor de experimentar/degustar um produto alimentício.

deletar
Neologismo que significa apagar, jogar fora. Quando se deleta um arquivo ou documento, eliminam-se, para sempre, esses dados. Trata-se de função acionada pela tecla Del.

demanda de mercado
Volume de um produto ou serviço que pode ser adquirido por um grupo definido de consumidores em uma área geográfica definida, durante um tempo definido, em um ambiente de mercado definido, sob dado nível de esforço de marketing.

demanda derivada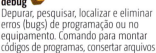
Demanda organizacional que deriva, em última instância, de demanda total por um produto que é pouco afetado por mudanças de preços, especialmente no curto prazo.

demanda elástica
Condição em que uma mudança percentual em preço ocasiona uma mudança percentual maior na quantidade comparada.

demanda inelástica
Condição em que uma mudança percentual em preço ocasiona uma mudança percentual menor na quantidade comparada.

demanda primária
Nível de demanda total para todas as marcas de dado produto ou serviço. Por exemplo: a demanda total por motocicletas.

demanda seletiva
Demanda por uma certa marca de um produto ou serviço: Por exemplo: a demanda por motocicletas Honda.

demanda total de mercado
Volume total de um produto ou serviço que pode ser adquirido por um grupo definido de consumidores em uma área geográfica definida, durante um tempo definido, em um ambiente de mercado definido, sob dado nível de esforço de marketing.

demo
1. Ato de fazer demonstração de um determinado produto.
2. Versão piloto de um aplicativo, colocada em teste para usuários por tempo definido.

demografia
As características mensuráveis de um mercado ou de uma população, em termos de número de pessoas, densidade territorial, sexo, idade, raça, estado civil, formação, ocupação etc.

demonstrador(a)
Profissional designado (a) para demonstrar os atributos do produto ao consumidor e impulsionar vendas.

densidade
Medida de opacidade de um objeto transparente ou translúcido. Quantidade relativa de luz que atravessa uma área de um filme ou que é refletida por uma área de uma imagem em suporte opaco. Em um filme negativo, quanto maior a área de densidade, mais preto ou mais revelado ele é. A densidade é medida de 0 a 4,0.

densitômetro
Instrumento provido com célula fotoelétrica que mede a densidade de películas fotográficas e de provas de impressão (gráfica e fotográfica). É utilizado pelo impressor para controlar a qualidade de um trabalho impresso e pode ser usado para mensurar a densidade de uma cópia fotográfica ou de um cromo. Há dois tipos de densitômetro: de reflexão e de transmissão. O densitômetro de reflexão mede a quantidade de luz refletida; o densitômetro de transmissão analisa a quantidade de luz que atravessa o suporte transparente.

depósito legal
Obrigação legal imposta a editores e impressores pela União, no sentido de depositar na Biblioteca Nacional, no Rio de Janeiro, ao menos dois exemplares de cada obra editada no País. Esse procedimento visa a constituição de uma documentação sistemática da produção editorial e fonográfica brasileira. Atualmente, são também coletados materiais ditos da gráfica efêmera.

descendentes
Partes das letras que se estendem abaixo da linha de base ou baseline, como em ç, g, i, p, q, e y.

descreenização
Processo que transforma fotolitos em arquivos digitais compostos.

desejo
Diferentemente da necessidade, que indica a privação de uma satisfação básica, o desejo é uma atitude ou emoção moldada ou culturalmente ou por traço de personalidade ou por estilo de vida.

desenho a traço
Qualquer arte criada com linhas em uma cor absoluta (usualmente o preto), normalmente a caneta e tinta; desenho sem tons intermediários de cinza.

desenvolvimento sustentável
Desenvolvimento capaz de suprir o atendimento das necessidades sociais e econômicas do ser humano sem comprometer o atendimento das necessidades de gerações futuras. É o desenvolvimento que não esgota os recursos para o futuro e assegura a sustentabilidade da vida na Terra. Essa definição surgiu na Comissão Mundial sobre Meio Ambiente e Desenvolvimento – CMMAD, (Estocolmo, 1972), criada pelas Nações Unidas para discutir e propor meios de harmonizar dois objetivos: o desenvolvimento econômico e a conservação ambiental. Em 1987, a CMMAD, presidida pela Primeira-ministra da Noruega, Gro Harlem Brundtland, adotou o conceito de Desenvolvimento Sustentável em seu relatório Our Common Future (Nosso Futuro Comum), também conhecido como Relatório Brundtland.

desfragmentação
Processo que consiste em rearranjar os arquivos gravados num disco de tal modo que cada um deles ocupe áreas contínuas. Um nível de fragmentação muito alto (arquivos divididos em pedaços) compromete o desempenho do sistema, já que a cabeça de leitura do disco precisa movimentar-se mais para encontrar as informações espalhadas.

design gráfico

Termo utilizado para definir, genericamente, a atividade de planejamento e projeto relativos a linguagem visual. Atividade que lida com a articulação de texto e imagem, podendo ser desenvolvida sobre os mais variados suportes e situações. Compreende as noções de projeto gráfico, identidade visual, projetos de sinalização, design editorial, embalagem, entre outras. Também pode ser empregado como substantivo, definindo assim um projeto em si.

design visual

Termo utilizado como substituto à terminologia design gráfico, muitas vezes defendido como nomeação amplificada desse campo, por não se restringir diretamente às questões gráficas, ou seja, produzidas por algum tipo de impressão.

desktop

Área de trabalho; área apresentada ao usuário quando o computador é acionado com sucesso; interface gráfica, tanto no Macintosh como no Windows, imbuída da metáfora de área de trabalho de verdade, com pastas, arquivos, lixeira e arquivo de pastas suspensas na forma do ícone do disco rígido. Como se fosse a "mesa de trabalho", ali costumam estar arquivos, documentos, softwares e gerenciadores.

desktop publishing

1. Editoração eletrônica; desenvolvimento, em computador, do projeto e da produção de arquivos eletrônicos de matrizes para a realização de impressos – folhetos, catálogos, jornais, revistas etc. 2. Ferramentas digitais para a criação de publicações impressas em computadores pessoais diferentemente da editoração tradicional com equipamentos de fotomecânica, muito mais cara e complexa. O DTP começou oficialmente em 1985, com a confluência de quatro tecnologias: computador Macintosh; impressora laser; fontes e linguagem de impressão Adobe PostScript; e o programa de paginação Aldus (depois Adobe) PageMaker. Juntaram-se à categoria outros programas de paginação, como o QuarkXPress e InDesign; programas de edição de imagem, como Photoshop; programas de ilustração vetorial, como o FreeHand, CorelDRAW, Adobe Illustrator e Canvas; além de vários acessórios de hardware (scanners, diversos outros tipos de impressoras, imagesetters etc.) Atualmente, a categoria DTP inclui também equipamentos de impressão Direct-to-Plate/Printer (direto para a chapa/impressão). O mesmo que DTP.

diacríticos

Sinais, pontos e traços que se acrescentam a um caractere para alterar a fonética. Por exemplo: á, à, ã, å, â, ä.

diafragma

É a parte principal de uma máquina fotográfica. Trata-se de uma pequena abertura redonda, que abre por alguns instantes quando se aperta o disparador (= o botão que faz a máquina tirar a foto). Essa abertura define a "grossura" do fecho de luz que vai entrar em contato com o filme (ou chip no caso de máquinas digitais). O diafragma pode variar de 1.0 até acima de 40, dependendo da lente utilizada. 1.0 é a abertura máxima do diafragma, quando entra o máximo de luz. As numerações tradicionais do diafragma são: 1.0 / 1.4 / 2.0 / 2.8 / 4.0 / 5.6 / 8 / 11 / 16 / 22 / 32 / 45. Mas, na prática, o diafragma pode ter qualquer valor intermediário, entre 1 e 45, por exemplo 11.7. Essas medidas são chamadas de f/stop. A relação entre o número do diafragma e a abertura é inversa, ou seja, quanto menor o número do diafragma, maior é a abertura. Na prática, essa abertura controla o campo de foco da imagem. Quanto maior a abertura do diafragma (próximo de 1), menor o campo focal. Quanto menor o diafragma (próximo de 22), maior o campo focal na imagem.

diagrama

Esquema, gráfico; plano básico de um trabalho gráfico, sobre o qual se organizam texto e imagem segundo alguma lógica; folha de papel pré-traçado com linhas que delimitam campos segundo os quais é distribuída a matéria de uma publicação; nela são traçadas as páginas de uma revista, de um jornal, de um livro etc.; representação gráfica de um impresso por meio de suas linhas construtivas; diz-se diagrama de construção o conjunto de orientações gráficas pelo qual uma determinada imagem é traçada.

di

diagrama de impacto
É representado pelos meios que compõem uma campanha de propaganda: jornais, tevê, rádios, folhetos, cartazes, cinemas, outdoors, displays, seminários, exposições e mala direta.

diagramação
Conjunto de operações utilizadas para dispor títulos, textos, gráficos, fotos, mapas e ilustrações na página de uma publicação ou em qualquer impresso, de forma equilibrada, funcional e atraente, buscando estabelecer um sentido de leitura que atenda a determinada hierarquia de assuntos, normalmente seguindo um projeto gráfico.

dial-up
Método de acesso a uma rede ou computador remoto via rede telefônica, discando o número em que está a rede ou computador.

didot
Denominação do sistema de medição tipográfica criado por François Ambroise Didot no século XVIII, que aperfeiçoou o sistema do também tipógrafo francês Pierre Simon Fournier, adotando o cícero de 12 pontos. Pelo sistema Didot, um ponto mede aproximadamente 0,376 mm e um cícero 4,512 mm. Um milímetro corresponde a 2,66 pontos Didot. Esse sistema, adotado em fundições tipográficas por todo o mundo, hoje se encontra em razoável desuso, em função das novas tecnologias computacionais, muito embora ainda seja mantido como possibilidade de medição. Nos Estados Unidos e na Inglaterra, o ponto tipográfico é derivado da polegada.

diferenciação
Ato ou efeito de diferenciar-se, ato de calcular a diferencial de uma função.

diferencial
Atributo de um serviço que diferencia uma empresa dos seus concorrentes. Neologismo criado para caracterizar a diferença competitiva de um produto, serviço ou empresa, sob a ótica dos seus clientes-alvo, em relação ao mercado em que atua. Veja também vantagem competitiva.

diferencial competitivo
Diferença positiva de um produto ou serviço, percebido pelo cliente, e que seu concorrente não tenha.

digitação
Operação de registro de dados – um texto, por exemplo – em um computador.

digital
Sistema de processamento baseado em dígitos. O computador só conhece dois tipos de sinais: ligado (codificado pelo dígito 1) e desligado ou sem passagem de corrente (codificado pelo dígito 0).

digital branding
Marca digital. No universo virtual, corresponde à utilização de meios eletrônicos para construção e administração de uma marca.

digitalização
Processo de transformação de uma imagem qualquer em arquivo eletrônico por meio de uma codificação de sinais digitais, em um sistema binário.

dinâmica de grupo
Técnica de interação entre participantes de um grupo de trabalho, que pode levar a mudanças de atitude, conduta e relações resultantes dessa interação.

dingbat
Fonte tipográfica que traz pequenas ilustrações ou símbolos no lugar de letras ou números.

dióxido de carbono (CO2)
Gás incolor produzido quando se queima qualquer material contendo carbono na presença de oxigênio. Atualmente, os níveis de dióxido de carbono na atmosfera sobem sem interrupção, apesar de esse gás ser removido pelas plantas e dissolvido nos oceanos. Símbolo químico: CO2.

direct mail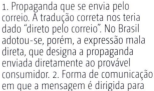
1. Propaganda que se envia pelo correio. A tradução correta nos teria dado "direto pelo correio". No Brasil adotou-se, porém, a expressão mala direta, que designa a propaganda enviada diretamente ao provável consumidor. 2. Forma de comunicação em que a mensagem é dirigida para um público definido. Veja também mala direta.

di

direct-to-plate
(Direto para a chapa.) Processo de impressão em que uma imagesetter especial grava diretamente a chapa de impressão, dispensando o fotolito.

direitos de reprodução
Diz-se da negociação de direitos patrimoniais especificamente em relação a determinado veículo ou meio de comunicação. Essa legislação é regida, juntamente com os direitos patrimoniais e os direitos morais, pela legislação de direitos autorais.

direitos humanos
Prerrogativas universais aprovadas pela Assembleia Geral das Nações Unidas (ONU), em 10 de dezembro de 1948, que estabelecem os direitos fundamentais do ser humano.

diretor de arte
Em uma produção de cinema ou vídeo, profissional responsável pelo projeto e execução da imagem visual do comercial, o que pode incluir decisões a respeito de cenografia, figurinos, objetos de cena etc.

diretor de arte
Profissional de criação especializado em desenvolver a linguagem visual e gráfica de peças publicitárias.

diretório
Arquivos em alguns sistemas de computadores que ficam agrupados juntos. Arquivos comuns para um mesmo tópico geralmente ficam organizados em diretórios e subdiretórios separados.

disco ótico
Meio de armazenamento de arquivos digitais que utiliza tecnologia ótico--magnética.

disco rígido
Também conhecido como HD (Hard Disk), composto por mais de uma lâmina revestida com elementos magnéticos, é nele que ficam armazenadas cópias de aplicativos, arquivos e documentos. O mesmo que Winchester – primeiro HD criado pela IBM, composto por dois discos de 30MB.

discussão em grupo
Pesquisa qualitativa de caráter exploratório de um segmento do mercado, com vistas à obtenção de dados sobre opinião, comportamento, percepções etc. a respeito de um assunto, problema, produto ou serviço. Sob a condução de um moderador, um grupo de pessoas escolhidas por suas características predeterminadas (classe, idade, sexo, educação etc.). e/ou específicas de um assunto (como posse da coisa ou experiência como produto/serviço) se reúnem para discutir um assunto em foco. A discussão é observada e registrada. A pesquisa com vários grupos permite, após análise das discussões, chegar-se a conclusões utilizáveis mercadologicamente, sobretudo como base para posteriores estudos quantitativos.

dispenser
Sistema promocional que coloca o produto em primeiro plano, por meios mecânicos ou por gravidade, podendo ser adaptado a uma prateleira.

display
1. Peça promocional destinada a promover, expor, demonstrar e auxiliar a vender determinado produto ou serviço em ponto de venda, podendo ser colocada diretamente no solo, em vitrine, sobre balcão e em gôndola.
2. Mostruário. 3. Categoria de fontes tipográficas criadas especificamente para utilização em grandes dimensões.

display counter
O mesmo que display de balcão.

display de balcão
Suporte expositor para produtos pequenos, que ficam no balcão ou junto ao caixa.

display de cross
Display de apoio para ser colocado nas gôndolas de produtos.

display dispenser
Display de prateleira.

display expositor
Suporte expositor de médio porte para exposição de produtos em pontos estratégicos dentro de um estabelecimento comercial.

display face
Painel de propaganda na própria embalagem.

display floor
Display de assoalho.

display totem
Suporte expositor de médio ou grande porte, apoiado no piso, para exposição de produtos em pontos estratégicos dentro de um estabelecimento comercial.

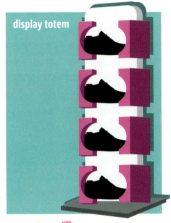
display totem

display wall
Display de parede.

disquete
Antigo disco magnético, de 3" ou 5", utilizado para armazenamento e transporte de arquivos digitais. O mesmo que floppy disk.

dissonância cognativa
Sensação de desconforto causada no consumidor pelo conflito pós-compra, geralmente relacionado à quisição de bens de alto valor. Sensação desagradável decorrente da existência de cognições incompatíveis entre si. Conflito interno.

distribuição
1. Ato de distribuição, repartição, serviço de entrega, da correspondência postal aos destinatários. 2. Estudo da riqueza como fato econômico, sob o aspecto de sua repartição social, por meio de salários, ordenados, aluguéis, juros e lucros.

distribuidor
Atacadista.

dithering
Simulação ou pontilhado. Algoritmo matemático que simula níveis intermediários em imagens de profundidade de cor de 1 bit (só preto e branco) ou em dispositivos de saída que não geram meios-tons, como as cabeças de impressão de impressoras de jato de tinta. O dither é um padrão aparentemente aleatório de pontos que, visto de longe, cria a ilusão de tons intermediários. A impressora cria o dither automaticamente ao imprimir.

diversidade
Princípio básico de cidadania que visa assegurar, a cada um, condições de pleno desenvolvimento de seus talentos e potencialidades, considerando a busca por oportunidades iguais e respeito à dignidade de todas as pessoas. A prática da diversidade representa a efetivação do direito à diferença, criando condições e ambientes em que as pessoas possam agir em conformidade com seus valores individuais.

diversificação
Estratégia de crescimento da empresa que consiste em iniciar ou adquirir novos negócios diferentes dos atuais.

diversificação das redes
Modalidade na qual se utiliza tecnologia de algumas redes na criação e no desenvolvimento de outras, destinadas a públicos distintos.

diversificação horizontal
Quando os novos produtos são introduzidos numa linha já existente.

diversiccção vertical
Quando a empresa inclui, entre suas operações normais, atividades que antes eram executadas por terceiros, como produção de matéria-prima ou distribuição para o público final, por exemplo.

DLL
Dynamic Link Library (Biblioteca de Conexão Dinâmica). Um conjunto de funções e rotinas de programação compartilháveis que podem ser acessadas dinamicamente por um ou mais programas. Isso significa que tais funções e rotinas são acrescentadas ao código do programa na medida em que surge a necessidade de usá-las.

DMA
Direct Memory Access. Acesso direto à memória por dispositivo periférico inteligente, de entrada e saída, com capacidade para ler ou gravar diretamente na memória, sem a

dn

interferência do microprocessador. Nas operações de DMA, os dados são transferidos diretamente entre a memória e o dispositivo de entrada/saída, sem ser necessária a intervenção da CPU a cada byte transferido.

DNS
DNS é a abreviatura de sistema de nomes de domínio (DNS, Domain Name System), um sistema para atribuir nomes a serviços de rede e computadores, organizado de acordo com uma hierarquia de domínios. A atribuição de nomes de DNS é utilizada em redes TCP/IP, tal como a Internet, para localizar computadores e serviços por meio de nomes amigáveis de utilizador. Quando um utilizador introduz um nome DNS numa aplicação, os serviços de DNS podem resolver o nome para outra informação associada a este como, por exemplo, um endereço IP.

dobra em cruz
Em encadernação, se refere à uma dobra em ângulo de 90º em relação à outra dobra.

dobra em sanfona
Série de dobras paralelas em papel, sendo que cada dobra se abre na direção oposta à da dobra anterior, como uma sanfona.

dobra francesa
Dupla dobra – a folha é impressa somente de um lado, depois dobrada duas vezes: uma verticalmente e a outra horizontalmente, resultando em folheto de quatro páginas.

dogs
Também chamados de abacaxis. Negócios com baixa taxa de desenvolvimento com as quais a empresa tem participação de mercado marginal. Geram pouco ou nenhum lucro. Veja também matriz BCG.

domínio
É uma parte da hierarquia de nomes de computadores da Internet. Pelos domínios, é possível possuir computadores na rede. Um nome de domínio consiste de uma sequência de nomes separados por ponto. Exemplo: www.adg.org.br.

domínio público, software de
O software de domínio público pode ser usado, copiado, alterado e até mesmo vendido livremente. O autor do programa abdicou de todos os direitos sobre o produto.

door to door
1. Distribuição de folheto ou amostra grátis de porta em porta. 2. Canal de vendas de grande importância para algumas empresas.

door to door sampling
Técnica de amostragem em que o produto é distribuído porta à porta, por equipes especializadas.

dorso
Veja lombada.

DOS
Disk Operating System. Sistema operacional de disco dos computadores compatíveis com IBM.

dot
Ponto; marca redonda, retangular ou quadrada, elemento de matriz, utilizada para formar, mostrar ou imprimir uma imagem. O mesmo que pixel.

dot pitch
A distância entre os pequenos pontos

dobras

em sanfona

em cruz e francesa

du

luminosos na tela do computador. Quanto menor for o dot pitch, mais nítidas serão as imagens.

double wall
Embalagem de parede dupla, frequentemente em forma de saco.

down the trade
Lojas de pequeno varejo.

download
Ato de trazer algo que está em algum site na Internet para dentro do próprio computador. A expressão pode ser aplicada para cópia de arquivos em servidores de FTP, imagens tiradas direto da tela do navegador e quando as mensagens são trazidas para o computador do usuário. Também fala-se em download quando, durante o acesso a uma página de Web, os arquivos estão sendo transmitidos. Não existe tradução razoável para o termo, mas no jargão da computação costuma-se falar em "baixar" um arquivo.

downsizing
Diminuir o tamanho. Diz-se do processo de substituição, em empresas, de grandes computadores (mainframe) por unidades menores (micros), por exemplo.

dpi
Dots per Inch (pontos por polegada). Medida da resolução de uma imagem impressa ou na tela de vídeo, descreve seu grau de definição – quanto mais pontos, maior a definição. Define a resolução de saída de impressoras e fotocompositoras, a resolução de vídeo em monitores e de captação de imagem em scanners.

draft
O mesmo que rascunho.

DRAM
Dynamic Random Access Memory ou Dynamic RAM (Memória Dinâmica de Acesso Aleatório). Tipo de memória que requer que seu conteúdo seja atualizado frequentemente.

drive
Neologismo importado do inglês que pode ser comparado com uma unidade de armazenamento ou uma unidade de leitura de dados, pertencente ao equipamento ou parte física de um computador. Uma drive ou unidade de leitura pode ser de CD, DVD, disco rígido, CD-ROM, virtual, etc. Todo drive é a parte física que vai ser utilizada nos processos de mídia, gravação, etc.

driver
Programa que acompanha os equipamentos e são instalados para que que eles funcionem. Cada equipamento periférico exige um driver específico.

DTP
Abreviação de Desktop Publishing (editoração eletrônica). Sistema e softwares apropriados para o desenvolvimento e execução de tarefas de composição tipográfica, diagramação, artes e arte-final no computador – sendo o resultado mostrado no vídeo do monitor –, e capazes de dar saída do trabalho diretamente em papel e fotolito, ou em disquete ou outras mídias – no caso de ser enviado a fornecedores de fotolito; diz-se também do processo que reúne a série de tarefas indicadas.

DUN 14
Trata-se de um código de barras numérico utilizado internacionalmente. É também conhecido como código de unidade de distribuição. Geralmente esse código destina-se as caixas e fardos dos produtos adquiridos pelo comércio, como, por exemplo, nos supermercados.

dunnage bags
Sacos infláveis utilizados para calçar e escorar cargas para evitar impactos e atritos durante o transporte.

duopólio
Situação de mercado em que existem apenas duas empresas vendedoras, face a um grande número de compradores.

duotone
Veja bicromia.

duplo cego
Processo usado em um experimento, segundo o qual uma pessoa não sabe se está recebendo um tratamento ou um placebo; a pessoa que administra o tratamento também não sabe.

75

dv

Duratrans®
Filme de poliéster translúcido, produzido por processo fotográfico, utilizado para impressão de mensagens e/ou imagens em back lights. Tecnologia e materiais exclusivos da Kodak.

DVD
Digital Versatile Disk. Disco com aspecto idêntico ao de um CD, com capacidade de armazenamento de 4,7 GB, o equivalente a cerca de sete CD-ROMs. Pode armazenar 135 minutos de filme com três trilhas de som diferentes e quatro versões de legendas. A especificação técnica do DVD também prevê futuras versões com maior capacidade, chegando a espantosos 17 GB, o suficiente para armazenar 8 horas de filme ou 9 horas seguidas de música.

Ee

e-book
Livro digital que pode ser lido em equipamentos eletrônicos tais como computadores, PDAs ou até mesmo celulares que suportem esse recurso.

e-commerce
Comércio caracterizado pela troca de bits, em que as transações são feitas no cyberspace. O relacionamento é digital e, portanto, virtual. Os produtos ou serviços se utilizam de uma mídia digital, a multimídia. Também conhecido como comércio virtual ou comércio eletrônico.

e-marketing
Veja marketing digital.

EAN 13
O Ean-13 é um código de barras utilizado principalmente nos pontos de venda do varejo. Seu símbolo é codificado em treze números que são divididos em quatro partes. Doze são dados referentes a um produto e o ultimo é um digito verificador. No Brasil, quem registra as empresas é a GS1Brasil. O código é dividido em: 3 primeiros dígitos, que servem para representar o país de origem; 6 dígitos representando o produto e a empresa qual foi fabricado; 3 reservados para empresas ou produtos de grande escala; 1 código verificador.

easy open
Embalagem ou, mais precisamente, a tampa, com anel (alça) para puxar e facilitar a abertura.

ecodesenvolvimento
Conceito precursor do desenvolvimento sustentável, que foi apresentado em 1973 por Maurice Strong e com princípios formulados por Ignacy Sachs. Seu objetivo era a polarização do debate que oscilava entre a defesa do desenvolvimento sem limites e uma visão catastrofista sobre os limites do crescimento. O ecodesenvolvimento buscava uma forma intermediária de desenvolvimento orientado pelo princípio de justiça social, em harmonia com a natureza.

ecodesign
Termo relacionado ao design para o meio ambiente (design for environment) ou design sustentável. Refere-se à integração sistemática de considerações ambientais, ocupacionais e sociais no design de processos e produtos.

ecoeficiência
O termo foi popularizado na década de 1990 por Stephan Schmidheiny, bilionário suíço e criador do Conselho Empresarial Mundial para o Desenvolvimento Sustentável. É um conceito que tem se tornado, cada vez mais, uma filosofia de gerenciamento que prioriza a sustentabilidade. A ecoeficiência se dá por meio dos 3Rs: reduzir o consumo, reutilizar o que for possível e reciclar. Este conceito sugere uma significativa ligação entre eficiência dos recursos (que leva a produtividade e lucratividade) e responsabilidade ambiental.

ecofriendly
O termo em inglês aplica-se às atitudes ecologicamente corretas, tomadas por empresas, instituições ou pessoas. Atesta que elas agem em concordância com o que há de mais sustentável naquele segmento. Sua tradução para o português seria "amigável à natureza".

ecologia
Ramo da biologia que estuda as relações dos seres vivos entre si e com o meio ambiente em que vivem, é principalmente aplicado à intervenção humana na natureza. O termo e o conceito de ecologia já existem desde meados do século XIX, mas ganhou maior importância mais recentemente, com o agravamento das condições do meio ambiente resultante, em grande parte, da ação do homem sobre ele. A preservação dos ciclos básicos da natureza, da diversidade das espécies e do equilíbrio do ecossistema tornaram-se questões urgentes, mobilizando governos e órgãos não governamentais na busca de medidas que reduzam, neutralizem ou eliminem os efeitos nocivos da ação do homem sobre a biosfera (como o uso excessivo de combustíveis fósseis, de gases que destroem a camada de ozônio da atmosfera, de agrotóxicos, o desflorestamento, o uso inadequado do solo etc.). (Fonte: iDicionário Aulete).

ecossistema
Relação entre o meio ambiente e toda forma de vida que nele habita, buscando o equilíbrio geológico, atmosférico, meteorológico e biológico.

ec

ECR
Efficient Consumer Response (resposta eficiente ao consumidor). Forma de relação de negócios geralmente adotada entre a indústria e o varejo objetivando atender, da forma mais eficiente possível, as necessidades do consumidor.

EDI
Electronic Data Interchange (troca eletrônica de dados). Sistema de troca de dados entre indústria e varejo. O sistema é alimentado automaticamente por todos os movimentos das mercadorias na relação entre dois, possibilitando uma resposta mais rápida, rentável e eficiente no processo de abastecimento de uma loja ou grupo de lojas.

edição
1. Ato de editar; articulação entre texto e imagem, estabelecendo hierarquia de valores com o objetivo de constituir uma determinada ordem de informação visando publicação ou exposição. 2. Conjunto de exemplares de uma obra, impresso a uma só vez com a mesma composição, como, por exemplo, a tiragem do dia de um jornal ou o conjunto de exemplares de uma mesma tiragem de revista.

edição de vídeo
Processo de corte e montagem de filmes em meio analógico ou digital, linear ou não linear. A edição de vídeo consiste em decidir que tomadas usar, quais são as melhores e uni-las na sequência desejada. Pode-se, inclusive, montar as sequências fora da ordem cronológica de gravação ou do próprio tempo do filme. Editar um filme ou vídeo não se limita a escolher as melhores cenas, é nessa fase da produção que são inseridos efeitos especiais, trilhas sonoras e legendas. A edição linear é feita seguindo a ordem cronológica do filme. A edição inicia-se com as primeiras cenas do filme. Pode ser analógica ou digital. Já a edição não-linear é feita segundo os critérios do próprio editor, que decide se edita primeiro as últimas cenas, as do início do filme, ou as do meio.

editar
Acrescentar, apagar ou modificar texto ou elementos gráficos; estabelecer relações entre textos e imagens, constituindo alguma espécie de narrativa.

editora
Empresa que se dedica à edição de livros e/ou quaisquer outras publicações.

editoração
1. Conjunto das tarefas inerentes às funções de editor, como busca e seleção de originais, contratação de direitos autorais, de tradução e de estudos de diagramação, organização e adequação dos originais, marcações, revisões, supervisão gráfica etc. 2. Conjunto de todas as atividades relacionadas à publicação de livros, para as quais concorrem, dentre outros agentes: o editor (que assume a responsabilidade sobre a edição), o designer (que projeta e diagrama o livro), o gráfico (que compõe e imprime o livro), o distribuidor (intermediário entre o editor e o livreiro) e o livreiro (que coloca o livro ao alcance do público leitor).

editoria
Cada uma das seções ou equipes que formam a redação de um jornal ou revista; cada editoria é responsável pela cobertura de determinado campo temático.

editorial
Artigo de jornal ou revista, que reflete o pensamento e a orientação dos seus dirigentes.

educação ambiental
Conjunto de ações educativas voltadas para a compreensão da dinâmica dos ecossistemas, considerando efeitos da relação do homem com o meio, a determinação social e a variação/evolução histórica dessa relação. Visa preparar o indivíduo para integrar-se criticamente ao meio, questionando a sociedade e sua tecnologia, seus valores e até o seu cotidiano de consumo, de maneira a ampliar a sua visão de mundo, numa perspectiva de integração do homem com a natureza.

educação para a sustentabilidade
A educação para a sustentabilidade deve incluir programas específicos de educação que contenham temas como: o respeito aos direitos fundamentais no mundo do trabalho, a valorização da diversidade, o combate ao preconceito, a transparência das atividades e as boas práticas de governança corporativa, a necessidade

em

de preservação do meio ambiente, a otimização do uso de recursos naturais, o consumo consciente, medidas para mitigar mudanças climáticas e evitar a poluição.

efeito de halo
Acúmulo de tinta nas bordas das letras impressas em pontos meio-tom, mais comuns em impressões flexográficas e tipográficas. Os centros dos pontos, embora impressos, aparecem mais claros ou menos densos do que as bordas.

efeito especial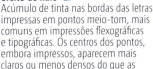
Em produção, qualquer efeito mecânico (realizado durante filmagem ou gravação), fotográfico ou de edição (realizado na etapa de finalização) capaz de gerar uma imagem especialmente modificada da realidade, dramatizando a intenção de comunicação desejada.

efeito estufa
É um fenômeno natural pelo qual alguns gases presentes na atmosfera funcionam como um escudo de proteção para a Terra. Deixam passar a luz solar, mas aprisionam o calor, formando uma espécie de estufa. O efeito estufa funciona em escala planetária e o fenômeno pode ser observado, como exemplo, em um carro exposto ao sol e com as janelas fechadas. Os raios solares atravessam o vidro do carro provocando o aquecimento de seu interior, que acaba sendo "guardado" dentro do veículo, porque os vidros retêm os raios infravermelhos. No caso específico da atmosfera terrestre, gases como o CFC, o metano e o gás carbônico funcionam como se fossem o vidro de um carro. A luz do sol passa por eles, aquece a superfície do planeta, mas parte do calor que deveria ser devolvida à atmosfera fica presa, acarretando o aumento térmico do ambiente. Tudo indica que o fenômeno se desregulou em decorrência de ações humanas.

efluentes
Descargas, no ambiente, de despejos sólidos, líquidos ou gasosos, industriais ou urbanos, em estado natural, parcial ou completamente tratados.

EG
Erro da gráfica. Diferente de AA (alteração do autor).

egyptian
Termo que designa genericamente desenho tipográfico caracterizado pela presença de serifas com espessura muito semelhante à espessura média de suas hastes.

elasticidade da demanda
Capacidade que o mercado tem para absorver quantidades cada vez maiores de bens de consumo.

elasticidade da procura
Relação entre a variação da procura de um produto e as alterações de variáveis nas quais possa estar relacionada, como, por exemplo, o rendimento dos consumidores ou dos preços.

e-mail
1. Abreviatura de electronic-mail, ou correio eletrônico. Serviço que proporciona a troca de informações on-line a distância. Proporciona ao usuário vantagens que superam o telefone, os correios e o fax, pois com o e-mail qualquer pessoa conectada à Internet terá a possibilidade de interligar-se instantaneamente com o resto do planeta.

e-mail address
Veja endereço eletrônico.

embalagem
Invólucro que acondiciona e protege produtos, ou seja, a "vestimenta" do produto. A embalagem, em todos os aspectos gráficos, cromáticos e figurativos tem alto valor expressivo, pois deve comunicar a natureza e as características do produto quanto a sua personalidade. Segundo a ABNT – Associação de Normas Técnicas –, podemos considerar três tipos de embalagens: embalagem de despacho (própria para proteger o produto quando transportado); embalagem intermediária (que somente acondiciona produtos dentro dela servindo para transporte interno);

em

embalagem individual (aquela que normalmente acompanha o produto no ato de aquisição pelo consumidor final).

embalagem a vácuo
Embalagem lacrada, de onde é retirado todo o ar, isolando e protegendo o produto de fatores externos (umidade, ar, calor etc.), conservando-o por mais tempo.

embalagem de despacho
Recipiente suficientemente forte, em razão do material, desenho e construção, para ser despachado, com segurança e sem a necessidade de outra embalagem.

embalagem display
Embalagem de transporte que também funciona como display no ponto de venda.

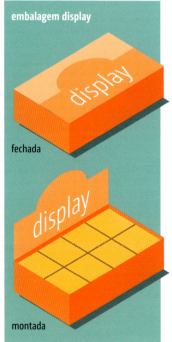

embalagem display

fechada

montada

embalagem econômica
Criada para consumo em grande quantidade. Normalmente, o benefício da redução de custos é repassado ao consumidor.

embalagem flexível
Embalagem flexível é um envoltório maleável de fácil manuseio, no qual podem ser acondicionados sólidos ou líquidos, em diversos volumes, formatos e dimensões, por meio de estrutura confeccionada utilizando diversos tipos de materiais, associados entre si ou não. Exemplos: embalagens para o segmento de balas, biscoitos, cereais, frigoríficos, laticínios, massas, picolés, sementes, café e ovos de Páscoa.

embalagem institucional
Criada para grandes consumidores de produtos como cantinas, restaurantes, hotéis, hospitais e cozinhas industriais.

embalagem intermediária
Embalagem destinada ao acondicionamento de produtos para transporte interno.

embalagem não retornável
Embalagens para artigos de consumo que, uma vez esvaziado de seu conteúdo, não retorna aos fabricantes dos produtos. Também conhecida como embalagem one way.

embalagem primária
Envoltório ou recipiente que se encontra em contato direto com os produtos. Exemplo: frasco ou blister de remédio.

embalagem promocional
Embalagem produzida para utilização específica em uma determinada promoção (datas comemorativas, "leve 3 pague 2", inclusão de brindes e bônus em volume etc.).

embalagem retornável
Geralmente de vidro, aço ou plástico, são embalagens com logística para retornar aos fabricantes dos produtos, para sua reutilização. A decisão de investir num sistema de embalagem retornável requer estudo da quantidade de ciclos de embarques e de custos de transporte versus custos de compra e descarte de embalagem sem retorno, bem como os custos futuros de separar, rastrear e limpar as embalagens para reutilização.

embalagem secundária
É a embalagem que envolve uma ou mais embalagens primárias (por exemplo: caixa que envolve o vidro de medicamento).

embalagem semirrígida convencional
Embalagem impressa em cartão

duplex, triplex, ou semirrígido, para acondicionamento.

embargo
Proibição sobre a importação de certos produtos.

emendar
Corrigir os erros assinalados pelo revisor em uma prova tipográfica.

emissor
Agente que inicia mensagens de tal maneira que aquele que as receba (receptor) entenda seu significado por meio de códigos em comum.

emoticons
Combinação de letras símbolos que significam reações.
:-) Felicidade, bom humor
;-) Piscada de olho, sarcasmo.
:-(Insatisfação, tristeza
:-o Surpresa e espanto
:-l Indiferença, não-compreensão
:-D Muita felicidade, risada
:-x Sensação de ter falado mais do que devia
:-/ Dúvida, questionamento

empastar
Em encadernação, prender as pastas (papelões rígidos para capa dura) ao miolo de um livro por meio de cordões ou de cola.

empírico
Que se apóia exclusivamente na experiência e na observação, e não em uma teoria.

emulador de terminal
Programa que permite a um microcomputador se comportar como um terminal.

emulsão
Camada fotossensível constituída por gelatina e sais de prata, que se decompõe sob a ação da luz e reveste chapas, filmes e papéis fotográficos, para registro da imagem. O tamanho e a densidade dos cristais dos sais de prata na emulsão estão relacionados diretamente ao fator de granulação/sensibilidade do filme. Existem vários tipos de emulsão – ordinária (sensível às luzes ultravioleta e azul), ortocromática (sensível às luzes ultravioleta, azul e verde) e pancromática (sensível às luzes ultravioleta e a todas as cores do espectro visível) são os exemplos mais comuns. Com o de denvolvimento da química, surgiram ainda outros tipos de emulsão, como as emulsões de tintas ou de plásticos sensíveis à luz.

encadernação
Ação de encadernar, de unir cadernos que compõem uma publicação, colando seus dorsos para mantê-los unidos, formando a lombada do livro, e costurá-los ou simplesmente grampeá-los, recobrindo-os com uma capa resistente (placas de papelão rígido, em geral cobertas de couro, percalina ou plástico). Chama-se encadernação editorial a que é produzida em série durante a produção gráfica da obra, por encomenda do editor. Chama-se meia encadernação (ou simplesmente meia) a que tem apenas a lombada e, eventualmente, as cantoneiras, revestidas em couro ou pano, sendo as pastas de papel ou papelão. Encadernação inteira é aquela em que todo o volume é recoberto com o mesmo material.

encalhe
Quantidade de exemplares de uma publicação qualquer, devolvida ao editor por não ter sido vendida. O encalhe de livros, jornais e revistas chega a ser, em certa medida, previsto, sendo em parte necessário para garantir que haja distribuição suficiente para atender à demanda.

encantar
Surpreender, maravilhar, superar a expectativa do cliente. Muito importante para que o cliente retorne ao negócio e se mostre fidelizado por se sentir encantado com o atendimento recebido.

encarte
1. Folheto publicitário largamente utilizado por redes varejistas, para divulgar produtos de sua linha, que geralmente são promocionados. 2. Material acrescido a uma publicação, que não faz parte e não foi impresso junto com seu conteúdo, que tem identidade visual própria e linha de comunicação específica.

encarte de jornal
Folhas ou folhetos de qualquer tamanho que circulam inseridos exclusivamente em jornais. Por

exemplo, os chamados tabloides de lojas de departamento, magazines, produtos importados e outros.

encarte de revista
Folhas com uma ou duas dobras, impressas separadamente e encartadas em revistas no momento da colagem em lombada quadrada ou do grampo no acabamento a cavalo. Alguns apresentam efeitos especiais como pedaços de tecidos, produtos colados, sachês, perfumes e outros.

encoding
Codificação; compressão de um arquivo. Ao se transferir filmes de vídeo para arquivos de computador, está se fazendo uma codificação.

endereçabilidade
Clientes que podem ser individualmente acessados podem ser alvos de remessa de diferentes mensagens individuais, geralmente por meios de comunicação 1:1 (mídia 1:1). Os meios de comunicação de massa caracterizam-se por falta de endereçabilidade, uma vez que enviam a mesma mensagem a todos, simultaneamente.

endereçamento segmentado
Esquema de endereçamento utilizado pelos processadores Intel, que divide o espaço do endereço em partes lógicas denominadas segmentos. Para acessar um determinado endereço a aplicação deve especificar o segmento e uma localização dentro dele.

endereço eletrônico
Caixa postal para troca de mensagens na rede. É o endereço para o qual devem ser enviadas as mensagens. O endereço de e-mail é formado pelo nome de usuário (username ou apelido) e o nome de domínio a que ele pertence. Exemplo: designer@adg.org.br.

endereço IP
(Internet Protocol). De forma genérica, é um endereço que indica o local de um determinado equipamento (normalmente computadores) em uma rede privada ou pública. Para um melhor uso dos endereços de equipamentos em rede pelas pessoas, utiliza-se a forma de endereços de domínio. Cada endereço de domínio é convertido em um endereço IP pelo DNS. Este processo de conversão é conhecido como resolução de nomes de domínio.

endomarketing
É a utilização de ações de marketing voltadas para o público interno das empresas.

endosso
É a associação do poder de uma marca a outras "marcas-filhas" ou congêneres.

end-user
Consumidor final. Indivíduo que compra bens ou serviços para consumo próprio e/ou de terceiros.

energia eólica
Considerada por especialistas como a energia mais limpa do planeta, a energia eólica é aquela obtida por meio do movimento do vento (ar). Disponível em diversas localidades, trata-se de uma excelente alternativa às fontes de energia não renováveis. Esse tipo de eletricidade depende da quantidade de vento que passa pela hélice dos aerogeradores (espécie de moinho de vento), do diâmetro da hélice, da dimensão do gerador e do rendimento de todo o sistema. A desvantagem é que as fazendas eólicas podem alterar a paisagem natural por conta de suas torres e hélices, além de ameaçar os pássaros caso estejam instaladas em rotas de migração.

energia renovável
É a energia proveniente de recursos naturais renováveis, como energia eólica (ventos), solar (sol), mareomotriz (ondas dos mares e oceanos), biomassa (matéria orgânica) e geotérmica (calor interno da Terra). As energias renováveis são opções de menor impacto para a geração de energia a partir de fontes não renováveis, como o petróleo.

enlace
O modo como uma haste, linha ou filete se liga a um remate, a uma serifa ou a um terminal: pode ser angular ou curvilíneo.

enquadramento
Delimitação da imagem isolada pela câmera; ato ou efeito de dispor e limitar, no visor, o assunto que se deseja fotografar ou filmar.

enraizamento
As crenças e valores da empresa

estarão progressivamente enraizados na cultura da organização, à medida que passem por uma difusão sistemática. Além de desenvolver instrumentos de comunicação é importante estimular a participação e a contribuição dos interessados no processo de avaliação e monitoramento, principalmente quando eles possibilitam a incorporação das sugestões aos processos de trabalho.

entreletra
O mesmo que tracking. Espacejamento entre as letras (e os demais glifos).

entrelinha
Medida vertical do espaço entre a base de uma linha de texto e a base da linha seguinte. É dimensionada em pontos.

entretítulo
Título em meio a uma composição tipográfica, para evitar textos longos. Também conhecido como intertítulo.

envernizamento
Tipo de acabamento gráfico para impressos, podendo ser verniz de máquina (aplicado diretamente na máquina de impressão) ou verniz UV, que requer um equipamento específico com secagem ultravioleta. O verniz é utilizado por várias razões: estética, para proteção do impresso, contra abrasão, para proteger a imagem impressa contra desgaste, como impermeabilizante, para proteção de impressos expostos a umidade, para isolar o cheiro da tinta, e para conferir brilho ao impresso. O verniz aplicado pode ter acabamento brilhante, fosco ou também UV (ultravioleta), entre vários outros efeitos disponíveis. Pode também ser "verniz reserva" (aplicado em algumas áreas reservadas, como fotos e títulos), ou "verniz total" (aplicado em 100% da área - chapado).

enxugar
Reduzir uma notícia ou texto a seus dados essenciais, desprezando pormenores.

e-pack
Embalagem destinada ao comércio eletrônico.

epóxi, pintura
Resina em pó aplicada eletrostaticamente sobre metal, resistente a choques e batidas.

EPS
Encapsulated PostScript. Desenvolvido pela Adobe, o PostScript é uma linguagem de descrição de páginas. Em vez de definir píxeis, o PostScript é composto por um conjunto de comandos que são interpretados por um dispositivo de saída (impressoras, por exemplo). Ele pode ser usado para armazenar gráficos (ou seja, vetores), imagens raster (bitmap) ou ambos. Por não conter uma representação direta de píxeis, um arquivo EPS não pode ser lido por programas de manipulação de imagens (embora possa ser lido por programas de editoração), mas apenas criado por eles para gerar saídas. O PostScript é capaz de manipular texto e desenhos de maneira eficiente e com qualidade superior ao bitmap, mas não é capaz de armazenar imagens fotográficas, de modo que elas devem ser representadas como bitmaps.

EPS
Poliestireno expandido. Plástico celular rígido de células fechadas, leve, muito usado para proteção contra impacto (calço ou preenchimento) e isolante térmico, conhecido como Isopor® (marca registrada da Knauf-Isopor®).

errata
Lista de correções a serem efetuadas em erros encontrados em uma obra após sua impressão.

erro de amostragem
Extensão provável da diferença entre o valor da amostra e o interesse da população.

escada da fidelidade
Forma de medir a atitude do cliente em relação a uma organização. Parte-se de clientes em potencial, pesquisa inicial de possíveis clientes e, no final, encontram-se os defensores,

es

que ajudam a vender a imagem da empresa, dessa forma, executando a propaganda mais forte que se poderá obter.

escala cromática
Amostra de cores impressa por gradação de tonalidade, normalmente em diversos tipos de suportes, com as cores mais comuns. Serve para comparação em trabalhos policrômicos.

escala de cores
1. Tabela impressa, que contém diversas combinações de tonalidades de cores ou de cores especiais de um determinado fabricante de tintas.
2. Em artes gráficas, as provas do conjunto de cores a ser utilizado em uma impressão, que apresentam o exato tom e a ordem em que devem ser impressas. Essas provas orientam o impressor para o controle da impressão de cada cor, visando atingir um bom resultado final.

escala de gris
Escala de densidades de preto possíveis de ser obtidas por fotorreprodução.

escala Pantone®
Marca registrada de um sistema largamente usado na identificação de cores para impressão. Existem escalas adequadas tanto para o uso de cores especiais (spot color), separação de cores (process color), cores para web, cores pastéis, entre outras.

esmagamento
Na impressão, alargamento ou engrossamento de áreas impressas causado pelo sangrado ou arrastamento lateral de tinta.

espacejamento
Separação entre letras ou palavras em um texto ou separação de linhas de texto pela inserção de espaço sendo, para esse caso, mais utilizada a palavra entrelinhamento.

espaço de cor
Na manipulação digital de imagens, é cada um dos vários métodos de codificação de cores. Existem espaços de cor com uma só variável (Grayscale), duas (Duotone), três (RGB, Lab, HSB, HSL, HLV), quatro (CMYK) e outros. O gamut de cada espaço de cor depende da definição de suas variáveis: comprimentos de onda fixos

escala de cores
quadricromia

ex

no RGB, pigmentos padronizados no CMYK, cores específicas no Duotone, características diversas da luz em HSB, HSL e HLV.

espaço M
Espaço correspondente ao comprimento da letra M da fonte utilizada no momento.

espaço N
Espaço correspondente à metade do comprimento da letra M da fonte utilizada no momento. Originalmente era o mesmo que a largura da letra N, daí o nome.

espaço primário ou ponto permanente ou ponto natural
Local onde o produto é exposto de forma permanente, junto a outros, da mesma categoria, nas prateleiras e gôndolas.

espectro visível
A gama de energia radiante (cores) que varia entre 400 e 700 milimícrons, à qual o olho é sensível.

espectrofotometria
É o processo de mensuração de luzes homogêneas.

espelhado
Em mídia, designa anúncio publicado em página dupla ou anúncio de página inteira publicado ao lado de outro também de página inteira – um em página par, o outro em página ímpar.

espelho
1. Traçado da disposição de matérias em jornal ou revista de modo a orientar uma diagramação ou paginação. 2. Esquema ou diagrama de página de jornal ou revista, que contém a relação das seções que deverão compor a página e as diversas matérias, com suas respectivas retrancas, para orientar o diagramador e o paginador.

espelho
Relação sequenciada das matérias a serem apresentadas em um telejornal.

espessura
Distância entre as faces do papel. Para papéis da mesma composição, é proporcional à gramatura.

estilo de vida
Padrão de vida de uma pessoa, expresso em suas atividades, interesse, opiniões e escolhas.

estocástica
Retícula de impressão especial na qual cada ponto tem uma dimensão fixa e densidade variável, de acordo com o tom. Os algoritmos mais recentes podem variar o tamanho do ponto juntamente com sua quantidade. Produz excelentes resultados, muito próximos à aparência dos grãos de pigmento de uma fotografia, porém exige um cuidado maior e equipamentos específicos.

estratégia
Definição de linhas gerais de ação que irão nortear as tarefas necessárias para atingir objetivos nas áreas de planejamento, comunicação e criação. Quando se diz estratégia de copy, faz--se referência à abordagem sintética que será traduzida depois, criativamente, para as peças publicitárias.

estratégias de marketing
O conjunto de ações previstas para alcançar os objetivos de marketing.

ethernet
Um padrão muito usado para a conexão física de redes locais, originalmente desenvolvido pelo Palo Alto Research Center (PARC) da Xerox nos Estados Unidos. Descreve protocolo, cabeamento, topologia e mecanismos de transmissão. A informação pode ser transmitida em modo "broadcast", ou seja, para todos os outros computadores da rede e não apenas para um só.

ética
É o tratado da Filosofia que estuda os valores e os ideais da conduta humana. Em síntese, são os princípios morais a serem observados ao longo da vida e no exercício da atividade profissional. A conduta ética traduz uma forma de viver fundamentada em valores reconhecidos pela sociedade e pelos indivíduos como virtudes.

etiqueta
Impresso adesivo ou não, afixado ou pendurado em qualquer produto com objetivo de informar ou registrar algo.

exemplar
Unidade de tiragem; cada uma das cópias de uma edição; unidade de

85

gravura, impresso, jornal, revista ou livro reproduzido de um original.

exibição controlada
É a distribuição dos produtos nas gôndolas e/ou displays, observando-se os volumes de vendas e o público a que se destinam, com a finalidade de ter espaços abastecidos de maneira rentável e padronizada.

expediente
Relação, geralmente disposta na página editorial, contendo o nome dos responsáveis pela publicação. Pode incluir também preços de assinaturas, de venda avulsa, endereços da sede da editora responsável, de sucursais e correspondentes e demais departamentos.

export
Em um software, função que possibilita ao usuário gerar arquivos em formato diferente do software nativo.

extensão
A terminação do arquivo que identifica seu programa de origem. Exemplo: .psd (Photoshop); .ai (Illustrator); .cdr (Corel Draw).

extensão de linha de produto
Tarefa de aumentar-se uma linha de produto, estendendo-a além de seu alcance atual.

extensão de marca
Produto novo ou modificado lançado sob um nome de marca já bem-sucedido.

extensão de prateleira
Artifício de colocar uma lâmina de madeira ou plástico ao longo da gôndola, visando aumentar a última prateleira.

external
Um acessório periférico que reside em seu próprio gabinete – não dentro do computador. Exemplo: HD externo.

extranet
Internet exclusiva entre cliente e fornecedor; o principal canal de comunicação entre eles. Poderosa ferramenta de marketing, em que todo o know-how do business to business pode ser potencializado. Funciona como se a empresa residisse no cliente. A qualquer hora, ele pode requisitar qualquer de seus serviços e obter um pronto atendimento. O site reconhece quem é o cliente e habilita as informações específicas para ele.

extrativismo
Extração das riquezas naturais, vegetais, animais e minerais, com finalidades econômicas e sem a preocupação com o seu cultivo prévio ou a sua reposição.

extrusão
É o processo que consiste na deformação plástica de uma peça base ou na termoformação de uma matéria prima, fazendo-a passar forçada por um orifício de uma matriz que apresenta o perfil da seção do produto.

f/stop
É a medida que indica o tamanho da abertura do diafragma, tendo tradicionalmente os seguintes formatos numérico: 1.0 / 1.4 / 2.0 / 2.8 / 4.0 / 5.6 / 8 / 11 / 16 / 22 / 32 / 45.

faca ou faca especial
1. Matriz para corte e vinco; instrumento de metal montado em madeira, que serve para cortar e/ou vincar embalagens, envelopes e outros impressos especiais com formatos especiais – em papel, papelão e outros. 2. Lâmina de aço disposta tangencialmente à superfície do cilindro-matriz das rotativas de rotogravura, que retira todo o excesso de tinta da chapa de impressão.

fair trade
Comércio justo. Parceria comercial cujo objetivo é a igualdade maior no comércio internacional. O mecanismo só foi implantado no Brasil em 1998 e visa oferecer aos produtores marginalizados melhores condições de comercialização e assegurar os direitos dos trabalhadores. São exigências do sistema de fair trade: 1. Criar associações democráticas que reúnam os produtores. 2. Ser transparente na prestação de contas. 3. Não discriminar nem mulheres nem índios. 4. Reduzir o uso de agrotóxicos. 5. Abolir o trabalho forçado. 6. Não empregar crianças. 7. Criar empregos com carteira assinada. 8. Oferecer condições de trabalho saudáveis e seguras.

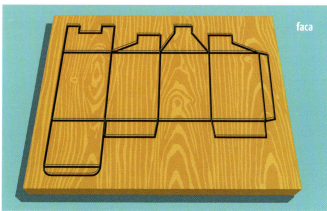

faca

faca, desenho da
Conjunto de linhas/contornos contínuos (cortes) e hachurados (dobras) utilizado pela gráfica para confecção de uma determinada embalagem.

face lift
Melhoria visual ou atualização no visual de face da embalagem.

facing
Espaço ou frente que determinado produto ou marca ocupa na gôndola de um supermercado, seja na posição horizontal ou na vertical. Corresponde à forma de apresentação de produtos na primeira fila do expositor.

factor analysis
Ferramenta estatística empregada para determinar, dentro de um banco de dados, a seleção de fatores que influenciam a resposta.

Fairtrade
Originado na Europa, o selo Fairtrade foi desenvolvido com o objetivo de qualificar produtores rurais de países em desenvolvimento comprometidos com o comércio justo, gerando assim, mais chances de participarem do mercado europeu. A rede envolve mais de 1.500 empreendimentos certificados em todo o mundo, dez deles no Brasil. (Fonte: Fairtrade. Disponível em: <http://www.fairtrade.org.uk/>.)

faixa de gôndola
Peça produzida em diversos materiais para ser colocada na parte frontal de prateleiras de gôndolas de supermercados. Por exemplo, servindo como delimitador de espaço dos produtos e/ou como aparador das embalagens, podendo conter mensagens e/ou imagens.

fa

faixa de rua
Mensagem e/ou imagem, impressa ou pintada em tecido ou plástico, colocada nas ruas ou fachadas de prédios.

faixa de valor
Adicionar maior valor no relacionamento com um cliente por meio da procura de oportunidades que estão além da venda do produto em si. Por exemplo, um revendedor de carpetes pode gerar receita adicional e manter o relacionamento ativo ao limpar regularmente o carpete do cliente.

falsa folha de rosto
Em grande número de publicações, folha precedente à folha de rosto, na qual consta unicamente o título da publicação, segundo recomendação da ABNT.

família
Conjunto de caracteres cujo desenho apresenta semelhantes características de construção; conjunto completo de fontes tipográficas (desenhos de letra) com as mesmas características fundamentais, incluindo todas as suas variações (light, regular, bold, itálico, condensado, expandido etc.). Diz-se família tipográfica ou família de fontes.

FAQ
Frequently Asked Questions. Documento com perguntas e respostas mais comuns sobre um assunto específico. Cada grupo de discussão e lista de distribuição costuma ter a sua própria FAQ. Faz parte do bom comportamento do cidadão da rede ler a FAQ do grupo antes de fazer uma pergunta. A função da FAQ é justamente reunir informação básica sobre um assunto para que a cada novo usuário que chegue em um grupo não repita perguntas já respondidas anteriormente.

fascículo
Parte integrante de uma obra publicada em segmentos distribuídos periodicamente ou não. Pode ser composto de um ou mais cadernos.

fast fashion
Um novo conceito de vendas de roupas e acessórios de moda lançado pelas grifes internacionais Zara e H&M. O modelo de negócios consiste em trocar prateleiras e vitrines das lojas a cada semana ou quinzena, colocando novos produtos com números de peças limitados. A iniciativa estimula o consumidor a visitar a botique a cada nova sessão e a não esperar por liquidações, já que a peça não estará mais lá quando o período de desconto chegar.

FAT
File Allocation Table (Tabela de Alocação de Arquivos). Uma tabela, gravada no próprio disco, que indica quais setores estão disponíveis e quais contêm dados de arquivos. Inicialmente, quando um disco é formatado, todos os setores estão disponíveis. Quando você grava arquivos, a FAT é alterada para indicar os setores e arquivos utilizados.

fatores climáticos
Condições físicas ou geográficas que condicionam o clima, interagindo com as condições atmosféricas, tais como a latitude, altitude, as correntes marítimas, a distribuição das terras e mares, a topografia, a cobertura vegetal etc.

fatores ecológicos
Fatores que agem diretamente nos seres vivos, limitando seu território, modificando suas taxas de reprodução e, por vezes, fazendo aparecer, no seio de uma espécie, variedades que apresentam exigências ecológicas diferenciadas. Os fatores ecológicos podem ser climáticos, edáficos, bióticos, hídricos etc.

FDDI
Acrônimo de Fiber Distributed Data Interface, um padrão para o uso de cabos de fibras óticas em redes locais (LANs) e metropolitanas (MANs). A FDDI fornece especificações para a velocidade de transmissão de dados (alta, 100 Mbps), em redes em anel, podendo, por exemplo, conectar 1.000 estações de trabalho a distâncias de até 200 Km.

features
Atributos especiais de um produto.

fechamento
Conclusão do trabalho de edição.

feedback
1. Retorno da informação, retorno do processo. Termo utilizado em comunicação, significando a obtenção de uma resposta. 2. Parte do controle

do sistema em que os resultados das ações retomam ao indivíduo, permitindo que os procedimentos de trabalho sejam analisados e corrigidos.

FFOA
(Pontos Fortes, Pontos Fracos, Oportunidades e Ameaças). Análise feita durante a fase de planejamento do plano de marketing, que visa encontrar as forças e fraquezas da empresa e as oportunidades e ameaças (SWOT) do mercado atendido por essa mesma empresa, com a finalidade de traçar estratégias, aumentar as forças e oportunidades, bem como eliminar ou diminuir as fraquezas e as ameaças. Uma das partes componentes do Plano de Marketing. Veja tambérn SWOT.

fibra ótica
Cabos de comunicação que usam fios de vidro finos para transmitir pulsos de luz. Teoricamente, um único cabo permite transmissões de bilhões de bits por segundo.

fidelização
Neologismo criado pelo professores de marketing para definir programas e esforços no sentido de conquistar ou incentivar a fidelidade dos consumidores a determinada marca ou empresa.

Fidonet
Rede mundial baseada no uso do protocolo Fido, que interliga computadores pessoais via linhas telefônicas comuns.

FIFO – "First In – First Out"
É a técnica de expor na frente da gôndola o produto de fabricação mais antiga e de colocar atrás o de fabricação mais recente. Essa técnica é conhecida como rodízio.

file
Arquivo, pasta; conjunto de informações (dados) armazenadas em mídia magnética, como discos rígidos ou flexíveis. Todos os dados em um computador são organizados em arquivos (files) e todos os arquivos têm nome.

file sharing
Compartilhamento de arquivos. Ocorre quando dois ou mais computadores têm acesso ao mesmo disco rígido, em uma rede.

file server
Arquivo servidor – computador com disco rígido de alta capacidade usado para armazenamento de arquivos e dados a serem compartilhados em rede.

filipeta
Veja volante.

filme
Película fotográfica constituída de um suporte transparente revestido por emulsão fotossensível, destinada a "gravar" a imagem captada pela objetiva. A qualidade da emulsão determina o tipo de reprodução fotográfica possível. Veja fotolito.

filme 120
Veja filme médio formato.

filme 220
Veja filme médio formato.

filme 35mm
É o filme padrão usado na maioria das máquinas fotográficas. O seu tamanho exato é 24 x 36mm.

filme em DTP
a palavra é usada frequentemente com o mesmo sentido de fotolito.

filme mate (fosco)
Material transparente coberto com uma substância fotossensível e que, diferentemente de outros filmes, possui o lado da camada de com uma certa "porosidade" para facilitar a saída do ar de entre o filme e o fotopolímero.

filme médio formato
É um filme maior que o 35mm, utilizado em máquinas profissionais como Rolleiflex, Mamiya e Hasselblad. A sua área de aproveitamento depende de cada máquina. A Rolleiflex Xenotar, por exemplo, utiliza-se de 60 x 60 mm enquanto o modelo tradicional da Mamiya usa o formato 45 x 60 mm. O filme vem enrolado em um rolo de plástico e pode ter dois comprimentos: 120 e 220 cm.

filme metalizado
Filme que recebeu um tratamento de metalização.

filme shrink
Filme plástico usado basicamente na unitização de produtos, em pequenos

volumes ou em cargas paletizadas. Os produtos são envolvidos com o filme e um equipamento térmico faz o encolhimento.

filme stretch
Filme plástico esticável é utilizado principalmente para proteger o produto da umidade e poeira; tem boa adesão e resistência. Envolve-se o produto com uma ou mais camadas, esticando o filme durante a aplicação.

filter
Filtrar, filtro; dispositivo ou programa que separa sinais ou dados de acordo com algum critério; em bancos de dados, conjunto de critérios aplicados a registros, a fim de que seja exibido um subconjunto de registros, ou que sejam classificados os registros.

filtro
Acessório que altera a captação da imagem pela lente.

filtro
Módulo de um programa de manipulação de imagem que produz um efeito específico (Sharpen, Blur, Median etc.).

filtro passa-alta
Filtro que atenua as frequências espaciais mais baixas de uma imagem e acentua as mais altas. Usado para destacar pequenos detalhes, como bordas e linhas. Utilizado por filtros que atuam nas áreas de sombra (baixas luzes).

filtro passa-baixa
Filtro contrário ao passa-alta, ou seja, somente deixa passar as frequências mais baixas. Visualmente, esse filtro atua nas áreas mais brilhantes (altas luzes).

filtro passa-faixa
Atenua toda e qualquer frequência acima ou abaixo de uma faixa determinada.

find
Achar, encontrar; comando utilizado para procurar frases, palavras ou arquivos em um software ou em um computador.

finger
Um serviço Internet que permite obter informações sobre outros usuários. O resultado de uma consulta via finger pode retornar o endereço, o nome real do usuário, a última vez que ele usou a rede, quantas mensagens não lidas existem em sua caixa postal e, se estiver disponível, o conteúdo do plan file. É possível também usar o finger para descobrir informações sobre um determinado servidor. Nesse caso, consegue-se uma lista dos usuários que estão usando a máquina naquele momento.

firewall
Um sistema de segurança cujo principal objetivo é filtrar o acesso a uma rede. As empresas utilizam o firewall para proteger as suas redes internas conectadas à Internet contra a entrada de usuários não autorizados.

fixador
Solução, usualmente tiossulfato de sódio, na qual são imersos filmes e cópias depois do processo de revelação, para que os haletos de prata não expostos contidos na emulsão sejam convertidos em produtos solúveis que serão removidos pelo processo de lavagem. Isso evita a deterioração da imagem revelada.

flag
Bandeira, sinalizador; meio de sinalizar o fim de um campo ou outro evento especial num banco de dados. Dados de BIOS conhecidos como flags são sinalizadores utilizados para indicar o estado das diferentes condições internas do sistema.

flame
Recurso usado para a postagem de mensagens provocativas ou polêmicas, podendo causar consequências negativas. O usuário que envia essas mensagens é conhecido por flamer.

flâmula simples
Bandeirola fixada em haste vertical.

flash
Luz artificial utilizada para iluminar objetos fotografados quando a luz do ambiente não é suficiente. Essa luz dura somente algumas frações de segundo e parece-se com um raio, daí a origem do nome "flash" que significa "raio" em inglês.

flat
Diz-se da retícula de impressão que apresenta regularidade em seus pontos, tanto em sua dimensão

como no intervalo entre eles. É muito utilizada para aplicação em bendays.

flatness
Em programas que trabalham com vetores, é um coeficiente que determina a qualidade relativa das curvas dos objetos. As curvas vetoriais, para serem impressas, são convertidas em sequências de pequenos segmentos de reta. Quanto maior o flatness, maiores são esses segmentos de reta; consequentemente, pior é a qualidade do contorno.

flatten
Processo executado antes de transportar um filme QuickTime para uma plataforma PC. Ele retira os "recursos" exclusivos do MacOS e não reconhecidos pelo Windows.

flexografia
Processo de impressão cilíndrica ou rotativa que emprega, como matriz, chapas de borracha ou plástico macio, fotogravadas em relevo, e utiliza tintas voláteis, de secagem rápida. Considerado simples e econômico, esse processo produz superfícies impressas com brilho e oferece vastíssima gama de cores, sendo mais adequado para a reprodução de originais com chapados, linhas ou retícula grossa. Utilizado principalmente na impressão de embalagens (sacos de papel e plásticos, recipientes de poliestireno), papel-cartão, papel metalizado, papel vegetal, náilon e celofane*. Iniciou-se nos Estados Unidos, em 1853.

flip
Em softwares, comando que aciona a inversão ou reflete uma imagem ou texto, horizontal ou verticalmente.

flip top
Tampa de dois corpos onde a parte superior (vedação), ao ser aberta fica presa à base (parte inferior).

flocado
Projeção de fibras sobre uma superfície adesivada.

floppy disk
Conhecido como disquete, atualmente em desuso. Disco de mídia magnética removível, para armazenamento de dados. O termo equivalente em inglês é floppy-disk, significando disco flexível. Pode ter o tamanho de 3,5 polegadas com capacidade de armazenamento de 720 KB (DD=Double Density) até 5,76 MB (EDS=Extra Density Super), embora o mais comum fosse o de 1,44 MB (HD=High Density), ou 5,25 polegadas com armazenamento de 160 KB (Single Side = Face Simples) até 1,2 MB (HD).

flow pack
Sistema de embalar, no qual a embalagem é formada ao mesmo tempo que o produto é embalado. Processo contínuo em que o equipamento recebe o produto sobre o filme, dobra e sela o filme longitudinalmente, formando um tubo, e sela nas extremidades, fechando-o. Exemplo: embalagens de salgadinhos.

fluxo de loja
É o caminho percorrido pelo consumidor dentro da loja.

flyer
Veja volante.

focalização
Ajuste da distância focal da lente de uma câmera, ampliador ou scanner para produzir uma imagem nítida do assunto reproduzido.

focus group
Em português "discussões de grupo" é uma técnica utilizada na pesquisa de mercado qualitativa, na qual se emprega a discussão moderada de entre 8 e 12 participantes. Discussões de grupo costumam durar entre uma hora e meia e duas horas e devem ser coordenadas por um moderador experimentado. O moderador é também o facilitador da sessão, pois para além de regular a sessão dentro dos seus moldes, vai também ajudar o grupo a interagir. Os focus groups são usados nos temas mais diversos. Muito frequentemente são usados em testes da publicidade, testes de conceito e como pré-fase de estudos quantitativos maiores.

foil
Lâmina fina de metal empregada em embalagens. Exemplo: tampa de alumínio usada em embalagem de iogurte.

folder
Pasta de arquivos eletrônicos; pequenos ícones na tela, em forma de pastas; o mesmo que diretório no Windows.

fo

folder

folder
Folheto impresso em uma única lâmina com dobras, geralmente encartado em pastas.

folha volante
Folha avulsa, impressa em um lado apenas, geralmente distribuída manualmente.

folheto
Peça impressa com uma ou mais dobras (folder); também publicação com poucas páginas – cerca de 48 páginas, no máximo – quase sempre grampeadas.

folheto promocional
Material impresso destinado a promoção de algum produto ou serviço.

folio
1. Número de página. 2. Diz-se in-folio do formato de publicações feitas com uma única dobra da folha impressa, desde que a lombada seja superior a 38 cm.

follow-up
Último passo no processo de venda, no qual o vendedor acompanha o produto após a venda para se assegurar da satisfação do cliente e da continuidade dos negócios, resultando, eventualmente num arquivo de informações de mesmo nome.

fonte
Conjunto de caracteres de uma mesma família tipográfica, ou seja, cujo desenho siga um padrão básico de construção. 2. Arquivo de fonte digital que consiste em conjunto de instruções para reproduzir uma série de imagens (letras, números ou símbolos), com combinações particulares de propriedades dimensionais, em uma impressora e/ou na tela de um computador. Na tipografia digital, uma fonte é um ficheiro contendo o desenho e as propriedades métricas de um grupo de caracteres, assim como propriedades do tipo OpenType features). Uma fonte digital é definida por suas características visuais, independentemente de seu tamanho, e pelo seu desempenho durante a composição.

fonte de impressão
Arquivo de fonte PostScript que contém informação específica para o desenho do tipo na impressora.

fonte de tela
Arquivo auxiliar de fonte PostScript com informação específica para o desenho do tipo na tela do computador.

fontes de energias renováveis
As energias renováveis são consideradas como energias alternativas ao modelo energético tradicional. A energia renovável é obtida de fontes naturais capazes de regenerar, ou não esgotáveis, como por exemplo, o sol (energia solar), o vento (energia eólica), rios e correntes de água doce (energia hidráulica, de pequenas hidrelétricas), matéria orgânica (biomassa) e o calor da Terra (energia geotérmica).

Fontographer
Software para manipulação e geração de fontes, fabricado pela Macromedia.

foo
Uma palavra comumente usada para exemplificar qualquer coisa em literatura técnica na área de informática. Ela frequentemente aparece em exemplos de nomes de domínios como ana@foo.bar.com.x.

footer
Elemento qualquer disposto junto à margem inferior de um documento ou

92

fo

publicação. O mesmo que pé de página ou rodapé.

forca
Primeira linha de um parágrafo que fica solta no final de uma coluna de texto ou última linha de um parágrafo que aparece sozinha no alto de uma coluna de texto. Pode ser evitada, ou não, ao se adotarem certos critérios na composição.

forma
Tudo o que pode ser visto e/ou tocado, que ocupe espaço e que tenha formato, tamanho, cor, textura e direção; maneira pela qual as coisas do mundo se apresentam à percepção humana; maneira utilizada para transmitir uma mensagem por qualquer meio de expressão. Geralmente, é reconhecida como um elemento que, visualmente, se distingue de um fundo.

fôrma de impressão
Matriz utilizada para reprodução gráfica, podendo ser de metal (chapa para offset ou cilindro de impressão para rotogravura), borracha sintética ou plástico (clichê para flexografia, tampografia), ou outros materiais, como, por exemplo, a tela de nylon (serigrafia). A fôrma geralmente é fixada em uma impressora, onde recebe a camada de tinta que será transferida para o suporte (papel, cartão, filme plástico, etc). Também conhecida como matriz de impressão.

formato
Dimensões de um veículo impresso; tamanho e forma de uma publicação; altura e largura (indicados geralmente por suas medidas em centímetros), número de páginas e aparência geral do volume. Ex: formato A4 = 21 x 29,7 cm.

formato
Termo genérico para estilo, tamanho e aparência geral de uma publicação.

fórum
Termo genérico para grupo de discussão. A palavra fórum pode ser aplicada tanto para grupos de discussão da Usenet, como para listas de distribuição. Em serviços on-line norte-americanos, a palavra fórum é utilizada para descrever os grupos de discussão internos.

foto lavada
Fotografia com pouco contraste e muito clara.

foto sangrada
Imagem cujas dimensões extrapolam os limites finais da página impressa.

fotocomposição
Sistema de composição eletrônica de textos, desenvolvido nos anos 1960, que utiliza matrizes físicas (filmes) ou abstratas (impulsos eletrônicos) para gerar textos em uma emulsão fotográfica (filme ou papel). Caiu em desuso com o desenvolvimento do DTP.

fo

fotocompositora
Equipamento utilizado para processar a composição tipográfica de textos por meio fotográfico. Atualmente em desuso. O termo, às vezes, é usado para designar o equipamento utilizado para dar saída a fotolitos a partir de arquivos digitais, nesse caso, o mesmo que imagesetter.

fotogravura
Suporte de metal ou plástico, utilizado como matriz em sistemas de fotocomposição. Atualmente substituída pelo fotolito.

fotolito
Película transparente feita de acetato, coberta por emulsão fotossensível, na qual se registra, por meios fotomecânicos ou digitais, a imagem (texto, foto, desenho etc.) que se deseja imprimir. Modernamente, com o uso de impressoras laser e computadores, o fotolito pode ser à base de acetato, papel vegetal ou laser filme. Uma imagem policromática, é dividida em quatro cores básicas: o ciano, o magenta, o amarelo e o preto (o chamado sistema CMYK, do inglês cyan, magenta, yellow e black), gerando quatro fotolitos por imagem, um para cada cor. Para imagens em preto-e-branco, como textos ou logos simples, é necessário gravar apenas um fotolito. Ele é gravado por processo óptico a laser numa máquina imagesetter, se vier de um arquivo digital, ou por processo fotográfico, se for cópia de um original físico. As chapas de impressão do offset adquirem o texto ou imagens a serem impressas após terem sido sensibilizadas pelo fotolito. O fotolito, assim como o vegetal e o laser filme, são utilizados para gravar chapas, telas ou outros meio sensíveis a luz, para reprodução em série. Nele, são separadas as cores, mas o filme é sempre monocromático.

fotolitografia
Toda a arte e técnica empregada na produção de fotolitos e filmes. Palavra formada do grego: "escrever" (grafia) em "pedra" (lito) utilizando "luz" (foto).

fotômetro
Aparelho usado em fotografia e nas artes gráficas para medir a intensidade de uma fonte luminosa e determinar o exato tempo de exposição do filme que será necessário para a perfeita reprodução. Quase todas as atuais máquinas fotográficas têm fotômetro embutido; alguns leem a luz recebida através da lente, outros o fazem diretamente.

fotopolímero
Fotopolímero é, inicialmente, um material líquido sensível a luz que irá receber uma imagem por meio da exposição a raios ultra violeta. Antes da exposição o material é constituído de moléculas separadas, afastadas entre si, chamadas "monômeros". Quando expostas a luz, elas se unem entre si, dessa maneira, dando ao material solidez, elasticidade e propriedades de semelhança com a borracha. Muito utilizado como para confecção de matrizes de impressão para na flexografia.

FPS
Frames per Second (quadros por segundo) – taxa ou ritmo no qual as animações são definidas.

FPU
Floating Point Unit (unidade de ponto flutuante). Circuito de computador que trata as operações de ponto flutuante.

fractal
Formato geométrico gerado automaticamente com uma quantidade infinita de detalhes.

frame
Unidade de registro fotográfico ou cinematográfico (em inglês: quadro ou moldura); cada um dos quadros ou imagens fixas de um produto audiovisual. Em inglês, fala-se em "film frame" ou "video frame", conforme o produto em questão tenha sido realizado em película (tecnologia cinematográfica) ou vídeo (tecnologia eletrônica, seja ela analógica ou digital). Em português, em geral, usa-se o termo fotograma para as imagens individuais de um filme, reservando a palavra frame apenas para as imagens de vídeo, e utilizando quadro ou imagem para produtos audiovisuais genéricos, produzidos em qualquer tecnologia.

frame
Nos programas de paginação, é um objeto – normalmente invisível na impressão que contém em si um texto

ou imagem. Uma página contém diversos frames, cada um sustentando um dos elementos da diagramação.

frames
Nome dados às janelas que dividem algumas home pages em campos de acesso e visualização de outras páginas.

framework
Nome que se dá a bibliotecas de aplicação (application frameworks).

franchising
Método de comercialização de produtos ou serviços no qual o franqueado obtém o direito de uso de uma marca e opera de acordo com um padrão de qualidade estabelecido pelo franqueador, em troca de um pagamento de um determinado valor.

franquia
1. Privilégio, concessão. Licença especial concedida pelo governo ou por uma empresa de negócios para o desenvolvimento de atividades que lhes são privativas. 2. Sistema vertical de marketing contratual no qual um membro do canal, chamado franqueador, concentra em si vários estágios do processo de produção – distribuição. 3. Tipo de acordo de licenciamento no qual uma empresa vende um pacote contendo marca registrada, equipamento, materiais e diretrizes para a administração.

frasco
Recipiente, geralmente de boca estreita e gargalo curto, usado para líquidos.

freecycling
Prática de doar itens usáveis e desnecessários, em vez de jogá-los fora. A ideia surgiu de um grupo de reciclagem no Arizona, Estados Unidos, cujo objetivo era evitar o aumento de lixo. O grupo decidiu, então, desenvolver uma rede de pessoas que desejavam doar objetos que não usariam mais às que gostariam de tê--los. Hoje, essa rede conta com milhões integrantes espalhados em mais de 50 países

FreeHand
Software de ilustração produzido atualmente pela Adobe Systems Incorporated.

freelance
Tarefa realizada de forma independente, mediante pagamento, por profissional sem vínculo de emprego.

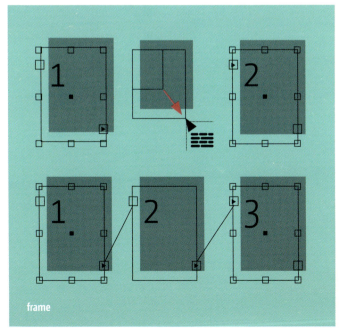

frame

freelancer
Pessoa que trabalha por tarefa, avulso, sem vínculo empresarial permanente.

freenet
Fornecedor de acesso comunitário à rede que não exige cobrança de taxa. O acesso é fornecido dentro de bibliotecas públicas ou por linhas discadas. Oferece serviços de grupos de discussão, correio eletrônico e acesso (normalmente restrito) à Internet. O Canadá é o país onde se desenvolveu o maior número de freenets.

freeware
Software distribuído gratuitamente e que permite ilimitado número de cópias, além de não exigir nenhum tipo de registro. Diferente do software de domínio público, o autor do freeware mantém os direitos autorais sobre o produto e pode impedir a sua modificação, comercialização ou inclusão em um pacote de programas.

freeze panels
Congelar painéis – fixar parte de um documento (texto, tabela, planilha) de forma a possibilitar a exibição – juntamente com aquela parte – de determinado trecho do documento (linhas, colunas etc.) independentemente de suas posições (normalmente fora da tela onde se exibe a parte congelada).

frequência
1. Número de vezes (inserções) que uma peça de comunicação é colocada frente ao público-alvo. 2. Número médio de vezes em que as pessoas no mercado-alvo é exposta a uma mensagem de propaganda durante dado período de tempo.

front face
Painel frontal de uma embalagem, a parte que geralmente é exposta à vista do consumidor.

front light
Painel ou qualquer outro material promocional que apresenta mensagem e/ou imagem com iluminação externa frontal.

fronteira de classe
Valor obtido em uma distribuição de frequências aumentando-se os limites superiores de classe e diminuindo-se os limites inferiores de classe da mesma quantidade, de forma que não haja lacunas entre classes consecutivas.

frontispício
Página que aparece logo no começo de um livro, geralmente a página 3, que traz o título da obra, o nome do autor e a indicação do editor, seguida de outros dados complementares, usualmente local e data. Pode ser precedida unicamente pela falsa folha de rosto ou anterrosto (acepção em desuso). O mesmo que folha de rosto.

front-light
Luminosos com a iluminação projetada na frente da tela. Oposto ao back light.

FTP
File Transfer Protocol (Protocolo para transferência de arquivos). O FTP pode ser utilizado para copiar arquivos da rede para o computador do usuário e vice versa (download e upload). Os navegadores de WWW podem fazer transferências de FTP, mas existem clientes específicos para a tarefa. Os usuários devem informar no cliente de FTP o endereço do servidor. É preciso ter uma conta no servidor e informar nome de usuário (username ou apelido) e senha, a menos que se trate um servidor de FTP anônimo.

FTP anônimo
Serviço que possibilita o acesso a bibliotecas públicas de arquivos via FTP. É nos servidores de FTP anônimo que se encontram os programas disponíveis na Internet. Chama-se FTP anônimo porque o usuário não precisa se identificar na hora de se conectar a

um desses servidores. No entanto, a maioria dos servidores de FTP pedem que os usuários enviem o seu endereço de correio eletrônico real como senha. O nome de usuário (username ou apelido) a ser usado é anonymous.

fulfillment
O processo deflagrado ao se receber um pedido de compra, ou ainda uma solicitação de informações, bem como as atividades relacionadas com marketing direto, caracterizam o início do processo de fulfillment. É mais adequado entender fulfillment como a perfeição no atendimento ao cliente, pois desta forma fica mais simples visualisar as oportunidades em todo o processo de gerenciamento da cadeia de abastecimento. Com o advento do comércio eletrônico, ganhou significativa importância, caracterizando mais um desafio para a logística.

full screen
Tela cheia – diz-se da exibição que ocupa toda a tela.

full-IP
Ligação total à Internet, por meio de uma linha dedicada, ou outro meio de comunicação permanente. Assim, todos os serviços Internet estão disponíveis no computador que possua este tipo de ligação.

function
Função; propósito especial, ação característica; sequência de instruções de um programa de computador, em um programa principal, que executa uma certa tarefa. Em banco de dados, um procedimento que retorna um valor.

function keys
Teclas de função. Teclas especiais, rotuladas como F1 a F12 (ou até F10 em teclados menores), também usadas para criar comandos especiais conhecidos como "atalhos" quando pressionadas em conjunto com outras teclas (option, control, command).

fundo automático
Sistema de fechamento de embalagens de cartão (cartuchos), que fecha e trava a embalagem, geralmente no fundo, sem precisar de pontos de cola, por máquina encartuchadeira.

fundo semi automático
Sistema de fechamento de embalagens de cartão (cartuchos), que fecha e trava a embalagem, geralmente no fundo, utilizando dois pontos de cola. Esse sistema é mais eficiente do que o fundo automático, pois tem mais resitência ao peso do produto.

fundo semiautomático
Fechamento de cartucho com encaixes, sem necessidade de colagem ou outros processos.

furo
Notícia importante publicada em primeira mão por um jornal ou por qualquer outro meio de comunicação de massa.

furo
Diz-se da luz que, por descuido técnico, se projeta de um refletor sobre os olhos dos espectadores, ou, em televisão, é captada pela câmera.

furo
Medida tipográfica do sistema Didot, equivalente a 48 pontos ou 4 cíceros (aproximadamente 18 milímetros), em largura e comprimento.

fusão
Justaposição de duas ou mais imagens para a produção de outra.

FYI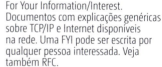
For Your Information/Interest. Documentos com explicações genéricas sobre TCP/IP e Internet disponíveis na rede. Uma FYI pode ser escrita por qualquer pessoa interessada. Veja também RFC.

Gg

gabarito
Reprodução da estrutura de um diagrama sobre suporte, usualmente papel.

gabarito
Desenho ou forma destinados a servir de referência à execução de algo como, por exemplo, a fixação de elementos em uma sinalização ou a reprodução seriada de uma forma qualquer, para fins diversos.

gadget
Em inglês, geringonça, dispositivo. É um equipamento que tem um propósito e uma função específica, prática e útil no cotidiano. São comumente chamados de gadgets dispositivos eletrônicos portáteis como PDAs, celulares, smartphones, leitores de mp3, entre outros. Em outras palavras, é uma "geringonça" eletrônica. Na Internet ou mesmo dentro de algum sistema computacional (sistema operacional, navegador web ou desktop), chama-se também de gadget algum pequeno software, pequeno módulo, ferramenta ou serviço que pode ser agregado a um ambiente maior.

galvanoplastia
Processo eletroquímico – eletrotipia – que permite depositar, sobre um metal, uma camada aderente de outro metal. Por esse processo é possível obter a reprodução, por eletrólise, de objetos artísticos (estátuas, medalhas) ou industriais (matrizes fonográficas, rotográficas ou tipográficas).

gama
Relação matemática entre a distribuição do brilho nos tons na entrada e na saída de um dispositivo de imagem. É expressa como um coeficiente numérico ou como um gráfico em curva. Monitores de vídeo trabalham com uma curva de gama que escurece a imagem; o coeficiente exato varia conforme a calibração do monitor. A calibração implica, entre outras coisas, achar o valor exato de gama para cada uma das cores primárias R, G e B.

gamut
Amplitude máxima de reprodução de cores e luminosidade de um meio de reprodução de imagem (filmes, vídeos, fotografias e impressão). Todos esses meios têm gamuts consideravelmente menores que o espectro da luz visível; é necessário trabalhar levando em conta essas limitações, especialmente ao converter o material de um meio para o outro, administrando as inevitáveis perdas.

gancheira
Expositor especial para colocação de produtos em blister ou saquinhos.

ganho de ponto
Efeito que se observa nas impressoras offset e chapas. É a tendência de os pontos da retícula crescerem por ação de agentes externos; quando não controlados, causam variações visíveis de tonalidade. Alguns programas de manipulação de imagens incluem função de ajuste para a compensação prévia automática do ganho de ponto.

gargaleira
Peça gráfica promocional presa ao gargalo frascos ou garrafas.

gargalo
Toda operação que gera espera de outras operações, atrapalhando o fluxo de um processo.

gateway
Porta de ligação, é uma máquina intermediária geralmente destinada a interligar redes, separar domínios de colisão, ou mesmo traduzir protocolos. Exemplos de gateway podem ser os routers (ou roteadores) e firewalls, já que ambos servem de intermediários entre o utilizador e a rede.

GCR
Gray Component Replacement. Método de separação de imagens CMYK que pode transferir o componente cinza das cores para a tinta preta (K) sem distorcer os matizes de cores. A intensidade de ciano, magenta e amarelo nos tons escuros são diminuídos e o preto é reforçado numa razão equivalente. O GCR melhora a nitidez e o contraste dos detalhes nas sombras, produz cores mais consistentes, evita a sobrecarga de tinta na impressora e é econômico (a tinta preta é mais barata). Ele reduz a porcentagem total de ponto impressa, além de prover um controle independente para o preto.

gerador de fontes
Em tipografia digital, é o programa

utilizado para a criação, conversão e edição de fontes.

gerenciamento de categoria
Ação cooperada entre indústria e varejo, no intuito de melhor atender uma determinada categoria de produto, passando pelos hábitos de consumo dos consumidores e visando otimizar a rentabilidade da categoria como um todo para a loja. A relação se dá baseada numa mútua confiança do varejo com a indústria, que normalmente elege o líder de cada categoria como "capitão" desta, que tem o objetivo de efetuar os estudos necessários para se atingir objetivos traçados.

gerenciamento de cor
Sistema de compatibilização entre dispositivos digitais de imagem para criar consistência na representação das cores nos diversos dispositivos digitais de saída, tais como monitores, impressoras, scanners, câmeras, gráficas, entre outros. Os gerenciadores de cores mais conhecidos são o ColorSync, da Apple, e o DCS da Kodak.

gerenciamento de espaço
Ação cooperada entre indústria e varejo, visando otimizar a exposição e abastecimento na gôndola/prateleira de uma marca específica ou categoria.

GIF
Graphics Interchange Format. Formato gráfico popular na Web, originalmente criado pelo provedor norte-americano CompuServe. É indicado para imagens que tenham pouca variedade de cores e áreas de cor contínua relativamente grandes. O formato GIF cria arquivos de imagens de tamanho relativamente pequeno em relação aos demais formatos. Graças a essa compactação, é um formato ideal para a utilização na rede. Não serve para aplicações impressas. A profundidade de cor é variável de 1 a 8 bits (2 a 256 cores), usando uma palete de cores específica para cada imagem (Indexed Color) que permite grande economia no tamanho final do arquivo. O formato GIF tem embutida a compressão LZW (a mesma do TIFF e dos arquivos ZIP e SIT) para maior economia de tamanho. A versão mais moderna do formato, GIF89a, pode armazenar uma sequência de imagens no mesmo arquivo, formando animações simples, e tem a opção de assinalar pixels transparentes.

gift-pack
Embalagem que contém brinde acoplado anexado ao produto sem custo adicional para o consumidor.

gigabyte
Um bilhão de bytes, aproximadamente (1.073.741.824 bytes).

gift-pack

gimmick
Truque ou efeito criado para chamar a atenção do consumidor para determinado anúncio, comercial, produto ou promoção.

giro
Termo utilizado para medir o tempo de entrada e saída de um produto do estoque ou gôndola.

glifo
Qualquer sinal sintético destinado a identificar uma função, um local, uma informação. Diz-se de sinais que integram o conjunto de elementos de uma fonte. O mesmo que pictograma.

Global Reporting Initiative
Criada em 1997 pela ONG norte-americana Coalition for Environmentally Responsible Economics e pelo PNUMA, a iniciativa tem como missão o desenvolvimento e a disseminação global das diretrizes mais adequadas para a elaboração de relatórios de sustentabilidade. Atualmente, mais de 550 organizações em 45 países utilizam essas diretrizes.

gr

Global Warming Potential
Potencial de Aquecimento Global. Índice utilizado para apresentar os níveis de emissões de diversos gases, sem a necessidade de calcular diretamente as mudanças nas concentrações atmosféricas. Os GWPs são calculados como a razão da forçante radiativa resultante das emissões de 1 kg deste gás (do efeito estufa) com a emissão de 1 kg de CO2 durante um determinado período de tempo, geralmente 100 anos. Os GWPs são avaliados e atualizados regularmente pelo IPCC.

gôndola
Unidade de exposição de mercadorias em ponto de venda, formada por prateleiras, onde o consumidor avalia os produtos e faz sua seleção.

gôndolas stopper
União de uma régua ou canaleta com o Stopper.

GPF
Falha Geral de Proteção. Bug do sistema operacional Windows da Microsoft que aparece quando um programa invade a área de memória que outro programa esteja utilizando, interrompendo a execução normal deste.

grabber
Anúncio colocado em uma página Web que leva a um Web site ou a mais páginas do anunciante. Outro tipo de anúncio, o banner, não contém ligações de hipertexto.

gradação
1. Transição entre duas cores, ou entre matizes diferentes de uma mesma cor. 2. Escala de tons em um filme revelado, negativo ou positivo. Diz-se que um negativo é duro – por possuir gradação dura – quando apresenta demasiado contraste, quando é denso e tem poucos valores intermediários (ou grisés, no caso de filmes em preto e branco), com diferença muito acentuada entre as altas luzes e as sombras. Um negativo ou positivo é suave quando o objeto reproduzido apresenta predominância de valores intermediários (ou grisés), sem mudanças bruscas de tonalidades, nem contrastes vigorosos. Ainda, um negativo pode ser fraco, quando lhe falta contraste, por insuficiência de exposição e revelação. Há uma relação constante entre sensibilidade e gradação: as películas lentas, ou de menor sensibilidade, possuem gradação dura, e as películas de maior velocidade, ou de sensibilidade maior, gradação suave. Também os papéis fotográficos são classificados segundo sua gradação. Além disso, a revelação, quanto mais prolongada e concentrada, tende a produzir gradação mais dura.

gráfica
Empresa aparelhada tecnologicamente e responsável econômica e legalmente pela impressão e/ou acabamento de livros, revistas, jornais ou quaisquer outros tipos de impressos. Abriga, total ou parcialmente, o processo industrial de sua elaboração ao utilizar recursos ou sistemas técnicos adequados a essa produção, como: composição manual ou mecânica (linotipia e monotipia), fotocomposição, fotorreprodução, sistemas de impressão e acabamento de qualquer natureza.

gráfico
1. Operário que realiza qualquer das funções habitualmente enquadradas sob a denominação geral de artes gráficas. 2. Qualidade de todo trabalho impresso. 3. Denominação genérica para a visualização de dados matemáticos, tabelas e diagramas.

gramatura
Registro do peso, em gramas, de um metro quadrado de um determinado papel. Sua expressão numérica não guarda, necessariamente, relação direta com a espessura do papel, pois o peso depende da matéria-prima empregada em sua fabricação. Por exemplo: 120 g/m². Usam-se baixas gramaturas no miolo de livros ou revistas e altas gramaturas em capas, folhetos, calendários e demais materiais que exijam alta resistência externa.

grampeadora
Máquina utilizada em gráficas e em oficinas de encadernação para agrupar as folhas de um impresso por grampeamento.

grande-angular
Tipo de objetiva que tem como característica um amplo enquadramento da paisagem.

gr

granulação
Aparência "arenosa" de uma imagem de negativo, slide ou impresso, resultante da distribuição irregular dos grãos de prata que se aglomeram durante a revelação do filme. Ampliações muito grandes podem evidenciar essa tendência mesmo em cromos considerados ótimos. Quanto maior a sensibilidade do filme, maior a facilidade de acontecer a granulação. Pode ser causada também por ajustes da exposição, revelação, características de contraste, superfície do suporte, estrutura da emulsão.

grão
Microdepósito de prata metálica, sensível à luz e formador da imagem fotográfica. O grão individual nunca é visível, mesmo numa ampliação, mas a sua distribuição dentro da emulsão causa superposições ou aglomerações que podem resultar em granulação na imagem final.

graphic pen
Em programas editores de imagens, técnica que transforma uma imagem qualquer em um desenho a traço de caneta (como em uma caneta a nanquim). É possível alterar-se a direção dos traços e sua espessura, bem como regular o brilho da imagem.

graphics tablet
Mesa digitalizadora. Dispositivo utilizado em substituição ao mouse para desenho no computador. É uma superfície sensível na qual é possível "desenhar" com uma caneta especial. Usando-se o software apropriado (Painter ou Photoshop), é possível simular infinitos tipos de pincéis; a sensibilidade à pressão na caneta pode (ou não) alterar as propriedades do traço em tempo real.

gravar
O mesmo que salvar. É a operação de armazenar um documento no disco rígido ou em disquete (existem também outros tipos de armazenamento, como em fitas e discos externos). Enquanto o documento estiver sofrendo alterações, ele é armazenado temporariamente na memória RAM.

gravata
Frase que vem logo abaixo de um título e que tem a função de explicar o que ela apresenta.

gravata
Termo utilizado para designar o fio que separa um título do corpo de uma tabela.

gravura
Processo de impressão no qual a matriz se constitui de chapa ou bloco de metal ou madeira (ou equivalente) sobre o qual é cortada ou gravada a imagem ou desenho que se deseja reproduzir. Nos sistemas de impressão industrial, é comumente utilizada para referir a rotogravura ou a gravação em aço ou cobre.

grayscale
Modo de descrição de cores para imagens em tons de cinza.

greek text
(Texto grego) Recurso dos programas de paginação, quase em desuso, de substituir na tela os textos com caracteres muito pequenos por uma área uniforme cinza, acelerando a visualização.

greenwashing
Branqueamento ecológico ou ecobranqueamento (greenwashing em inglês) é um termo utilizado para designar um procedimento de marketing utilizado por uma organização (empresa, governo, etc.) com o objetivo de dar à opinião pública uma imagem ecologicamente responsável dos seus serviços ou produtos, ou mesmo da própria organização. Nesse caso, a organização tem, porém, uma atuação contrária aos interesses e bens ambientais.

grid
Trama ou malha modular que serve como base para construção de diagramas. Pode ser aplicado em relação à construção de um desenho como também em relação a uma diagramação.

griffe
Marca forte, de prestígio e peso, já sedimentada no mercado.

grifo
O mesmo que itálico.

grisê
Termo utilizado para indicar valores de cinza ou de luzes médias. O mesmo que gris ou grise.

gu

grotesca
Nome atribuído genericamente a fontes tipográficas sem serifa.

groupware
Software destinado a auxiliar grupos de usuários que trabalham em rede ou de forma corporativa.

GRP
Gross Rating Point. 1. Soma total da audiência obtida por uma campanha ou programação. 2. Unidade de audiência – 1GRP equivale a 1% de audiência do universo de telespectadores ou leitores. 3. O mesmo que audiência bruta.

grupo de interesse
Ampla variedade de indivíduos e organizações que têm importância na influência sobre as empresas; normalmente, consideram-se quatro grupos: grupos de interesse do consumidor, grupos do governo, política pública e compradores. A coalizão dos grupos de interesse do consumidor influencia diretamente as empresas e o governo.

grupo de referência
1. Grupo de indivíduos que têm poder de influência. 2. Qualquer agregação interatuante de pessoas que influencie as atitudes ou comportamento de um indivíduo.

grupos de controle
Grupo de indivíduos em um experimento que não recebem um tratamento particular. grupos de discussões.

grupos de notícias
Fóruns globais nos quais pessoas com interesses em comum trocam informações, debatem ideias e fazem perguntas umas às outras. Tudo por meio de mensagens que são distribuídas aos usuários pelo esquema de Mailing List ou Newsgroups.

gualhardete
Peça feita em polietileno ou PVC com gravação em silk ou flexografia, deslocada da barra horizontal superior e similar a flâmula.

guarda
Diz-se de cada uma das folhas de papel, branco ou ornamental, dobradas ao meio e coladas ao começo e ao fim de um livro encadernado, entre a capa e o volume, cobrindo o que, de fato, os une. Reforça a junção de um ao outro e confere acabamento à encadernação.

GUI
Graphic User Interface (interface gráfica do usuário). Possibilita a comunicação máquina/usuário por meio do uso de imagens (ícones, menus visuais etc.), como as utilizadas pelo Windows e pelos computadores Macintosh.

guia de cor
Instruções na arte ou diagrama (normalmente trabalhos com cores especiais) indicando a posição e a porcentagem de cor requerida, ou uma amostra da cor real.

Gutenberg
Johannes Gensfleisch zur Laden zum Gutenberg (Mogúncia, c. 1398 - 3 de fevereiro de 1468). Gutenberg é, muitas vezes, lembrado como sendo o pai da produção em massa e da era da máquina. Foi o primeiro europeu a usar a impressão por tipos móveis, por volta de 1439, e o inventor global da prensa móvel. Entre suas muitas contribuições para a impressão estão: a invenção de um processo de produção em massa de tipo móvel, a utilização de tinta a base de óleo e, ainda, a utilização de uma prensa de madeira similar à prensa de parafuso agrícola do período. Sua invenção verdadeiramente memorável foi a combinação desses elementos

103

gu

em um sistema prático que permitiu a produção em massa de livros impressos e que era economicamente rentável para gráficas e leitores. O método de Gutenberg para fazer tipos é tradicionalmente considerado como tendo incluído uma liga de tipo de metal e um molde manual para a confecção do tipo.

Hh

hacker
Indivíduo com grande conhecimento em informática que consegue romper códigos e senhas e entrar em sistemas exclusivos. Ao contrário do que imaginamos, a maior perícia do hacker é conseguir informações privilegiadas fora dos computadores. Por exemplo, liga para o departamento de RH, fingindo ser um funcionário de outra área e obtém informações confidenciais. Os hackers consideram-se parte de uma "tribo" e todo seu aprendizado se dá por meio da troca de informações que ocorre dentro dessa "tribo". Essa atitude de trocar informações e compartilhar conhecimento é fundamental, em termos de marketing digital, para essa nova era de profissionais que está surgindo no mercado. O hacker diferencia-se do cracker por não praticar sabotagens ou atos criminosos.

halo
Mancha em imagem fotográfica, particularmente nas áreas de altas luzes, causada pela reflexão da luz a partir da superfície de trás da base.

handshaking
Sinais enviados entre dois modems para assegurar que a conexão entre os dois foi feita, que a velocidade e os protocolos estão corretos e, mais tarde, que os dados foram enviados e aceitos.

hang tag
Etiqueta adesiva fixada no topo da embalagem, com um orifício para ser pendurada em gancho.

hardware
Termo que caracteriza as partes físicas de um computador: monitor, CPU, teclado, mouse etc.

haste ou fuste
(stem, em inglês) O principal traço vertical ou diagonal do glifo (tronco), elemento essencial de muitas letras minúsculas e maiúsculas. Exemplos: o A, I, o H (que tem dois), o h, e até o y.

HD
Hard Disk (Disco rígido). Principal meio de armazenamento em um computador.

head space
Espaço vazio dentro de um frasco ou garrafa.

header
Cabeçalho. A parte de um pacote que precede os dados e que contém a fonte, o destino e o endereço, checagem de erros e outros campos. O cabeçalho também é a parte de uma mensagem eletrônica que traz, entre outras coisas, o remetente, dia e hora.

heavy user
Consumidor de alta frequência ou de grandes volumes de um determinado produto.

heliografia
Do grego, significa "gravar com sol". Processo de decalque fotográfico de textos e desenhos a traço, utilizado para a reprodução de plantas, mapas etc. criado por Joseph-Nicéphore Niépce.

heliográfica
Cópia fotossensível azulada, revelada por processo térmico ou por exposição a vapores de amônia. Serve como prova para revisão. Também chamada de cianográfica.

help desk
Serviço de apoio aos usuários para resolver problemas técnicos.

Hexachrome®
Marca registrada para um processo de impressão a seis cores desenvolvido pela Pantone, Inc.

Hi-8
Versão aprimorada do sistema vídeo-8, que grava e executa vídeo com sinais separados de crominância e luminosidade, ao contrário do vídeo composto, onde todos os sinais de vídeo são mesclados, resultando em perda da qualidade.

haste

A I H

hierarquia visual
Em termos gerais, o conceito de hierarquia designa uma forma de organização de diversos elementos,

105

hi

em que cada um deles é subordinado (inferior) do elemento que lhe está imediatamente acima. Em Design, definimos por hierarquia visual a sequência (por grau de importância) visual em determinado projeto, sendo o elemento mais relevante dessa sequência aquele que primeiro é identificado pelo receptor da mensagem ou imagem, e assim por diante.

hi-fi
High fidelity (alta fidelidade). Termo surgido na década de 1960, nos EUA. Um aparelho considerado hi-fi é capaz de reproduzir sons de Lps, cassete, e rádio com a maior fidelidade possível, ou seja, igual ao original.

high-print
Técnica utilizada para impressão serigráfica (silk-screen) com resultado de qualidade superior, em termos de definição.

hiperlink
Nome que se dá às imagens ou palavras que dão acesso a outros conteúdos em um documento hipertexto. O hyperlink pode levar a outra parte do mesmo documento ou a outros documentos.

hipermídia
A definição formal de hipermídia une os conceitos de hipertexto e multimídia. Ou seja, um documento hipermídia contém imagens, sons, textos e vídeos, como qualquer título multimídia. Além disso, usa ligações de hipertextos para permitir que o usuário salte de um trecho para outro do documento ou até mesmo para um documento diferente. O termo hipermídia também é utilizado como sinônimo de multimídia.

hipertexto
Estrutura de documentos interligados, podendo ser composta por textos, imagens ou outros tipos de arquivos, onde a sequência de conexões não obedece a uma ordem linear. E num hipertexto eletrônico, a passagem de um documento a outro é facilitada pela presença de links ou hotspots, que automatizam a ligação entre os diferentes documentos. As ligações normalmente são indicadas por meio de uma imagem ou texto em uma cor diferente ou sublinhado. Ao clicar na ligação, o usuário é levado até o texto ligado.

histograma
Gráfico que mostra a distribuição da quantidade de pixels da imagem em cada nível de tom, desde o preto até o branco. É útil para determinar a distribuição precisa das tintas pela imagem e forçar os pontos de branco e de preto da imagem a coincidir com os extremos da escala de brilho (ajuste de níveis ou Levels).

holografia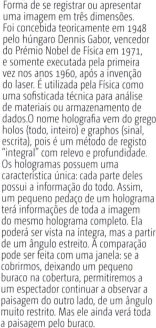
Forma de se registrar ou apresentar uma imagem em três dimensões. Foi concebida teoricamente em 1948 pelo húngaro Dennis Gabor, vencedor do Prémio Nobel de Física em 1971, e somente executada pela primeira vez nos anos 1960, após a invenção do laser. É utilizada pela Física como uma sofisticada técnica para análise de materiais ou armazenamento de dados.O nome holografia vem do grego holos (todo, inteiro) e graphos (sinal, escrita), pois é um método de registo "integral" com relevo e profundidade. Os hologramas possuem uma característica única: cada parte deles possui a informação do todo. Assim, um pequeno pedaço de um holograma terá informações de toda a imagem do mesmo holograma completo. Ela poderá ser vista na íntegra, mas a partir de um ângulo estreito. A comparação pode ser feita com uma janela: se a cobrirmos, deixando um pequeno buraco na cobertura, permitiremos a um espectador continuar a observar a paisagem do outro lado, de um ângulo muito restrito. Mas ele ainda verá toda a paisagem pelo buraco.

holograma
Chapa fotográfica em que se registram imagens obtidas por holografia. No holograma, a imagem não é visível diretamente, sendo necessário reconstruí-la em três dimensões por meio de um feixe de luz coerente de raio laser (holograma de transmissão). Novas técnicas permitem a decodificação da imagem holográfica (fixada com raios laser em placa especial) pela simples incidência de luz natural ou artificial diretamente sobre o holograma (holograma de reflexão).

home page
Muitas pessoas utilizam inadequadamente o termo home page para definir qualquer página na World Wide Web. Rigorosamente, uma home

page é a página de entrada de um Web site, mas o termo pode ser usado também para indicar a página principal de uma determinada seção.

host
Computador ligado permanentemente à rede, que, entre outras coisas, armazena arquivos e permite o acesso de usuários.

hot melt
Cola aplicada quente, muito utilizada para fechamento de embalagens e em lombada de livros.

hot stamping
Processo de impressão em relevo que consiste em transferir a imagem ou o texto a ser impresso para o suporte em questão, por meio de pressão e calor, sobre uma fita impregnada de pigmento (muitas vezes, metálico). O processo não utiliza tinta.

house organ
Publicação, usualmente no formato de revista ou jornal, editada para efeitos de comunicação institucional, que pode ter por objetivo tanto um público interno à empresa ou instituição, como um público externo.

HPGL
Hewlett-Packard Graphics Language. Formato de arquivo vetorial utilizado por plotters padrão HP.

HQ
O mesmo que História em Quadrinhos.

HREF
Símbolo (tag) HTML que, em um link, indica o endereço para o qual esse link conduz.

HSB
Hue, Saturation, Brightness (matiz, saturação, brilho). Um dos sistemas para categorizar e designar as cores. Matiz é a sensação básica da cor, como vermelho, azul ou verde. Saturação é a intensidade da cor; uma maçã vermelho-vivo é altamente saturada enquanto a ferrugem possui pouca saturação de marrom. Brilho refere-se a claridade ou escurecimento da cor.

HSL
Espaço de cor cujas variáveis são a porcentagem da transmissão de luz (L = Lightness), saturação (S = Saturation) e matiz (H = Hue). É útil para selecionar cores ao criar um trabalho artístico, mas é impreciso demais para usar como sistema de coordenadas absolutas.

HTML
HyperText Markup Language. Linguagem utilizada na produção de páginas de Web. HTML é uma derivação de SGML (Standard Generalized Mark-up Language) e permite a criação de documentos que podem ser lidos em praticamente qualquer tipo de computador e transmitidos pela Internet até por correio eletrônico. Os documentos HTML podem ter ligações de hipertexto entre si. Utilizando-se URLs (endereços de documentos na Web), pode-se criar um documento HTML com ligação para qualquer outro arquivo na Internet. Para escrever documentos HTML não é necessário mais do que um editor de texto simples e conhecimento dos códigos que compõem a linguagem. Os códigos (conhecidos como tags) servem para indicar a função de cada elemento da página Web. O conjunto de tags já está em sua terceira versão, conhecida como HTML 3.0, que permite criar tabelas. Algumas empresas desenvolvedoras de produtos para a Web criaram extensões próprias (que só funcionam com os seus produtos) para HTML. Entre essas empresas estão a Netscape e Microsoft.

HTTP
HyperText Transfer Protocol. Protocolo de comunicação que viabiliza as ligações entre os clientes de WWW e os Web sites. A sigla HTTP é encontrada nos endereços de páginas Web (as URLs) seguida de ://. Ela informa ao servidor de que forma deve ser atendido o pedido do cliente.

Ii

I/O (Entrada/Saída)
Entrada são os dados que fluem para o seu computador. Saída são os dados que fluem para fora. I/O pode referir-se às portas paralela e serial, ao teclado, ao monitor de vídeo e aos discos rígidos e flexíveis.

ICC
International Color Consortium. Organização responsável por definir os padrões cromáticos de aplicação cruzada para imagem e reprodução digital.

Icograda
Entidade internacional relacionada aos assuntos do design gráfico. Sigla de International Council of Graphic Design Associations (Conselho Internacional das Associações de Design Gráfico).

ícone
Signo visual que apresenta características de semelhança formal ou de equivalência conceitual com o objeto que representa.

ícone
Representação gráfica de uma unidade de disco, um diretório, um aplicativo, um documento ou outro objeto que possa ser selecionado e acionado.

ICQ
Programa pioneiro de comunicação instantânea pela Internet que pertence à companhia Digital Sky Technologies. A sigla "ICQ" é um acrônimo feito com base na pronúncia das letras em inglês (I Seek You), em português, "Eu procuro você", porém é popularmente conhecido no Brasil como "i-ce-quê".

ID ou username
Nome do usuário. Endereço que representa uma conta pessoal em um grande computador. Ex. joao@adg.org.br.

IDE
Integrated Drive Eletronics. Padrão para placas controladoras de disco no qual parte dos circuitos eletrônicos fica no próprio disco rígido. Veja SCSI.

identidade visual
Conjunto sistematizado de elementos gráficos que identificam visualmente uma empresa, uma instituição, um produto ou um evento, personalizando-os, tais como um logotipo, um símbolo gráfico, uma tipografia, um conjunto de cores.

identity
O mesmo que Identidade visual.

IETF
Internet Engeneering Task Force. Comunidade aberta de desenvolvedores de recursos para a Internet.

ilha
Unidade de exposição de produtos em ponto de venda que permite acesso por todos os lados.

Illustrator
Software de ilustração fabricado pela Adobe Systems.

ilustração
Qualquer imagem concebida ou utilizada com o intuito de corroborar ou exemplificar o conteúdo de um texto de livro, jornal, revista ou qualquer outro tipo de publicação.

imagem
Representação visual das formas do mundo perceptível ou de formas imaginárias produzidas pela atividade mental.

imagem corporativa
Representação formada pelo conjunto das percepções em relação a uma empresa ou instituição, tanto a partir de seus consumidores como de seus funcionários, ou ainda de outros grupos de interlocutores e do mercado como um todo. Essas percepções são fruto de visões externas e internas em relação a diversos aspectos da empresa, de seu porte e objetivos a seus procedimentos, postura diante do mercado, produtos fabricados ou serviços prestados, qualidade desses produtos ou serviços, volume de produção e de faturamento, rentabilidade, contemporaneidade etc.

imagem de marca
1. Grupo de crenças que os consumidores têm acerca de determinada marca. 2. Uniformidade de todos os elementos internos e externos do ponto de venda. No caso de um sistema de franchising, contribui, juntamente com os produtos, para tornar "única" a atmosfera característica daquela empresa.

imagem vetorial
Formato de arquivo de imagem

im

baseado em descrições matemáticas que determinam o modo pelo qual as linhas devem ser traçadas – sua direção, comprimento e posição – em vez de ser constituído por um conjunto de pixels, como em um bitmap.

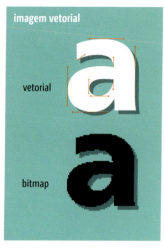

imagem vetorial

vetorial

bitmap

imagesetter
Equipamento utilizado para dar saída de imagens sobre película sensível (fotolitos), a partir de arquivos digitais.

imantados
Também conhecidos como ímãs de geladeira. Produzidos com material magnético flexível, que pode ser impresso e recortado.

IMG
Abreviação para imagem. Indica um link para um arquivo gráfico. Browsers gráficos permitem que você opte por não carregar as imagens nas páginas Web caso este procedimento consuma tempo demais.

Impacto Ambiental
Qualquer alteração das propriedades físicas, químicas e biológicas do meio ambiente, causada por qualquer forma de matéria ou energia resultante das atividades humanas que, direta ou indiretamente, afetem: a saúde, a segurança e o bem-estar da população; as atividades sociais e econômicas; a biota; as condições estéticas e sanitárias do meio ambiente; qualidade dos recursos ambientais. (Fonte: Artigo 2º da Resolução CONAMA 001/86 — Conselho Nacional do Meio Ambiente.)

impactos indiretos
São os impactos sobre a comunidade, causados por externalidades da atividade econômica da empresa. Uma comunidade pode ser um bairro, um país, um grupo de interesse ou um grupo minoritário dentro de uma sociedade. Exemplos de impactos na comunidade: dependência da comunidade das atividades da organização; habilidade da organização em atrair mais investimentos para a área e localização dos fornecedores. (Fonte: Global Reporting.)

imposição
Recurso para justaposição de páginas que permite a geração de fotolitos de acordo com o traçado estabelecido pela gráfica, eliminando o trabalho de montagem manual e reduzindo o tempo de gráfica. Para utilizar o serviço de imposição eletrônica, o usuário deve fechar o arquivo com os parâmetros estabelecidos pelo bureau e fornecer o traçado para a montagem do material, de acordo com as especificações fornecidas pela gráfica.

imprensa amarela
Expressão utilizada para caracterizar a imprensa que faz sensacionalismo, ao divulgar com destaque assuntos que atinjam as camadas mais populares da sociedade, especialmente crimes e sexo. Diz-se também imprensa sensacionalista.

imprensa marrom
Expressão utilizada para caracterizar a imprensa que visa subornar, recebendo dinheiro para publicar ou, ainda, para não divulgar determinadas informações. No Brasil, expressão usada para designar o tipo de imprensa sensacionalista, conhecido como imprensa amarela.

impressão
Qualquer processo destinado a reproduzir, com ou sem tinta, sobre um suporte (papel, tecido, plástico, folha de flandres, madeira etc.), textos e imagens gravados ou moldados em matrizes adaptadas a prensas dos mais diversos sistemas de pressão. As reproduções gráficas podem ser obtidas nas máquinas impressoras pelo contato direto da matriz com o suporte (impressão direta) ou por meio de um elemento intermediário, que entra em contato com a matriz

e transfere a impressão ao suporte (impressão indireta). No primeiro caso, incluem-se tipografia, litografia, serigrafia, calcografia, xilogravura, linoleogravura, rotogravura etc. No segundo caso, o offset e a flexografia.

impressão contínua
Também chamada rotativa. Impressão que utiliza um suporte em bobina sobre máquina rotativa.

impressão digital
Impressão realizada diretamente a partir de arquivos digitais, sem a necessidade de confecção de fotolitos e provas de impressão, por meio de tecnologias próprias.

impressão eletrostática
Sistema de impressão que fixa a tinta por estática elétrica.

impresso
Todo e qualquer material obtido por impressão mecânica ou eletrônica.

impresso de segurança
Categoria de impressos portadores de elementos que dificultam sua reprodução. Por exemplo, talonário de cheques, ações, títulos ao portador, cautelas, carteiras de identidade e selos, entre outros.

impresso padronizado
Formulários planos, fichas e papeletas de controle etc.; todo impresso predefinido em relação a seu uso.

impressor
1. Profissional responsável pela operação de impressão, seja industrial ou artesanal. 2. Termo genérico aplicado a qualquer equipamento de impressão, inclusive as unidades de saída que imprimem os resultados de operações efetuadas em computadores.

impressora
Pode ter o sentido de "máquina que produz o impresso na gráfica" ou de "aparelho de pequeno porte para produzir provas na redação".

imprimibilidade
Conjunto de propriedades que o papel apresenta e que o torna adequado para um determinado processo de impressão.

in house
Alguma peça de design/comunicação feita dentro da própria empresa, pelos próprios funcionários.

in mold
Tipo de rótulo aplicado diretamente no molde da embalagem.

in pack offer
Oferta de brinde colocado dentro da embalagem de produto em promoção.

in pack /on pack
Mensagens promocionais ou de resposta direta impressas em embalagens. No caso de colocação dentro de embalagens, são in pack.

incentivo
Em uma empresa ou instituição, instrumento de comunicação utilizado para motivar o público interno (empregados) e o público intermediário (distribuidores, atacadistas, varejistas etc.) a cumprir determinados objetivos previamente definidos.

incentivo de vendas
Dinheiro ou outro fator motivador oferecido a vendedores ou representantes com a finalidade de fazê-los exceder o nível de vendas.

inclusão produtiva
Investimento social e econômico que visa subsidiar, financeira e tecnicamente, iniciativas que garantam aos grupos populares meios e capacidade produtiva e de gestão.

inclusão social
Forma de trazer para a sociedade pessoas que foram excluídas dela e estavam privadas de seus direitos, como os portadores de deficiências físicas.

indentação
Espaço em branco deixado no início de de texto, indicando um novo parágrafo.

index / índice
Lista de itens apresentados em obra impressa, como tópicos, nomes ou mesmo ilustrações, contendo a numeração de página de sua ocorrência. No caso de índice onomástico – de nomes – a lista é apresentada em ordem alfabética.

índice big mac
É um indicador do poder de compra das principais moedas mundiais, baseado no preço do sanduíche

produzido pelas lojas McDonald's com as mesmas matérias-primas e vendido praticamente em todo o mundo. Criado pela revista inglesa The Economist, suas variações mensais podem refletir alterações de custos e aumentos ou perdas de eficiência em cada economia na produção dos componentes que entram na produção desse sanduíche.

índice de afinidade
Coeficiente entre o percentual de participação de um target no total de consumidores de determinado veículo e o percentual de participação desse mesmo segmento na população. O resultado dessa divisão indica o grau de "afinidade" que o veículo tem com o target considerado, na medida em que, quando maior do que 100, aponta para uma participação do target na audiência maior do que seria esperada se esse veículo fosse horizontalmente dirigido a toda a população. O conceito tem sido mais aplicado à programação de televisão.

Índice de Desenvolvimento Humano - IDH
Criado pelas Nações Unidas em 1990 para medir o nível de desenvolvimento e o bem-estar das populações, o IDH se baseia em indicadores de alfabetização, educação, renda, expectativa de vida e natalidade.

Índice de Sustentabilidade Empresarial - ISE
Lançado em 2005 pela Bolsa de Valores de São Paulo (Bovespa), o ISE oferece um indicador para as ações de empresas comprometidos com a responsabilidade social e a sustentabilidade e que promovam boas práticas de governança corporativa.

indoor
Atividades promocionais realizadas dentro de estabelecimentos, locais fechados.

inflável
Peça promocional feita em material plástico flexível, hermeticamente fechado, que é enchido de ar e que apresenta mensagens e/ou imagens impressas ou pintadas.

inflável gigante
Objeto de grandes proporções feito de material emborrachado ou nylon, com alimentação contínua de ar por meio de um motor.

influência boca a boca
Comunicação pessoal sobre um produto entre os compradores-alvo e seus vizinhos, amigos, membros da família e colegas.

influência de compra múltipla
Quando não há um único decisor, como na aquisição de máquina e equipamentos em que a área de produção e técnica deve sempre ser ouvida.

influência pessoal
Efeito das afirmações feitas por um indivíduo, pelas atitudes ou ações de compra realizada por uma pessoa que, por sua posição, desfruta de poder de influência.

influenciador
1. Pessoa cujo o ponto de vista ou opiniões tem algum peso na tomada de decisão de compra final. 2. Alguém que faz parte do processo, e que, por sua experiência ou autoridade de posição, influencia na decisão de compra de um serviço ou produto.

infobahn
O mesmo que super-rodovia de informações ou super infohighway. É o conjunto de ligações entre computadores, formando uma rede de redes, com meios de comunicação extremamente rápidos. Nome usado, às vezes, abusivamente pela mídia tradicional para designar as redes atualmente existentes, em particular a Internet, pois a grande maioria delas ainda tem interligações bastante lentas.

inflável

in

infográfico
Ilustração de uso jornalístico ou didático que combina textos com mapas, gráficos, tabelas e diagramas pictográficos.

infomercial
Novo tipo de publicidade que fornece mais informações sobre o produto. É mais comprometido com informar os consumidores sobre as características do produto do que a publicidade tradicional.

informação analógica
Informação apresentada sob a forma de uma corrente contínua de dados que, ao ser representada graficamente, geralmente revela curvas suaves.

informação digital
Modalidade de informação codificada em formato binário, utilizando os números 0 e 1; o único tipo de dado que um microcomputador consegue transportar e manipular em seus vários chips de silício.

informática
Termo que caracteriza genericamente o uso de recursos eletrônicos no manuseio de informações e dados, automatizando processos de toda natureza.

inicializar
Significa preparar algo para o uso, normalmente pela primeira vez. Para os computadores, significa dar partida, ligar.

injeção
Processo de manufatura executado em um equipamento (injetora) no qual a matéria-prima (plástico, borracha, metal etc.), em pó ou grãos são aquecidos, fluidificados e pressionados para dentro de um molde fechado, por um fuso giratório ou pistão, em processo intermitente.

inovação
Um produto ou serviço que é percebido como sendo novo, diferente dos demais produtos e serviços existentes.

insight
Expressão usada quando se faz uma descoberta no momento em que se está criando algum texto, anúncio ou qualquer outro produto de design.

instalação
Instalar um software significa copiá-lo para o disco rígido de seu computador. Nesse caso é preciso acionar o Installer (instalador), programa específico que habitualmente vem em um CD (CD de instalação) do software em questão. Esse processo pode ser efetuado por meio de download do software, desde que devidamente autorizado pelo fabricante.

instant cupom machine
Máquina de cuponagem instantânea. Stopper com sistema de distribuição de cupons, colocado ao lado do produto, na gôndola, para chamar a atenção do consumidor para as promoções e lançamentos, entre outras ações.

in-store
Trabalho realizado com promotores dentro de lojas ou supermercados.

insumos
Recursos retirados do meio ambiente, como matéria-prima e mão de obra, que podem entrar em qualquer sistema organizacional.

intangibilidade dos serviços
Características central dos serviços – eles não podem ser vistos, provados, sentidos, ouvidos ou cheirados antes de serem comprados.

intangível
1. Bem em que não se pode tocar, é impalpável e intocável. 2. Bem cuja reputação não pode ser tocada; é inatacável.

interatividade
1. Modalidade de intercâmbio de informações sob forma dialógica ou conversacional, quando a ação de um usuário provoca uma reação do sistema. Característica comum aos microcomputadores. 2. Recurso de vários produtos multimídia que permite a participação do usuário na estruturação da experiência de uso de um aplicativo, usualmente associada a uma interação não linear.

interativo
Processo de comunicação por meio do qual o usuário recebe resposta imediata a um comando dado ao computador.

intercalação
Colocação de folhas brancas de papel

113

entre as folhas que saem da impressão, para evitar decalque, isto é, para prevenir que a tinta marque o verso da folha impressa anteriormente.

interface
Meio conveniente e preciso de o cliente especificar exatamente o que necessita. Aspecto importante da customização de massa.

interface
Conexão entre dois dispositivos em um sistema de computação. Também usado para definir o modo (texto ou gráfico) de comunicação entre o computador e o usuário.

interlaçado
Os arquivos de imagem podem ser gravados no formato GIF89a interlaçado. Quando utilizados em uma página Web, são apresentados na tela do navegador de forma progressiva. Assim o usuário tem a sensação de que a transmissão está ocorrendo de forma mais rápida.

intermediários
Empresa ou pessoas que são o canal de distribuição dos produtos e serviços e se situam entre os clientes e o produtor, intermediando o processo de chegada desses produtos e serviços aos consumidores finais.

internauta
Nome dado ao usuário da Internet.

internegativo
Em fotografia, o negativo tirado por uma câmara, a partir do qual se faz uma cópia colorida ou transparência. Diz-se também do negativo resultante da cópia de uma arte em cor ou transparência para ampliação ou redução; daí se faz uma cópia no tamanho final ou uma duplicação da transparência.

Internet
Rede internacional de computadores que começou a ser desenvolvida logo após a II Guerra Mundial. Originalmente destinada a cientistas e pesquisadores, a Internet originou a World Wide Web (WWW) em 1989, criando possibilidades para o uso de aplicativos gráficos além do uso, então restrito, a aplicativos de texto.

Internet Society
(ISOC) Organização sem fins lucrativos de associados profissionais que facilita e sustenta a evolução técnica da Internet e promove o desenvolvimento de novas aplicações do sistema. Sediada na cidade de Reston, no Estado da Virgínia (EUA), seu trabalho no desenvolvimento de padrões técnicos é financiado por fundos de um grupo do governo americano, a Corporation for National Research Initiatives. Em anos recentes, organizações similares à Internet Society foram criadas em outros países.

InterNIC
Internet Network Information Center. Organização norte-americana que atribui números IP únicos a quem os pedir e é também o gestor da raiz (topo da hierarquia) do DNS mundial. Também mantém uma série de informações a respeito da Internet.

interpolação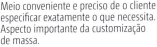
Mudança (ampliação ou redução) na dimensão de pixels de uma imagem. Na ampliação, são criados pixels extras entre os originalmente existentes; na redução, pixels são eliminados. Existem vários algoritmos (métodos matemáticos) para interpolar uma imagem. O método mais simples, Nearest Neighbor (vizinho mais próximo), simplesmente redistribui e multiplica os pixels da imagem original sem alterar seus valores de cor. É o mais rápido, mas aumenta o aliasing. Os métodos mais complexos (bilinear e bicúbico) recalculam os valores de cor de todos os pixels, usando como base os valores existentes na imagem original. Uma imagem interpolada dessa forma mantém as transições suaves de cor (anti-aliasing) entre os detalhes. Como isso não acrescenta nenhum detalhe ao previamente existente, a interpolação para cima (ampliação) resulta em sensação de perda de foco. Invasão de cor – deturpação de cor do impresso ou predominância de uma cor sobre um determinado material ou área específica.

interscience
Estudos de segmentação de mercado.

intertítulo
Como o nome diz, pequeno título inserido em meio a título de matéria jornalística.

intranet
Rede de comunicação interna de

uma empresa, via Internet. Funciona como ferramenta de integração da organização, reforçando a infraestrutura de comunicação. Qualquer empresa pode ter sua intranet. As informações e usos da intranet podem ser os mais variados, como notícias financeiras, troca de mensagens entre funcionários, clipping de jornais, novidades corporativas, enfim, qualquer coisa relacionada ao fluxo de trabalho. Um software impede o acesso a usuários externos. Diversas empresas brasileiras implantaram a intranet no dia a dia de seus usuários, que, por meio de uma senha, têm acesso a importantes informações da empresa, de qualquer lugar do mundo, otimizando a rotina de trabalho.

inversão
Modificação de uma imagem para que fique com a face virada para o lado oposto.

Investimento Social Privado
Uso de recursos, por parte das empresas, para projetos sociais, ambientais e culturais de interesse público. O que o diferencia da doação assistencialista é o foco no planejamento, monitoramento das atividades desempenhadas com acompanhamento de equipes de profissionais, avaliação dos resultados e das transformações geradas, e a participação da comunidade.

IP
Internet Protocol. Protocolo de comunicação de dados que é responsável pelo roteamento de pacotes entre dois sistemas que utilizam a família de protocolos TCP/IP, desenvolvida e usada na Internet. O roteamento de pacotes permite dividir a informação em blocos que podem ser enviados separadamente e depois reagrupados no destino.

IP direto
Veja acesso dedicado.

IPCC - Intergovernmental
Panel on Climate Change
Sigla em inglês para Painel Intergovernamental sobre Mudanças Climáticas. Foi estabelecido em 1998 pela Organização Meteorológica Mundial (OMM) e pelo Programa das Nações Unidas para o Meio Ambiente (PNUMA). O painel avalia de forma direta a informação científica, técnica e socioeconômica que seja relevante para entender os riscos da mudança climática, causada por ações humanas e seus potenciais impactos e opções para a adaptação e a mitigação.

IRC
Internet Relay Chat. Sistema de conversa por computador (chat) em que várias pessoas podem participar ao mesmo tempo em "canais" dedicados a assuntos específicos. As conversas acontecem em tempo real. As frases digitadas pelo usuário aparecem na tela dos demais participantes do canal. Veja também chat.

IRQ
Interrupt Request. Pedido de atenção e de serviço feito à CPU. Em termos técnicos, designa linhas utilizadas pelo hardware para notificar a CPU sobre a necessidade de tempo de processamento.

ISBN
International Standard Book Number. Número Padrão Internacional de Livro, um sistema identificador único para livros e publicações não periódicas. Foi criado no Reino Unido em 1967 pela livraria W H Smith, sendo chamado inicialmente de "Standard Book Numbering" ou "SBN". Desde então, passou a ser amplamente empregado tanto pelos comerciantes de livros quanto pelas bibliotecas, até que, em 1972, foi adaptado internacionalmente como norma padrão ISO 2108 pela International Organization for Standardization. O fundamento do sistema é identificar numericamente um livro segundo seu título, autor, país (ou código de idioma) e a editora, individualizando inclusive edições diferentes. Uma vez fixada a identificação, ela só se aplica àquela obra e edição. Utilizado também para identificar software, seu sistema numérico é convertido em código de barras, o que elimina barreiras linguísticas e facilita a sua circulação e comercialização. O sistema ISBN é controlado pela Agência Internacional do ISBN, sediada em Berlim, na Alemanha, que orienta, coordena e delega poderes às Agências Nacionais designadas em cada país.

ISDN ou RDSI
Integrated Services Digital Network. No

Brasil, a sigla usada é Rede Digital de Serviços Integrados (RDSI). Uma rede digital capaz de fornecer serviços de voz, dados, imagens etc.

ISO
A sigla ISO vem do inglês International Organization for Standardization, ou seja, Organização Internacional de Padronização. Ela é uma organização não governamental que está presente em cerca de 120 países. Fundada em 1947 em Genebra, sua função é promover a normalização de produtos e serviços, utilizando determinadas normas, para que a qualidade dos produtos seja sempre melhorada. No Brasil, o órgão regulamentador da ISO é a ABNT (Associação Brasileira de Normas Técnicas).

ISO 14000
Norma internacional da ISO (International Standardization for Organization) que auxilia as organizações na introdução e no aperfeiçoamento de seu Sistema de Gestão Ambiental. A série 14.000 foi criada em 1995 e estabelece padrões internacionais de manejo sustentável de recursos naturais.

ISO 14001
É uma série de normas internacionalmente aceitas que definem os requisitos para estabelecer e operar um Sistema de Gestão

Ambiental (SGA)
Um SGA é uma estrutura desenvolvida para que uma organização possa estabelecer diretrizes sobre a área de gestão ambiental, controlar seus impactos significativos sobre o meio ambiente e melhorar continuamente as operações e negócios. É reconhecida mundialmente como um meio de controlar custos, reduzir os riscos e melhorar o desempenho.

ISO 26000
É uma normatização de Responsabilidade Social (RS). Seu diferencial, comparando com as normas das séries 9000 e 14000, é que não é certificável, ou seja, ela serve apenas como um guia de diretrizes e não para se obter selos e certificados de responsabilidade sociaoel e ambiental pelas organizações. (Fonte: Gestão Social.)

ISO 9001
A série ISO 9000 é uma concentração de normas sobre gestão da qualidade para organizações que orienta a certificação de sistemas de gestão por meio de organismos de certificação. A ISO 9000 não fixa metas a serem atingidas pelas empresas a serem certificadas, pois é a própria empresa que deve estabelecer as metas a serem atingidas. A ISO 9000 é um modelo de padronização e a organização deve seguir alguns passos e atender alguns requisitos para ser certificada. Dentre esses requisitos, podemos citar monitoramento e medição dos processos de fabricação para assegurar a qualidade do produto/serviço e revisão sistemática dos processos e do sistema da qualidade para garantir sua eficácia.

isopor®
Poliestireno expandido (EPS), marca registrada da Knauf-Isopor®.

ISP
Internet Service Provider. Veja provedor de acesso.

italic/itálico
O mesmo que grifo ou aldino. Variação de uma fonte em que a letra é inclinada para a direita; foi desenvolvida por tipógrafos italianos no século XV. Em geral, é utilizado para destacar uma palavra ou frase em meio a um texto, ou para diferenciar a natureza de um subtítulo de um título, por exemplo.

ITU
International Telecommunications Union. Órgão da ONU responsável pelo estabelecimento de normas e padrões em telecomunicações.

Jj

janela do cliente
Matriz que correlaciona a importância relativa dos (ou a expectativa associada aos) atributos de uma certa transação como avaliação dada ao desempenho efetivo desses atruibutos. Ambas as informações são providas pelos clientes.

janela
Área retangular que aparece na tela do computador contendo um programa, um documento ou ainda uma mensagem. É possível abrir e manter várias janelas abertas simultaneamente. Cada qual pode dispor seus elementos – menus e controles – segundo propriedades específicas.

janela
Área aberta da embalagem que permite a visualização do produto.

jato de tinta
1. Processo de impressão digital, baseado em deposição de tinta líquida, em que o momento e a localização de aplicação são determinados pelo computador. 2. Sistema de impressão de dados variáveis em embalagens ou produtos, informando sobre data e hora de fabricação e prazo de validade, entre outras infromações.

Java
Linguagem de programação desenvolvida pela Sun Microsystems para a criação de pequenos programas (Applets) para serem distribuídos na Internet. É compatível com todas as plataformas e todos os programas de navegação na Internet. Diferentemente do JavaScript, o Java permite a criação de uma aplicação independente e possui todos os recursos de uma linguagem destinada à criação de aplicações comerciais, assim como a Linguagem C (que serviu como modelo para o Java) ou o Clipper. Seu sucesso na Web se deve a possibilidade de se criar programas independentes de plataformas.

JavaScript
Linguagem de Script desenvolvida pela Netscape que complementa a linguagem HTML e precisa de um Browser que a suporte (Explorer 3.0 ou Navigator 2.0). É uma linguagem interpretada (o código-fonte sempre é traduzido para uma linguagem de máquina na hora em que é executado) baseada em objetos, ou seja, ela trata todos os elementos de uma página Web como um objeto. No mesmo arquivo .htm ou .html em que estão os comandos básicos da linguagem HTML, o código JavaScript é inserido de maneira a ser interpretado quando necessário.

jingle
1. Palavra publicitária originada da canção americana jingle Bells e que identifica propaganda gravada que contém música e texto. 2. Comercial musicado para rádio.

job
Designação de cada trabalho específico feito para um determinado cliente, seja este permanente ou um cliente em potencial.

joelho
Em diagramação, é o aparecimento de linhas imaginárias em forma de degraus.

joint venture
1. Associação de duas ou mais empresas para a execução de certos projetos, com o fim de utilizar, de modo sinérgico os recursos de cada uma. 2. Entrada em mercados estrangeiros formando uma sociedade com empresas estrangeiras para produzir ou vender produtos ou serviços. 3. Negócio em que empresas estrangeiras e nacionais dividem os custos de construção de instalações produtivas ou de pesquisas em países estrangeiros.

jornal
1. Impresso noticioso, com periodicidade regular, formado por folhas soltas dobradas e alceadas sem nenhum tipo de cola ou grampo. 2. Noticiário expresso ou transmitido por qualquer tipo de veículo de comunicação. Por explemo: telejornal na televisão e rádiojornal em estações de radiodifusão.

jornal de classe
Periódico de circulação interna em uma empresa, de uso exclusivo de seus funcionários, ou enviado a todos os membros de uma associação ou entidade de classe.

joystick
Dispositivo manual pelo qual se

117

justificar
Alinhar um texto simultaneamente à esquerda e à direita, de tal modo que cada linha tenha exatamente a mesma largura, formando um bloco. Normalmente, é necessário ajustar o espaço entre as palavras para garantir a regularidade da composição.

disputam videogames. Controlando um cursor ou outros objetos, podem ser movimentados em todas as direções: para a direita, a esquerda, para cima e para baixo. Possuem botões que servem para comandar uma série de recursos de software.

JPEG/JPG
Joint Photographic Experts Group. Comissão formada pelas entidades ISO, ITU-T e IEC, que originou o padrão universal de mídia digital com o mesmo nome. Estabelecido em 1991, ele foi projetado para comprimir imagens naturais coloridas e monocromáticas. Dependendo do fator de qualidade adotado, as compressões deterioram visivelmente a imagem, mas a degradação em fatores de compressão mais altos são imperceptíveis. Essa compressão só não é recomendada para imagens com fundos em degradês puros.

just in time - JIT
Estratégia de produção desenvolvida originalmente pela fábrica japonesa de automóveis Toyota. Em cada fase do processo produtivo, a linha de montagem recebe a peça correspondente no tempo exigido e na quantidade exata. O sistema just in time proporciona o chamado estoque zero. Seus objetivos são prever a aquisição por pedidos de vendas, eliminar os estoques iniciais, e os intermediários finais de produção e programar a produção pool, de modo a fabricar com regularidade e constância em cada ponto do círculo produtivo. Essa técnica permite às indústrias adequar-se à demanda efetiva de mercado. As vantagens são grandes, sobretudo na redução dos custos de armazenagem.

KB, Kh
Kilobyte e Kilobit, respectivamente – mil bytes ou bits. Também Kbyte e K-byte, ou Kbit e K-bit.

kerning
Ajuste do espaço entre letras, par a par. É razoavelmente comum ser necessário alterar o espaço entre determinadas letras para garantir uma uniformidade visual em todo o espacejamento entre letras de uma composição. Não confundir com o tracking. O kerning vem definido em pares de kerning (kerning pairs).Veja também tracking.

predominantemente por altas luzes, ela é chamada de high key. Se a predominância for de áreas escuras, é chamada de low key. Se é formada por quantidades mistas de altas luzes, meias-tintas e sombras, é descrita como normal key.

keyword
Palavra usada em ferramentas de busca ou base de dados, que traz em si o significado de um assunto; assim, por meio dela, é possível localizar esse assunto. O mesmo que palavra-chave.

kerning

key account
Cliente-chave.

key factors
Elementos essenciais para se atingir um objetivo numa situação específica de marketing.

key prospects
Grupo de compradores que possui o maior poder aquisitivo potencial, dentro de um mercado.

keyboard
O mesmo que teclado.

keyboard

keyness
Descrição dos valores tonais em uma imagem. É a distribuição de densidades entre as altas luzes e as baixas luzes. Se a imagem é constituída

kHz
Kilohertz – mil ciclos por segundo. O Hertz, cujo símbolo é Hz, é uma unidade de frequência, expressa em termos de oscilações (vibrações) por segundo.

knockout
Efeito oposto ao overprint (sobreposição). Consiste em "vazar" as áreas em que objetos se interceptam, criando uma reserva. Um texto em branco sobre qualquer outro fundo produzirá um efeito característico de knockout. Em programas, é uma poderosa ferramenta de recorte de imagens.

knowbot
Uma ferramenta que permite que sejam pesquisados diversos bancos de dados diferentes a procura de endereços eletrônicos e outras informações sobre usuários da Internet.

know-how
Conhecimento específico, informação no sentido mais profundo; ciência.

kraft
Papel ou cartão composto de polpa de madeira, obtida por processo químico de sulfato.

119

LI

lab
Modelo cromático baseado na percepção, criado pela Commission Internationale de l'Eclairage (CIE), organização científica internacional. Corrresponde ao modo de cor cujas variáveis são a luminância (L), o eixo de matizes complementares vermelho-verde (a) e o eixo azul-amarelo (b). Imitando as características físicas da visão humana, o modo de cor Lab também tem o gamut mais extenso dentre todos os modos de cor usados para descrever imagens digitalmente, e por isso é usado internamente por alguns editores para converter imagens entre todos os demais.

label
Rótulo.

lado feltro
Na fabricação de papel, o lado de cima da folha, oposto ao lado da tela. Em alguns papéis, o acabamento em feltro é feito pressionando-se o papel, ainda molhado, com feltros de estruturas variadas, daí o nome. É o lado mais liso de uma folha.

lado tela
Também conhecido por lado errado do papel. O lado do papel que ficou do lado da tela durante a fabricação. Oposto ao lado do feltro.

laminação
Acabamento de superfície habitualmente utilizado em capas de livros, revistas e folhetos, assim como em painéis impressos por plotagem em jato de tinta. Consiste na aplicação de uma película plástica sobre a superfície impressa, podendo esta ser fosca ou brilhante.

laminação
Processo pelo qual dois ou mais substratos (plástico, papel ou metal) são grudados numa só lamina. Muitas embalagens apresentam esta característica, sendo um bom exemplo as embalagens Tetrapak, que chegam a ter até oito camadas de diferentes substratos.

LAN
Local Area Network (rede local). Rede de computadores, em geral, limitada a um prédio ou conjunto de prédios de uma instituição.

landscape
Paisagem. Orientação de página que tem a altura menor que a largura, em oposição a Portrait (retrato). Conhecida também por "wide" ou "página deitada".

largura de banda
Termo que designa a quantidade de informação passível de ser transmitida por unidade de tempo, num determinado meio de comunicação (fio, fibra ótica etc.). Normalmente medida em bits por segundo, kilobits por segundo, megabits por segundo etc. O mesmo que bandwidth.

laser
Tipo de impressão em que o papel é queimado para fixação da tinta. De acordo com a resolução da impressora, os pontos se fundem mais ou menos. Ela determina quantos pontos estarão em uma linha vertical ou horizontal (os dpi, dots per inch ou pontos por polegada).

lauda
Folha de papel padronizada na qual redatores e colaboradores redigem textos a serem publicados. A lauda-padrão tem 20 linhas de 70 toques datilografados, que dá o equivalente a 1.400 toques/lauda. Na era do computador, enquanto objeto, a lauda tende a desaparecer, cedendo lugar a métodos de medição de texto definidos em softwares.

layer
Camada. Diz respeito ao artifício computacional que permite o desdobramento de um determinado desenho em várias camadas, ampliando as possibilidades de trabalho sobre partes de uma imagem,

em vez de sobre a imagem completa, à
maneira de folhas de acetato pintadas.
Cada camada pode ser, em relação
ao que está debaixo dela, opaca ou
transparente, e pode alterar suas cores
como um efeito especial dinâmico.
A manipulação de imagens quase
sempre envolve trabalho com layers.

layout
Peça originalmente produzida para
a visualização e interpretação de
um projeto. Funciona como um
instrumento de depuração do próprio
projeto. Quando destinado ao cliente,
deve simular o produto final da melhor
forma possível. Já é comum a utilização
de layouts virtuais ou mockups digitais,
em substituição à prática da confecção
artesanal de um layout.

LCD
Liquid Crystal Display (tela de cristal
líquido). Tecnologia de monitor usada
nos laptops e também em monitores e
câmeras fotográficas. É baseada numa
matriz de "pixels" fixos, acionados
individualmente por sinais elétricos e
iluminados por trás. Essa tecnologia
existe há muito tempo, mas somente
agora a qualidade de reprodução de
cores do LCD se equiparou à dos tubos
de imagem (CRT).

leading
O mesmo que entrelinha. O termo vem
dos tempos dos tipos de chumbo e se
refere à chapa de chumbo (lead) que
fazia o espaçamento na composição
manual.

leased-line
Linha alugada. A maior parte das
linhas que ligam as várias máquinas da
Internet são linhas alugadas disponíveis
permanentemente. Com uma linha
alugada, dois computadores encontram-
se em conexão permanente.

legenda
Texto explanatório com função de
descrever uma foto ou ilustração.

legibilidade
Atributo do texto ou imagem, que
afeta a percepção: quanto mais rápida,
mais fácil e mais acurada esta for, mais
legível será o texto ou imagem.

lei da categoria
Se não puder ser o primeiro em
uma categoria, estabeleça uma nova
categoria em que seja o primeiro.

lei da divisão
Com o tempo, a categoria se divide
e se transforma em duas ou mais
categorias.

lei da dualidade
Com o passar do tempo, todo mercado
transforma em uma corrida com dois
concorrentes.

lei da escada
A estratégia a adotar depende do
degrau ocupado na escada.

lei da exclusividade
Duas empresas não podem representar
a mesma palavra na mente das pessoas.

lei da extensão de linha
Há sempre uma pressão irresistível
para estender o patrimônio líquido da
marca.

lei da imprevisibilidade
Sem prever os planos do concorrente, é
impossível prever o futuro.

li

lei da liderança
É melhor ser o primeiro do que ser o melhor.

lei da mente mkt
É melhor ser o primeiro na mente do consumidor do que o primeiro no mercado.

lei da percepção mkt
O marketing não é uma batalha de produtos, é uma batalha de percepção.

lei da perspectiva mkt
Os efeitos do marketing ocorrem por um período prolongado.

lei da sinceridade mkt
Quando admitimos um negativo, o cliente em perspectiva nos dá um positivo.

lei da singularidade mkt
Em cada situação, apenas um único movimento produz resultados substanciais.

lei de atributos mkt
Para cada atributo, há um atributo oposto, igualmente eficaz.

lei de Moore inf
Denominada segundo Gordon Moore, executivo principal da Intel, que observou que, a cada ano e meio, dobra a quantidade de transistores contidos em uma única polegada quadrada de silício.

lei de recursos mkt
A ideia que não tiver fundos suficientes não decolará.

lei do alarde mkt
Com frequência, a situação é o oposto da maneira como aparece na imprensa.

lei do foco mkt
Em marketing, o mais poderoso conceito é representar uma palavra na mente das pessoas.

lei do fracasso mkt
O fracasso deve ser esperado e aceito.

lei do oposto mkt
A estratégia de quem está almejando o segundo lugar é determinada pelo líder.

lei do sacrifício mkt
A fim de conseguir alguma coisa é preciso desistir de alguma coisa.

lei do sucesso mkt
Com frequência, o sucesso leva à arrogância e a arrogância ao fracasso.

leitor primário pp
Leitor cujo o interesse pela leitura de um anúncio é suficiente para motivar a compra.

leitor secundário pp
Leitor cujo o interesse pela leitura de um anúncio não é suficientemente grande para motivar a compra.

lente ft
Disco de vidro que faz parte da objetiva da máquina fotográfica.

Letraset® ag
Marca registrada de um processo de transferência de letras e sinais a seco e por atrito.

letreiro mkt
Denominação nominal ou simbólica de uma marca comercial afixada na parte externa do PDV. Pode ser equipado com dispositivos mecânicos, elétricos ou eletrônicos que permitem movimentar a mensagem ou a apresentação.

letterpress ag
Processo de impressão tipográfica. O mesmo que tipografia.

letterset ag
Também chamado offset seco ou tipografia indireta. A imagem, nesse processo, é feita em uma só peça, em alto-relevo. Ela envolve a chapa de impressão e é, inicialmente, transferida para um cilindro de borracha e deste para o papel.

líder de mercado mkt
Empresa em um ramo de negócios com maior participação de mercado; usualmente, lidera outras empresas em alterações de preços, introdução de novos produtos, cobertura de distribuição e gastos com promoção.

líderes de opinião mkt
Pessoas dentro de um grupo de referência que exercem influência sobre outras em virtude de suas habilidades especiais, conhecimento, personalidade, ou outras características.

ligatura tip
Em uma fonte, é a parte de um tipo que se encaixa no seguinte. Muitas

123

fontes incluem caracteres especiais com grupos de letras frequentemente ligadas. Algumas famílias de fontes contêm versões "Expert" com ligaturas adicionais. As ligaturas remontam às letras romanas. Em Roma, era já muito frequente usar ligaturas.

light user
Quem consome produtos com pouca frequência e/ou quantidade.

light viewer
Telespectador não assíduo ou menos frequente; telespectador esporádico.

lineatura
Número de linhas de pontos de retícula por unidade de medida. Usado para especificar resolução de equipamentos eletrônicos no processamento de imagens. Pode ser LPI (linhas por polegadas) ou LPC (linhas por centímetro). Varia conforme a qualidade pretendida do trabalho, características da tinta e do papel etc. Normalmente, a divisão da resolução de saída pela lineatura deve resultar em um número que, elevado ao quadrado, produzirá a quantidade de etapas (steps) de gradientes máxima que o dispositivo pode gerar.

linguagem de macro
Linguagem de programação simplificada que permite escrever as macros que o usuário comum pode executar. Sabendo manipular uma linguagem de macros, é possível, por exemplo, criar planilhas muito mais sofisticadas.

linguagem de script
Linguagem de programação desenvolvida para um aplicativo específico. O JavaScript e a linguagem utilizada por usuários do mIRC (programa para utilização do recurso de IRC da Internet) são exemplos desse tipo de linguagem.

linguagem visual
Conjunto de elementos conceituais, visuais e relacionais que constituem a base de trabalho do designer: o ponto, a linha, o plano, o volume, as variáveis visuais (formato, tamanho, cor, grão, textura, direção) que são organizados num espaço físico para criar efeitos óticos de representação e, dessa forma, comunicar ideias, sentimentos ou instruções a uma audiência.

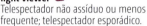

linha base

Design

linha base
Uma linha imaginária sobre a qual se posicionam os caracteres de uma determinada fonte.

linha d'água
1. Cada um dos traços que caracterizam o papel avergoado. Filigrana, marca-d'água largamente espaçada (normalmente cerca de 4 cm de separação) que corre na direção da fibra dos papéis estriados. 2. Tipo de papel avergoado que é fornecido no Brasil com isenção fiscal e destinado exclusivamente, por lei, à impressão de livros e periódicos.

linha de produto
Grupo de produtos que são intimamente relacionados porque funcionam de maneira similar, são vendidos para os mesmos grupos de consumidores, são colocados no mercado por meio dos mesmos tipos de ponto de venda ou estão dentro do mesmo nível de preço.

linha dedicada
Linha telefônica que fica permanentemente ligada entre dois lugares. Linhas dedicadas são encontradas frequentemente em conexões de tamanho moderado a um provedor de acesso.

linhas de retícula
Número de linhas por polegada ou centímetro de uma determinada retícula. Veja lineatura.

link
Ligação. Termo utilizado para expressar a ligação entre sistemas de comunicação eletrônica e telecomunicações.

link
Informação que permite aos softwares de editoração eletrônica localizar os arquivos das imagens utilizadas no layout final de uma página. Também indica os dispositivos para estabelecer

li

ligações entre páginas diferentes da World Wide Web (WWW). Por exemplo, as palavras graficamente enfatizadas em um hipertexto desempenham a função de links.

link
Qualquer parte de uma página Web que se conecta a algo mais. Clicar ou selecionar um link, portanto, fará com que esse algo mais apareça. A primeira parte de uma URL mencionada em um link indica o método ou o tipo do link. Os métodos incluem: file (para arquivos locais), ftp, ghoper, http, mailto, news e wais (para algumas formas de procura).

link
Termo utilizado para expressar uma ligação temática ou formal entre as peças de uma campanha publicitária.

linotipia
1. Trabalho feito em linotipo. 2. Sistema de composição a quente por meio de linotipo ou de equipamento similar. 3. Seção ou oficina onde se trabalha em máquinas linotipo.

linotipo
Aparelho de composição mecânica, provido de teclas, que se caracteriza pela fundição e composição de caracteres formando linhas inteiras (linhas tipográficas). Por meio de acionamento do teclado, matrizes ocupam seu lugar na linha que, ao atingir o comprimento estipulado, é levada a uma caldeira com chumbo derretido, para ser fundida em uma só barra. As matrizes utilizadas voltam a servir como moldes em novas fundições. A linha fundida e resfriada se reúne às demais em uma bandeja (galé). Diz-se a quente em função da utilização de caldeira.

linotipo
Sistema de composição tipográfica criado no final do século XIX. Os textos são digitados linha a linha em um teclado, e os tipos correspondentes são fundidos em uma liga de chumbo, antimônio e estanho, a partir de moldes permanentes da fonte.

Linux
Nome derivado do nome do autor do núcleo deste sistema operacional, Linus Torvalds. O Linux é hoje em dia um sistema operacional com todas as características do Unix, com uma implantação invejável e em constante evolução... e é de domínio público. Normalmente é distribuído em diferentes "releases" que são um núcleo (recompilável) acompanhado de programas, utilitários, ferramentas, documentação etc. Um dos releases mais conhecidos é o Slackware.

listas de discussões, grupos de discussões
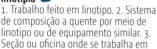
As discussões são carregadas nas mensagens de correio eletrônico para respostas automáticas, que enviam uma cópia de cada mensagem enviada pelo correio eletrônico para qualquer um que tenha assinado a lista para discussões particulares de grupo.

listserv

Programa que fornece o processamento automático de muitas funções envolvidas com as listas de correspondência (grupos de discussões). O envio, por meio do correio eletrônico, de mensagens apropriadas para esse programa automaticamente o inscreve (ou cancela a inscrição) como usuário de uma lista de discussão. O listserv também responde solicitações de índices, FAQs, arquivos das discussões anteriores e outros arquivos.

litografia
1. Antigo processo de gravação sobre pedra porosa – inventado na Alemanha por Alois Senefelder, em 1798 –. que consiste em fixar a imagem com tinta-graxa, por lápis ou pincel, na superfície da pedra, que é depois umedecida pelo contato de rolos molhadores. A água adere apenas às partes não cobertas pelas tintas graxas e a tinta impressora contida nos rolos tinteiros adere somente às áreas secas, que correspondem à imagem finalmente impressa sobre o papel. 2. Arte de reproduzir, por pressão, desenhos traçados com tinta gordurosa numa pedra calcária especial, chamada litográfica. 3. Qualquer processo semelhante, no qual se utiliza, em lugar da pedra, placas de metal (metalografia): algrafia ou aluminografia (placa de alumínio), zincografia (placa de zinco) etc. A forma comercial da litografia é o offset.

lo

livreto
Pequeno livro usado normalmente com finalidades promocionais ou de propaganda.

login
No endereço eletrônico joao@torque.com.br, o login é o nome que o usuário usa para acessar a rede, neste caso joao. Quando você entra na rede, precisa digitar o seu login, seguido de uma senha (password).

logística reversa
É a área da logística que trata dos aspectos de retorno de produtos, embalagens ou materiais ao seu centro produtivo.

logoff
Trata-se da desconexão de um sistema de computação, geralmente, selecionando um item de menu ou digitando exit, bye ou logout.

logomarca
Apesar deste termo ser habitualmente utilizado por leigos, ele é considerado um neologismo incorreto pelos designers. Ambos os termos "logo" (do grego *logos*) e "marca" (do germânico *marka*) denotam "significado", e portanto a junção dos dois não se justifica, sendo no mínimo redundante.

Para que não haja mais dúvidas:

✓ **Logo**
Do grego "logos"
= palavra, significado

✓ **Logotipo**
Do grego "logos" + "typos"
= palavra, significado + figura

✓ **Marca**
Do germânico "markas"
= significado

✗ **Logomarca**
Do grego "logos" +
do germânico "markas"
= significado + significado

canoa   quadrada

logotipo
1. Forma gráfica específica para uma palavra, de modo a caracterizá-la com uma personalidade própria.
2. Elemento de identidade visual comumente denominado, abreviadamente, de logo. 3. Marca comercial de uma empresa constituída por uma ou mais palavras ou por um grupo de letras grafadas em desenho e estilo característicos.

loja de descontos
Instituição varejista que vende mercadorias-padrão por preços menores aceitando margens mais baixas e vendendo maiores volumes. Tem como objetivo facilitar o escoamento de pontas de estoque. Exemplo: Promocenter, Multishop.

lombada
Lombo, dorso. Na encadernação de livros e revistas, é a parte que une a parte frontal da capa à parte traseira (ou a primeira à quarta capa). É o lado de brochuras, livretos, revistas, folhetos, etc. onde está a costura, colagem ou grampo.

lombada
Dorso da publicação, onde se encontram os grampos, colagens ou costuras. A lombada quadrada e a canoa constituem exemplos.

lombada canoa
Tipo de lombada obtida por meio de encadernação com grampos inseridos na dobra do impresso, perpendicularmente à lombada.

lombada quadrada
Tipo de lombada obtida por meio de encadernação na qual as páginas são agrupadas e fixadas à capa por meio de cola, resultando em um dorso quadrado ou chato. Usada largamente para livros-texto, catálogos telefônicos e revistas. A lombada quadrada pode também ser obtida pela fixação da capa por colagem a um conjunto de páginas agrupadas por grampo disposto perpendicularmente à capa, paralelo e junto à lombada.

long neck
Garrafa com gargalo longo (geralmente não retornável).

Lpi / LPI
Lines per Inch (linhas por polegada). Unidade de medida para retículas, que indica a resolução específica para saídas de impressão.

lucro bruto
Resultado que resta ao comerciante entre o valor que ele pagou na compra e por quanto ele vendeu. Nesse cálculo de subtração não entram as despesas que ocorrem entre essas duas operações.

lucro líquido
Resultado que resta ao comerciante entre o valor que ele pagou na compra, mais todas as despesas que ele teve até a efetiva venda daquele bem.

lucros transparentes
Todos os lucros sobre os quais o investidor tem direito de propriedade.

luminância
Sinal básico de vídeo que descreve as informações sobre a luminosidade.

luminância
Atributo que diz respeito à quantidade de branco/cinza/preto percebido em um objeto.

luminância
Sinal básico de vídeo que descreve as informações sobre a luminosidade. luminosidade. Atributo de cores de superfícies, opacas e iluminadas, que varia de claras a escuras.

luminoso
Peça de comunicação iluminada, contendo texto ou imagem para utilização interna ou externa no PDV.

Lynx
Um programa (browser) para navegar no WWW. O lynx foi criado para ser usado em terminais texto, portanto só se pode visualizar a informação textual, ficando a restante (imagens, sons etc.) disponível para gravação no disco do computador do usuário, para que, mais tarde, ele possa ver/ouvir.

LZW
Lempel-Ziv-Welsh. Algoritmo (método matemático) de codificação e compressão de dados. É semelhante à codificação de Huffman, no qual as repetidas sequências de "zeros" e "uns" são substituídas em um dicionário por um símbolo correspondente. O LZW é utilizado na compressão, sem perda de qualidade, em imagens TIFF e nos formatos de compressão ZIP e SIT.

Mm

M
Mega, valor que corresponde a 1.024 vezes 1.024. Há outras abreviaturas deste tipo, correspondendo a valores maiores que o mega, como G (giga) que equivale a 1.024 mega, e o T (tera) que equivale a 1.024 giga.

Macintosh
Série de computadores pessoais criados e produzidos pela Apple Computer.

macro
Tipo de objetiva que permite chegar muito próximo do objeto fotografado, gerando imagens de detalhes.

macro
Pequena rotina de programação escrita numa linguagem de macros. Macros são excelentes recursos para realizar tarefas repetitivas e longas como, por exemplo, visualizar uma pequena linha de texto com todas as fontes instaladas no sistema ou, no Excel, realizar operações complexas com números variáveis.

macroambiente
Os ambientes sociais considerados na elaboração do plano de marketing, a saber: demográfico, econômico, natural, tecnológico, político e cultural.

magenta
Uma das cores da seleção utilizada para impressão de policromias; um dos filtros usados na separação de cores, também conhecida como vermelho de seleção.

mail server
Programa de computador que responde automaticamente (enviando informações) a mensagens de correio eletrônico com determinado conteúdo.

mailing list
Relação de nomes e endereços acompanhada de dados adicionais – de associados, profissionais, consumidores e prospects – para realização de ações de comunicação e marketing direto.

mailto
Em uma URL, mailto indica um link que lhe permitirá enviar um e-mail para a pessoa cujo endereço é seguido na URL.

maiúsculas
Letras maiúsculas, ou caixa-alta. O mesmo que capital, versal.

making off
As imagens por trás das câmeras. Recurso utilizado para registro visual da situação dos bastidores com comentários e observações da cenas e dos acontecimentos.

mala direta
Mensagem publicitária ou de marketing direto, geralmente sob a forma de folheto, enviada pelo correio ou por portadores.

malha construtiva
Trama quadrangular que serve como base para a construção de qualquer arte que exija precisão. Veja também grid.

MAN
Metropolitan Area Network. Uma rede de abrangência metropolitana.

mancha
Espaço útil de impressão de uma página, determinado pela diagramação, ou seja, o traçado da ocupação tipográfica de uma página. Em publicações em geral, o termo se refere à área de ocupação básica em uma página, desconsiderando-se elementos complementares como numeração de página e títulos correntes que usualmente se localizam em suas margens.

manchete
Principal notícia da edição, com título em destaque. Em relação ao jornalismo diário, diz-se a manchete do dia.

129

ma

manual simplificado de exibição controlada
Trata-se de um pequeno manual medindo 8,5 cm x 13 cm, personalizado, com todas as opções de exibição recomendadas a um mix de produtos, de acordo com os mais variados espaços, tipos de gôndolas e expositores. Possui o formato ideal para ser colocado no bolso da camisa, jaleco etc.

mapa clicável
Imagem que com vários hyperlinks que levam a destinos diferentes. Existem dois tipos de mapas clicáveis. No modelo mais antigo, o usuário não sabe qual arquivo será trazido ao colocar o mouse sobre determinada região da imagem (a menos que esteja escrito na imagem). A informação que é passada para o usuário enquanto ele movimenta o cursor sobre a imagem é a posição do cursor, indicada em pixels na margem inferior do navegador. Quando a imagem é clicada, a informação sobre a localização do clique é enviada ao servidor, que consulta uma tabela para descobrir qual arquivo enviar de volta. No modelo mais recente de mapa clicável, introduzido pelo Microsoft Internet Explorer e seguido pelo Netscape Navigator, a informação sobre qual arquivo o servidor deve mandar está já na página HTML. Quando o usuário passa o mouse sobre a imagem, o nome do arquivo aparece na margem inferior (barra de status) do navegador. Assim é possível receber uma resposta mais rápida do servidor.

maquete
Projeto em três dimensões e escala reduzida da peça de merchandising.

máquina offset
Impressora litográfica pelo sistema offset, compreendendo, portanto, um cilindro pressor, um porta-placa para a chapa e um intermediário com a borracha, destinado a transferir a imagem da chapa para o papel.

máquina rotativa
Veja rotativa.

máquina tipográfica
Impressora com qualquer sistema para formas tipográficas.

marca
Nome, símbolo gráfico, logotipo ou combinação desses elementos, utilizado para identificar produtos ou serviços de um fornecedor/vendedor, e diferenciá-los dos demais concorrentes. Quando registrada, a marca tem proteção legal e só pode ser utilizada com exclusividade por seu proprietário legal.

marca "guarda-chuva"
É a marca mãe de um conjunto de marcas, que podem ou não ter a mesma identidade. Geralmente trata-se da marca base de uma linha de produtos ou serviços, ou a marca de uma empresa que é associada às suas linhas de produtos e serviços.

marca de corte
Marcações que indicam onde o impresso receberá dobras ou cortes.

marca de registro
Marcas com desenho em cruz que são colocadas para controle de sobreposição das cores de impressão, nos filmes, nas montagens e na impressão. Também conhecida como "mosca" ou cruz de registro.

marca própria
Marcas que o varejo lança com o nome do estabelecimento comercial e que geralmente tem um preço mais barato, em virtude da inexistência de investimentos de marketing.

marca registrada
O registro protege os direitos exclusivos do vendedor de utilizar o nome ou símbolo de uma marca. 2. Inclui o conteúdo gráfico, bem como a marca nominal.

marca-d'água
Desenho ligeiramente translúcido, produzido na massa do papel durante sua fabricação, por um molde em relevo feito de arame soldado ao rolo bailarino. A marca-d'água é usualmente um símbolo ou logotipo, identificando a marca do papel ou do fabricante. Muito utilizada em impressos de segurança, como documentos e cédulas para dificultar a falsificação. Também é conhecida como linha d'água.

marck-up
margem percentual na comercialização sobre o valor de aquisição do produto,

ma

ou seja, compra igual a R$ 10,00, venda igual a R$ 11,00, portanto marck-up igual a 10%.

margem
Área do papel que fica em branco, entre a parte impressa ou manuscrita de uma página e suas bordas; área sem impressão deixada em volta do texto e/ou ilustrações em uma página.

margem bruta
Diferença entre a venda líquida e o custo dos produtos.

margem das pinças
Área na margem de uma folha de papel a ser impressa, que é reservada à ação das pinças da impressora, que a puxam à medida que o processo se inicia. O espaço a ser deixado varia de 1 a 1,5 cm, dependendo do tipo da impressora.

margem de contribuição
Diferença entre preço e custo, refere-se ao percentual ganho com o preço em cima do custo total. Sendo P= Preço e CV= Custo variável do produto. Sua fórmula é P1 – CV1 x 100. Lucro real do produto 100. Recebe este nome porque constitui a contribuição que cada unidade vendida dá em cobertura dos custos fixos de produção.

margem de refile
Margem de papel necessária ao corte final de uma publicação – o refile – para ajustá-la ao formato desejado.

margem de sangria
Linha que delimita a área de impressão, que sempre se estende além da margem de refile, garantindo a extensão de imagens até o limite da página após o corte final.

market
Veja mercado.

market share
Fatia de mercado, participação no mercado. Parte do mercado controlada por determinado produto; muitas vezes, o desejo de alcançar uma participação específica do mercado é anunciado como uma meta do plano de marketing. Veja também participação de mercado.

marketing
1. Conjunto de atividades cujo objetivo é levar bens e serviços do

sobreposição das marcas de registro por ordem de impressão CMYK

produtor ao consumidor. A área de ação do marketing é mais ou menos ampla conforme o enfoque que lhe dê cada empresa. 2. Técnica de administração que sustenta que os objetivos organizacionais dependem da determinação das necessidades e desejos do mercado-alvo e de sua satisfação de maneira mais efetiva e eficiente do que os concorrentes. 3. Processo de planejamento, execução, preço, comunicação e distribuição de ideias, bens e serviços de modo a criar trocas que satisfaçam objetivos individuais e organizacionais. 4. Processo social e gerencial pelo qual indivíduos e grupos obtêm o que necessitam e desejam por meio da criação, oferta e troca de produtos de valor com outros. 5. Departamento da empresa encarregado de planejar e administrar as tarefas de marketing.

marketing concentrado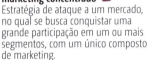
Estratégia de ataque a um mercado, no qual se busca conquistar uma grande participação em um ou mais segmentos, com um único composto de marketing.

marketing de nicho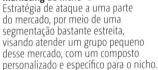
Estratégia de ataque a uma parte do mercado, por meio de uma segmentação bastante estreita, visando atender um grupo pequeno desse mercado, com um composto personalizado e específico para o nicho.

marketing de relacionamento
Marketing, que em vez de "fechar uma venda" aproveita a oportunidade da primeira compra para iniciar um relacionamento duradouro, objetivando obter dados sobre as necessidades e desejos do cliente, ao longo do tempo, e partilhar o poder de compra do cliente ao longo de sua vida.

marketing de relacionamento
Atividade que tem por objetivo que empresas mantenham relacionamento estreito/parceria com seus clientes e, com isso, consigam sua lealdade. Uma filosofia que visa fidelizar seus clientes.

marketing de serviços
Disciplina que estuda os fenômenos e fatos que ocorrem na venda de serviços. Entre os serviços, podemos citar os de lazer (hotéis, excursões), os de interesse público (transporte, comunicação), os imobiliários (locação, venda de apartamento, casas), os de alimentação (rotisseries, congelados), os de engenharia (instalações, manutenção), os de seguro (de vida, de acidentes pessoais), os de saúde (hospitais, planos de saúde) entre outros.

marketing de valor
Princípio do marketing consciente que determina que a empresa deveria empregar a maior parte de seus recursos em investimentos de marketing para aumentar seu valor.

marketing de varejo
Atividade comercial responsável por providenciar mercadorias e serviço desejados pelos consumidores. Henri Richter definiu o varejo como um processo de compra de produtos e quantidade relativamente grande dos produtores, atacadistas e outros fornecedores e posterior venda em quantidade de menores ao consumidor final.

marketing diferenciado
1. Esforço de marketing concentrado em um particular segmento de mercado para efeito de um tratamento exclusivo. 2. Estratégia de cobertura de mercado na qual a empresa decide visar vários segmentos do mercado e desenvolve ofertas específicas para cada um deles.

marketing diferenciado
Estratégia de marketing de ataque no qual se busca atingir o mercado como um todo, ou parte deste, por meio de seus vários segmentos com ofertas diferentes para cada um desses segmentos – o composto de marketing é específico para atender as necessidades de cada segmento.

Marketing digital
Também chamado de cybermarketing ou e-marketing, o marketing digital está surgindo. Não existe ainda uma definição clara do que é marketing no cyberspace. Os "marketeiros" sérios, como Peter Drucker, Tom Peters ou James Martin, não partilham a mesma opinião entre si. Isso ocorre porque não há, ainda, exemplos consistentes e a mídia não está consolidada. Por exemplo: o texto impresso é, hoje, a mídia mais importante, mas será claramente substituída pela voz. A primeira vantagem do marketing digital é o atendimento totalmente personalizado a um custo de

ma

atendimento de massa. O que Stan Rapp previu em seu livro (RAPP, Stan. Maximarketing. São Paulo: Makron Books, 1994) (o consumidor sendo atendido individualmente) não aconteceu, de fato, com o marketing direto, mas vai acontecer com o marketing digital. A segunda grande vantagem, mais imediata, é a substituição dos catálogos e manuais: muito mais completo, atual e barato para quem produz e não ocupa espaço de quem os utiliza. Existe uma enorme gama de vantagens, principalmente para o futuro. O Marketing Digital vai colonizar o cyberspace e tornar a realidade virtual uma virtualidade real, trazendo retorno sobre o investimento.

marketing direto
1. Marketing efetuado por meio de propaganda, em vários tipos de mídia, que interagem diretamente com os consumidores e prospects, geralmente solicitando que apresentem uma resposta direta. 2. Venda direta. 3. Sistema de venda em que a figura do vendedor ou de um ponto de venda é substituída, no todo ou em parte, por estímulos de compra feitos por meio da mídia impressa ou eletrônicos.

marketing em massa
Abordagem de marketing que visa atingir todos os consumidores de maneira única.

marketing focado no cliente
Obtenção de um valor pleno de duração de cada cliente e manutenção dessa duração crescente ano após ano. É usar os lucros excedentes do sucesso alcançado para custear a conquista de novos clientes a um custo mais baixo. O objetivo, a logo prazo, é a sobrevivência e o crescimento rentáveis.

marketing indiferenciado
Estratégia de ataque a um mercado no qual se busca atingir vários segmentos do mercado com uma única oferta.

marketing institucional
Atividades empreendidas para criar, manter ou alterar as atitudes e comportamentos dos clientes-alvo com uma organização.

marketing interno
O mesmo que endomarketing®. Marketing executado por uma empresa de serviços para treinar e motivar, de forma efetiva, os funcionários que entram em contato com o consumidor e com todo o pessoal de apoio no serviço, de modo a trabalhar uma equipe para proporcionar a satisfação do cliente.

marketing mix
A integração ótima dos instrumentos de marketing. É representado pelos 4Ps: produto, preço, praça e promoção, em que praça significa canais de distribuição e pontos de comercialização.

marketing político
Emprego das ferramentas do marketing a fim de posicionar um candidato. Destacam-se a pesquisa de mercado eleitoral, o planejamento do conceito do candidato as estratégias a serem aplicadas, a mídia a ser utilizada e a organização geral da campanha.

marketing por banco
de conhecimento
Uso de informações individuais de cada cliente para maximizar a vantagem mútua do relacionamento que o cliente tem com a empresa. Uso dos dados para descobrir produtos adicionais para oferecer ao cliente e para remover as barreiras que possam impedir a realização de mais negócios com aquele cliente. Em vez de avaliar as informações do cliente para determinar seu valor para fins de repetição de venda, usar tais informações como principal patrimônio de negócios, uma grande vantagem competitiva surgida do conhecimento profundo que a empresa tem de seu cliente.

marketing reverso
1. Busca por parte de uma empresa de fornecedores. No modelo tradicional era o fornecedor quem buscava o cliente. Há muitas razões para um comprador aplicar o marketing reverso entre elas destacam as seguintes: altos retornos, deficiências de mercado, considerações futuras, procurações políticas, geográficas e ambientais, tecnologia, reconhecimento e valorização e tendências atuais.2. Maneira agressiva e imaginativa de alcançar os objetivos de suprimentos em que o comprador toma a iniciativa de fazer as propostas, sejam para fornecedores, sejam para usuários dentro da organização.

ma

marketing social
Atividade empreendida para gerar mudança de comportamento e atitudes visando uma transformação social. Marketing para causas sociais: estratégia de posicionamento que associa uma empresa/marca a uma causa social visando agregar valor à marca e estimular as vendas.

marketplace
Termo em inglês utilizado para definir a palavra mercado, do ponto de vista do marketing. Dentro do marketing digital, esta palavra é usada para diferenciar o mercado físico (marketplace) do virtual (marketspace).

mark-up
Margem fixa do produto. Refere-se a quanto (%) seu preço é superior ao seu custo. Sua fórmula é P1 – CV1 x 100. É a visão de preço de "baixo para cima" CV1.

máscara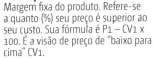
Refere-se geralmente a qualquer recurso utilizado para bloquear ou mascarar porções de uma ilustração ou área a fim de protegê-las ou escondê-las.

máscara
imagem
imagem com máscara

mass display
Colocação de grande quantidade de um mesmo produto em um ponto de venda (gôndola).

mass media
Mídia de massa. Veículos para disseminação de mensagens ou grande número de pessoas.

massa
Ingredientes (pasta e aditivos) que entram na composição da pasta para a fabricação do papel.

massa crítica
Volumes comercializados ou quantidade de clientes.

massificação
Efeito de massificar, orientar ou influenciar por meio da comunicação de massa, tornar conhecido por grande número de pessoas.

master franchising
É o sistema de franquia em que um franqueador de produtos ou serviços por necessidade de expansão internacional de sua marca, dá a uma empresa local o direito de subfranquear a marca no país estrangeiro. Também conhecido como franquia mestre.

Match Print 3M® (ME)
Prova rápida obtida por processo fotográfico. Tecnologia e materiais exclusivos da 3M.

matéria
Redação de livro, artigo ou qualquer outro tipo de escrito.

material de apoio
Material utilizado, em geral, para apoiar as degustações nos PDVs.

material de ponto de venda (material de PDV)
Conjunto de material promocional que é colocado nos canais de distribuição, tendo como objetivo motivar o comprador em trânsito pela loja ou estabelecimento comercial qualquer.

material permanente
Peça produzida para ser exposta por um longo período no PDV.

material temporário
Peça que objetiva ação específica de curta duração (em geral, inferior a três meses).

matiz
Atributo de uma cor definido por seu comprimento de onda dominante e, portanto, posição no espectro visível. É a variedade do comprimento de onda da luz direta ou refletida, percebida como vermelho, azul, amarelo e demais resultantes das misturas dessas cores.

matricial
Tipo de impressora de baixa resolução, que imprime pontos de tinta no papel

por meio da ação de uma agulha sobre a fita. É muito utilizada na impressão de formulários contínuos.

matriz
Elemento básico em qualquer processo de impressão, no qual é gravada ou moldada a imagem a ser reproduzida: clichê, fôrma ou telha, em tipografia; chapa metálica, em offset; cilindromatriz, em rotogravura; pedra, em litografia; tela, em serigrafia; estêncil, em mimeografia; placa de madeira em xilogravura etc.

matriz BCG
Matriz para análise de portfólio criada pelo Boston Consulting Group. Nessa matriz, os produtos podem ser classificados como "vaca leiteira", "abacaxi", "estrela" ou "ponto de interrogação".

matriz de Ansoff
Matriz que ajuda a posicionar ou lançar produtos novos e atuais em mercados novos ou atuais.

matriz energética
Combinação das fontes de energia disponíveis numa economia ou país e dos usos de energia em suas diferentes formas. A economia moderna consome energia de duas formas: a combustível e a elétrica, que podem ser extraídas diretamente da natureza ou produzidas a partir dessas fontes primárias.

maximarketing
Conceito que faz das técnicas de marketing direto a força impulsora do processo geral de marketing.

MB, Mb
Megabyte e Megabit, respectivamente. Um milhão de bytes ou bits.

MCI
Media Control Interface. Parte do Windows que gerencia a utilização de diferentes itens multimídia.

Mecanismo de
Desenvolvimento Limpo (MDL)
É um mecanismo previsto no Protocolo de Kioto, criado para reduzir as emissões de gases responsáveis pelo aquecimento global. O MDL torna possível, também, o desenvolvimento sustentável em países emergentes, pois os países industrializados que não cumprirem suas metas de lançamento de poluentes na atmosfera podem compensar o problema financiando projetos de redução da poluição nesses países. Segundo estimativas do Banco Mundial, esse mercado pode movimentar cerca de US$ 1 bilhão por ano.

media plan
Veja plano de mídia.

medida hairline
Espessura de linha com 0,25 pontos quando impressa em uma fotocompositora ou imagesetter e 0,5 pontos em uma impressora laser de 300 dpi.

megapixels
É um termo novo na fotografia, trazido pela indústria das máquinas digitais. Na prática, define para qual tamanho a imagem pode ser ampliada. Uma máquina de 10 megapixels tira fotos que podem ser ampliadas para 20x30 cm em 300 DPI (300 dpi é a alta definição padrão, usada pela maioria dos laboratórios fotográficos). E atenção: megapixels NÃO são sinônimos de qualidade. Uma máquina de 20 megapixels pode tirar fotos de péssima qualidade enquanto uma máquina com somente 5 megapixels pode tirar fotos de qualidade excelente. A qualidade da foto depende do sensor e do processamento digital da imagem captada.

meio ambiente
Conceito que define as relações entre os diversos aspectos que regem a vida em todas as suas formas. Inclui todos os fatores que afetam diretamente o metabolismo ou o comportamento de um ser vivo ou de uma espécie, incluindo a luz, o ar, a água, o solo e os seres vivos que coabitam um biótopo.

meio-tom
1. Escala das gradações de tonalidades intermediárias entre o branco e o preto, ou entre luzes e sombras. 2. Diz-se da fotografia que apresenta predominância de gradações intermediárias entre o claro e o escuro e nuanças suavizadas. 3. Em uma retícula, é a redução da imagem original de tom contínuo aos micropontos, que variam proporcionalmente em tamanho, forma e número por área. Quando impressos, esses pontos são "reunidos" pelos nossos olhos e restauram a visão dos tons originais. Em termos de tons contínuos, o meio-tom pode ser

considerado como o intervalo de valores tonais de cores entre os 25% das altas luzes até os 75% do início da área de sombra.

memória
Refere-se ao armazenamento temporário na forma de chips SIMMs (Single Inline Memory Modules – Módulos de Memória em Fila Única) e DIMMs (Dual In-line Memory Modules – Módulos de Memória em Fila Dupla), componentes que armazenam as informações na forma de sequências de estados de On e Off com os switches de silício.

memória alta,
reservada ou superior
Em um PC, a porção de memória RAM principal (de 640 KB a 1024 KB) não utilizada pelo DOS para execução de programas. É ocupada (nos micros com placas de vídeo VGA) pela "memória de vídeo" (640 a 768 KB) e pelo "BIOS VGA" (768 a 800 KB), ficando vazia a área entre 800 KB e 960 KB que é utilizada como RAM quando usados programas gerenciadores de memória.

memória baixa
ou convencional
A memória RAM principal abaixo de 640 KB, que é facilmente acessada por todos os programas de DOS.

memória cache
primária (level 1 cache)
Área com 16 KB (32 KB na tecnologia MMX) de armazenamento temporário de dados existente no próprio processador. A maior parte dos dados necessários ao processamento fica à disposição nesse cache, reduzindo o número de leituras no disco.

memória cache
secundária (level 2 cache)
Área com cerca de 256 KB (ou 512 KB atualmente) para armazenamento temporário das últimas informações operadas pelo micro. Responde, em média, por 10% do processamento geral do computador. Encontra-se entre a CPU e a memória principal.

memória de vídeo
Chips de memória usados por uma placa de vídeo para processar as imagens. Quanto mais memória uma placa tiver, maior será a resolução que ela pode atingir.

memória RAM
Random Access Memory (memória de acesso aleatório). Com o computador ligado, as informações são registradas na memória RAM, que é um circuito ou placa que fica dentro da CPU. Essa memória pode ser expandida acrescentando-se novas placas. Sua capacidade é medida em megabytes.

memória virtual
Recurso ativado pelo painel de controle do computador, é uma espécie de truque que permite que equipamento use uma parte do disco rígido como RAM. Só existe em computadores da Apple Macintosh.

menu
Em um aplicativo, a lista de opções da qual é selecionada uma determinada ação pelo usuário.

mercado alvo
O mesmo que mercado atendido. É o conjunto de consumidores potenciais que possuem características e necessidades comuns, para os quais a empresa se dispõe em vender seus produtos. Parte do mercado qualificado disponível a qual empresa decide servir.

mercado
Segmento de pessoas, empresas ou áreas geográficas onde estão os consumidores e prospects de uma empresa ou marca.

mercado
1. Grupo identificável de consumidores com poder aquisitivo, que estão dispostos e têm a capacidade de pagar por um produto ou serviço. 2. Grupo de todos os compradores, existentes ou em potencial, de um produto. 3. Conjunto de pessoas, consumidores efetivos ou em potencial, considerado de acordo com sua classe social, sexo, idade, hábitos, cidades ou regiões.

mercado
Conjunto de clientes e não clientes atuais e futuros.

merchandising
Ferramenta de comunicação e marketing que possui dois significados distintos, mas usuais: 1. exposição comercializada de uma marca

mi

comercial em espaço ou tempo editoriais de veículos de comunicação, como, por exemplo, inseridos em telenovelas ou na cobertura jornalística de eventos esportivos; 2. criação e produção de material promocional para ser exibido em pontos de venda, complementando as campanhas publicitárias.

mesa de luz
Mesa provida com tampo de vidro ou acrílico branco-leitoso iluminado por baixo. Destina-se ao trabalho com materiais transparentes (filmes, slides etc.), permitindo maior facilidade na execução de montagens, aplicações, retoques etc.

meta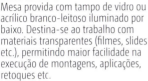
Objetivo relacionada a tempo e valor, ou seja: "Vou vender mais (objetivo) 20% (valor) até janeiro de 2015 (tempo/prazo). A meta é um objetivo traduzido em termos quantitativos. As metas devem ser específicas, desafiantes, realistas, consistentes e associadas a um horizonte de tempo, tudo aceitável aos que pretendem atingi-las.

metrics
Métrica de uma fonte digital. Informação referente à largura de cada caractere e aos valores de kerning.

MHz
Megahertz. Um milhão de ciclos por segundo. Muitas vezes, refere-se à frequência do clock de um computador; medida grosseira de sua velocidade interna.

microambiente
1. Forças próximas a empresa, que afetam sua habilidade de servir a seus consumidores, a empresa, os canais de marketing, os mercados consumidores, os concorrentes e os públicos. 2. Conjunto de todos os operadores do mercado, fornecedores, intermediários comerciais, clientela, concorrência e a própria empresa, em termos de organização interna, que afetam diretamente a empresa e que, em graus diferentes, podem ser controlados pela função de marketing empresarial.

MIDI
Musical Instrument Digital Interface. Sistema para gravação e manipulação de música como informação digital.

mídia
1. Termo utilizado para designar os veículos de comunicação, no seu conjunto ou em particular. 2. Técnica publicitária que estuda e indica os melhores meios, veículos, volumes, formatos e posições para veicular mensagens publicitárias. 3. Departamento de agência de propaganda que estuda as características dos meios de comunicação para as mensagens publicitárias, e planeja a distribuição de campanhas pelos veículos mais indicados, segundo tiragem, audiência, horários, target e capacidade da verba. 4. Profissional especializado nas técnicas de mídia.

mídia eletrônica
Rádio, cinemas, tevê, computador. Meio de comunicação e propaganda de elevada penetração e cobertura geográfica. Na expansão dos meios de comunicação das últimas décadas, o rádio foi o primeiro a passar do plano de consumo familiar para o individual.

mídia segmentada
Veículo ou campanha publicitária que atinge um público definido e segmentado por critérios de sexo, idade, classe social ou uma combinação destes. A segmentação pode ser também definida por meio de fatores comportamentais ou posse de bens.

migração do valor
Conceito instituído por Adrian J. Slywotzky, em seu livro homônimo, que mostra como o valor para os clientes migra ao longo do tempo, e como isso afeta os concorrentes, que surgem de lugares não imaginados.

MIME
Multipurpose Internet Mail Extensions. É um aperfeiçoamento dos padrões do sistema de correio da Internet, que possui a habilidade de transferir dados não textuais como gráficos, áudio e fax e permite que se enviem mensagens com a acentuação em português.

minúsculas
Letras minúsculas, também conhecidas como caixa baixa (CA).

137

mi

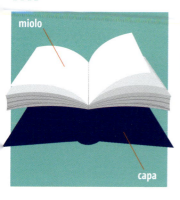

miolo
Parte de dentro de uma publicação impressa, sem a capa.

mix de produto
Grupo de todas as linhas e itens de produto que um vendedor em particular oferece aos compradores.

moarê
Veja moiré.

móbile
Peça promocional aérea sustentada por fios, utilizada para decoração em ponto de venda durante promoções.

mock-up
Protótipo ou modelo (boneco) de um produto ou embalagem em qualquer escala, utilizado para avaliações em geral e, muitas vezes, para produção fotográfica. Produtos muito pequenos, por exemplo, são "recriados" em tamanho maior.

moda
Um estilo, em um dado campo de consumo, que seja, atualmente, popular ou aceito.

modais
Tipos de transporte (rodoviários, ferroviários, fluviais e outros).

model sheet
Manual com as várias posições dos personagens de licenciamento (por exemplo: Pokemon, Barbie).

modelo de retenção
É a atitude dirigida a reter pessoas, ligadas a sua organização. Reter o cliente é fidelizá-lo. É principalmente a partir do cliente que conseguimos custear a aquisição de novos clientes e tornar a organização mais rentável.

modelo vals
Propaganda, valores e estilos de vida (VALS) do Stanford Research Institute classifica o público americano em nove grupos de valores e estilos de vida, baseados na análise das respostas de 2.713 entrevistadores e cerca de 800 perguntas. Os nove grupos são: sobreviventes, batalhadores, proprietários, imitadores, realizadores, egoístas, experimentadores, socialmente conscientes e íntegros.

modem
Dispositivo modulador/demodulador que transforma sinais telefônicos analógicos em informações digitais, para processamento pelo computador.

modem
MOdulator/DEModulator. Dispositivo eletrônico que converte os sinais enviados pelo computador em sinais de áudio, que serão enviados ao longo das linhas telefônicas e recebidos por outro modem que irá receber o sinal sonoro e convertê-lo de volta em sinais de computador.

moderador
Pessoa encarregada de uma discussão em grupo que apresenta o tema aos participantes e coordena as ações de cada um.

modulação
(MK) 1. Espaço ou tempo de comunicação padronizado. (ED) 2. Designa o processo de racionalização do desenho das páginas do jornal (diagramação) a partir de formatos fixos (módulos) e multiplicáveis, que visa agilizar a produção jornalística e gráfica. Uso de módulos como base para diagramar ou desenhar algo.

modular
Diz-se de elementos que podem ser montados por justaposição ou encaixe segundo a quantidade de produtos a apresentar; ou de acordo com o espaço disponível.

módulo
1. Unidade de medida padronizada, estruturadora, por repetição, de trama tanto bidimensional como tridimensional. 2. Cada um dos formatos fixos utilizados na diagramação

mo

de jornais. Um jornal trabalha habitualmente com dois módulos básicos: a) módulo 100 – texto de uma coluna. Seu tamanho reduzido exige redação concisa, direta e inteligente: b) módulo 200 – texto de duas colunas. Admite um maior detalhamento da notícia. 3. Quadrado ou retângulo com medidas predefinidas, repetido vertical e/ou horizontalmente, criando assim uma trama que serve como base para diagramar ou construir uma arte que exija precisão. O sistema de módulos, ou modularização, é flexível, possibilitando grande variedade de construção.

moiré
(Pronuncia-se moarê) Diz-se do indesejável padrão de ondas ou franjas que se forma quando duas retículas são sobrepostas, por exemplo, no caso da reprodução de uma foto impressa em outra publicação (diferentemente de fotos originais, as impressas já são reticuladas). É causado pela confusão óptica entre os traços da retícula meio-tom e os pontos ou linhas contidos no original. Efeito similar pode ocorrer na reprodução policromática de meio-tom por causa de ângulos incorretos das retículas ou da falta de registro das cores durante a impressão. Nos trabalhos em quatro cores de seleção (CMYK), o amarelo normalmente tem uma retícula diferente (133 linhas) das outras três cores (120 linhas), para evitar o moiré. Por vezes, troca-se a angulação do preto (45°) com a do magenta (75°), em função de o filme do preto, usualmente, conter menos informação visual que o magenta e, com isso, também aproximar o ângulo do preto do ângulo do amarelo (15°), que é a tinta que contém menos informação de detalhe e, por isso, é a que menos tende a gerar moiré.

momento da verdade
Instante em que o Cliente faz contato coma a Organização de Serviços – geralmente por meio de um representante dela – a partir do qual forma uma opinião sobre a qualidade do produto ou serviço.

monitor
Dispositivo de saída visual do computador. Pode ser CRT ou LCD. MM (Multiple Master) – Tecnologia de fontes da Adobe que é capaz de criar infinitas variações de peso (somente em fontes especialmente desenvolvidas para esse fim).

monocolor
Qualquer tipo de arte reproduzida em apenas uma cor. Um original em branco e preto é, naturalmente, monocolor.

monocolor
Impressora que imprime somente a uma cor.

monocromia
Processo de impressão a uma só cor.

monografia
Encadernação com informações técnicas e científicas do produto, bem como suas indicações, características, benefícios e diferenciais.

monolúcido
Tipo de papel fabricado a partir de pasta química branqueada, com adição de carga mineral na ordem de 10 a 12%. Possui um lado muito liso e outro rugoso. É usado na fabricação de sacos e laminados com filmes plásticos.

monopólio
Conceito que descreve uma condição em que um único vendedor domina o mercado. Privilégio. Controle total de produção ou prestação de serviço.

monotipo
Máquina de composição a quente, constituída por duas unidades: uma perfuradora e uma fundidora. Por meio de um teclado, perfura-se em código uma fita que armazena todo o texto a ser composto. Essa fita, assim programada, irá operar a fundidora, fornecendo, um a um, de trás para diante, os tipos indicados. A monotipia, portanto, distingue-se da linotipia quanto à fundição, que é feita tipo a tipo e não linha a linha, e quanto à sua operação.

montagem
Disposição de negativos fotográficos ou filmes positivos na posição correta sobre uma base de filme ou vidro, para ser usada na confecção das chapas de impressão.

montagem
Também chamada edição, é um processo que consiste em selecionar, ordenar e ajustar os planos de um filme ou outro produto audiovisual a fim de alcançar o resultado desejado – seja em termos narrativos,

informativos, dramáticos, visuals, experimentais etc.

mosaic
Programa de navegação na Web que pode ser utilizado gratuitamente. Criado pelo National Center for Supercomputing Applications (NCSA) dos Estados Unidos em 1993. Um dos principais programadores envolvidos na criação do Mosaic foi Marc Andreessen, hoje, vice-presidente de tecnologia e cofundador da Netscape Communications. O NCSA também licenciou o Mosaic para outras empresas, como a Spry (comprada pela Compuserve), que produz o AIR Mosaic.

mostruário
Conjunto de amostras de produtos.

motivação
Desejo, força, necessidade ou outra característica interna à cada pessoa que a leva a buscar a sua satisfação.

mouse pad
Descanso do "mouse" que serve de apoio para sua movimentação. Pode ser ótimo material promocional, inclusive se acoplado com outras finalidades (Mouse Pad com bloco de recados, Mouse Pad com calculadora e relógios etc.).

MPEG
Motion Picture Engineering Group. Formato de compactação de áudio normalmente utilizado nas plataformas PC.

MUD
Multi User Dungeon. Um jogo para vários utilizadores, normalmente presente num servidor qualquer na Internet. É uma espécie de Mundo Virtual em que se podem encontrar e interagir vários jogadores. Normalmente, passa-se tudo textualmente (nada de imagens bonitas ou sons espalhafatosos).

multicamadas
Embalagem feita de materiais combinados e dispostos em camadas (alumínio com papel, papel com papelão, plástico com papel etc.).

multicast
Um endereço para uma coleção específica de nós numa rede, ou uma mensagem enviada a uma coleção específica de nós. É útil para aplicações como teleconferência.

multimídia
1. Conjunto integrado de informações providas em diferentes linguagens – som, vídeo, gráficos e animação – em sistema que conjuga armazenamento e recuperação de dados. 2. Informação que utiliza mais de uma mídia em sua transmissão, como um audiovisual ou vídeo interativo (que une videoteipe, CD e computador). 3. O mesmo que mídia digital.

multimídia
O termo multimídia é utilizado para definir um documento de computador composto de elementos de várias mídias, como áudio, vídeo, ilustrações e texto. Também é importante que esses documentos sejam interativos, ou seja, que permitam a participação do usuário. Para ser mais preciso, utiliza-se também o termo multimídia interativa.

multipack
(fourpack, sixpack)
Embalagem que agrupa uma certa quantidade de um mesmo produto com finalidade promocional ou para facilitar o transporte pelo consumidor (no caso de garrafas e latas, por exemplo).

Nn

NAFTA
North America Free Trade Agreement. Acordo americano de livre comércio. É a denominação dada ao acordo firmado pelos Estados Unidos, Canadá e México.

não adotantes
Grupo de potenciais consumidores que prefere manter as tradições e é refratário às novas ideias – às vezes, é chamado de grupo de retardatários. Veja também curva de adoção.

NASDAQ
Iniciais de National Association for Security Dealers Active Quotations, que é um sistema de informações computadorizadas que abastece corretores em todos os Estados Unidos com as cotações de preços transformados em índice de um grande número de ações.

navegação
Ato de conectar-se a diferentes computadores da rede distribuídos pelo mundo, usando as facilidades providas por ferramentas como browsers Web. O navegante da rede realiza uma "viagem" virtual explorando o ciberespaço, da mesma forma que o astronauta explora o espaço sideral. Cunhado por analogia ao termo usado em astronáutica.

navegador
Programa utilizado para navegar na Web. Permite utilizar praticamente todos os recursos da rede, como correio eletrônico, transferência de arquivos e acesso a grupos de discussão.

NCSA
National Center for Supercomputing Applications.

necessidade
Qualidade ou caráter de necessário, aquilo que é necessariamente exigência, aquilo que é inevitável, fatal.

necessidades
Bens ou serviços que os clientes necessitam para sobreviver.

negativo
Imagem reversa de outra. Geralmente refere-se ao tipo mais popular de filme fotográfico. O filme negativo converte a imagem captada para uma espécie de raio-x perto e branco, no qual as cores escuras ficam claras e as cores claras ficam escuras. Quando se faz a ampliação fotográfica, a luz passa pelo negativo e, ao entrar em contato com o papel fotográfico, forma, novamente, a imagem positiva.

negrito
Desenho de letra com a espessura das hastes mais grossa do que o normal.

net
Valor líquido expresso em percentagem, sem a influência das multiplicidades causadas por respostas múltiplas.

net
1. Abreviação de network. Significa rede ou cadeia. O termo é utilizado como sinônimo para Internet.

netfind
O netfind é um serviço de localização de endereços de usuários. É preciso fornecer ao servidor de netfind o nome da pessoa e uma indicação de onde ela trabalha para que o programa tente identificar o endereço.

netiquette
Conjunto de regras que disciplinam o comportamento na Internet. Ensina, entre outras coisas, como se comportar em grupos de discussão e como escrever mensagens de forma a preservar a eficiência da rede e ampliar o potencial de comunicação. O mesmo que "netiqueta".

netnews
Também chamado de Usenet News, Usenet ou apenas News.

ne

Netscape
Software navegador na Web muito popular para Macintosh e PC compatíveis. Ajudou a popularizar a World Wide Web e introduziu vários recursos avançados como a realidade virtual e o áudio e vídeo processado para a Internet.

Network
Grupo de computadores e periféricos, associados e conectados por um canal de comunicação, capaz de compartilhar arquivos e outros recursos entre vários usuários.

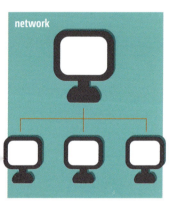

newbies
Como são chamados os usuários recém-chegados à rede, principalmente quando cometem erros básicos como enviar uma mensagem pessoal para um grupo de discussão. A melhor forma de deixar de ser um newbie em pouco tempo é ler as FAQs antes de fazer perguntas em grupos de discussão e conhecer a netiquette.

newsgroups
Como são chamados os grupos de discussão da Usenet. Cada nó da rede pode oferecer cópias dos newsgroups da Usenet aos seus usuários. As mensagens dos usuários são armazenadas pelos nós, que trocam entre si as novas mensagens. Assim, os newsgroups da Usenet mantêm sempre uma base atualizada de mensagens. Para organizar as discussões, cada newsgroup é dedicado a um assunto e organizado em uma hierarquia. Por exemplo, um nome de newsgroup é news.newusers.

questions. Esse é o grupo adequado para os novos usuários fazerem suas respostas. Considera-se extrema falta de netiquette colocar perguntas fora do objetivo de um grupo. Além de news, existem as hierarquias comp (sobre computadores, bio (sobre biologia), soc (sobre aspectos sociais e culturais), misc (uma hierarquia para assuntos alternativos que não cabem em nem uma das outras), talk (para bate-papo), rec (atividades e hobbies).

newsletter
Formato editorial de publicação periódica, usualmente passível de encadernação, destinado à difusão e divulgação de informações institucionais.

NFS
O Network File System é o protocolo de compartilhamento de arquivos remotos desenvolvido pela Sun Microsystems. Faz parte da família de protocolos TCP/IP.

NIC
Network Information Center. Um centro de informação e assistência ao usuário da Internet, disponibilizando documentos, como RFCs, FAQs e FYIs e realizando treinamentos.

nicho
Um segmento pequeno que demanda uma oferta específica de produto ou serviço.

nichos de mercado
Grupo definido de indivíduos, menor que o segmento de mercado, cujos participantes podem estar à procura de uma combinação de benefícios especiais.

Nielsen
Importante empresa de pesquisa de mercado que realiza também auditoria e medida de ratings em televisão.

NIS
Um serviço usado por administradores Unix para gerenciar bases de dados distribuídas por meio de uma rede.

NIS+
Versão atualizada do NIS. Acrônimo para Network Information System (NIS), é um sistema distribuído de bases de dados que troca cópias de

nu

arquivos de configuração, unindo a conveniência da replicação à facilidade de gerência centralizada. Servidores NIS gerenciam as cópias de arquivos de bases de dados, e clientes NIS requerem informação dos servidores em vez de usar suas cópias locais destes arquivos.

NNTP
Network News Transfer Protocol. Padrão usado para a troca de mensagens dos usuários da Usenet na Internet.

nó
Veja host.

no advertising
tudo o que não é propaganda é chamado de no advertising, no media ou "bellow the line".

no label look
Efeito em que o rótulo adere na embalagem, "desaparecendo" como se esta não tivesse rótulo algum, apenas a informação aparece.

NOC
Network Operations Center. Um centro administrativo e técnico que é responsável por gerenciar os aspectos operacionais da rede, como o controle de acesso, "roteamento" de comunicação etc.

nome fantasia
Nome especialmente criado para divulgar produto ou serviço.

nota de rodapé
Observação ou aditamento a alguma parte do texto que aparece justaposta

à mancha de texto em uma mesma página. Como o nome indica, é posicionada usualmente no pé da página onde se encontra sua referência. Pode, entretanto, ser posicionada em outras posições, por exemplo, lateralmente ao texto principal. É indicada por números elevados ou por símbolos (asteriscos, sinal de referência tipo cruz etc.)

numerador
Pequeno aparelho que imprime uma série sequencial de números, em ordem crescente ou decrescente. Utilizado para acabamento de impressos que exigem numeração: notas fiscais, ingressos, rifas, cédulas etc.

Oo

objetiva
É a parte ótica da máquina fotográfica, sendo um conjunto de lentes, alinhadas de tal forma, a projetar uma imagem nítida no filme (ou chip em máquinas digitais). Algumas máquinas tem uma única objetiva embutida, enquanto em outras as objetivas podem ser trocadas. Existem quatro tipos de objetivas: grande--angular, teleobjetiva, objetiva "comum" e zoom. A objetiva zoom é um conjunto de lentes desenvolvido para englobar diversas objetivas em uma só objetiva.

objetivo
Meta em direção à qual uma companhia ampliará sua devoção e seus esforços. O termo objetivo que tende a ser específico, com valores alvos definidos, é muito parecido com o termo meta e, de certa forma, com o termo missão. Os objetivos podem ser subdivididos em objetivos específicos relativos às diversas áreas ou funções de uma organização.

oblongo
Formato de livro encadernado pelo lado mais curto, em vez de pelo mais longo.

OCR
Optical Character Recognition (reconhecimento óptico de caracteres). Conversão automática, via software, de um texto escaneado em um arquivo de texto correspondente.

oferta elástica
A quantidade de produtos ou serviços colocados à disposição do mercado que cresce se o preço aumentar.

oferta explícita
O volume cada vez maior de mensagens enviadas dificulta cada vez mais atingir determinado cliente atual ou em potencial. Ao usar a mídia 1:1 (endereçável e interativa), a empresa pode oferecer "bons negócios" individuais para garantir para si o tempo, a atenção e o feedback do cliente.

oferta implícita
Anunciantes de mídia de massa contam com leitores e telespectadores que consomem material televisivo e editorial para absorver a mensagem de propaganda que patrocina o programa ou a publicação. Todavia, como a mídia de massa não é interativa, é impossível mensurar/descobrir se qualquer cliente específico efetivamente recebe a mensagem.

oferta inelástica
Ocorre quando a quantidade ofertada, quer de serviços ou produtos, não aumenta muito se o preço aumentar.

ofertas de fulfillment
Complementação da venda efetuada com a apresentação de um produto complementar, fundamenta-se na premissa: o melhor momento para vender a alguém é logo depois que esse alguém comprou algo.

off set
Forma comercial da impressão litográfica planográfica. Método mais rápido e barato que os demais, no qual a tinta é transferida da chapa para a blanqueta de borracha e daí para o papel, sendo assim considerado um processo de impressão indireta.

offset
Sistema de impressão litográfica indireta. Nesse sistema, o papel não entra em contato com matriz, mas com uma superfície intermediária de transferência de tinta. A matriz (chapa de zinco gravada fotograficamente a partir do fotolito) é presa em volta de um cilindro e entintada. A imagem é capturada por um cilindro de borracha que, por sua vez, a transfere ao papel. Utiliza tinta gordurosa e pastosa, com fôrmas metálicas e planográficas. É o sistema de impressão em larga escala mais versátil, permitindo a impressão em plásticos, metais, papelão e, até mesmo, pano. O sistema foi criado em 1900, por Rubel Ira.

olho
1. Também chamado antetítulo, é o pequeno título que antecede o título principal. 2. Recurso de edição usado para anunciar os melhores trechos de textos longos, provocando o leitor e, ao mesmo tempo, arejando sua leitura. Em geral, tem poucas linhas de texto, nas quais se destacam frases relevantes e sugestivas do artigo, entrevista ou transcrição.

olho
Área vazada dentro de um tipo, conforme ocorre nas letras a, o, e.

ombrellone
Peça tipo guarda-sol, tamanho gigante com formato da cobertura em quadrado apara abrigar equipamento ou várias pessoas.

145

om

ombudsman
Ouvidor, quem trabalha dentro das instituições exclusivamente para defender os interesses dos usuários de serviços públicos. Atualmente, o conceito inclui também o serviço privado.

on Pack
1. Denominação de conjunto promocional, do tipo leve três e pague dois ou a agregação de um brinde ao pacote original do produto, confeccionado com filme termoencolhível. 2. Mensagens promocionais ou de respostas diretas impressas na embalagem.

one way
Embalagem sem retorno. Geralmente garrafas e potes de vidro que não precisam ser devolvidos ao estabelecimento, mas que podem ser recicladas.

ONG
Organização Não Governamental. É uma organização não pertencente aos governos (municipal, estadual ou federal). Na instância da sociedade civil, possui função social e política, reconhecida, no Brasil, pela Constituição Federal de 1988. A termologia foi utilizado pela primeira vez pelo Conselho Econômico e Social das Nações Unidas, em 1950. No Brasil, começou a ser utilizado na metade dos anos 1980. Uma ONG é uma associação formada por um grupo de pessoas em torno de propósitos em comum, não possui fins lucrativos, todo e qualquer excedente financeiro deve ser aplicado nas ações a que se propõe.

on-line
Quando se está ligado pelo computador por meio do modem, diz-se que está on-line.

opacidade
Característica de papel que evita que o texto ou imagem impressa de um lado de uma folha apareça do outro lado: quanto mais opaca a folha, menor a transparência.

opaline
Filme fotográfico com fundo opaco branco usado como meio de leitura do atual processo de gravação de cilindros.

opaline
Designa papel muito utilizado para a impressão de cartões de visita.

opentype
Padrão de fontes universal da Adobe e Microsoft, que funde as características dos padrões PostScript e TrueType nas plataformas Mac e Windows. Utiliza um código híbrido compacto, permitindo que os mesmos arquivos sejam usados em Macs ou PCs sem nenhum tipo de conversão. É baseado em Unicode (tabela universal com uma identificação global e fixa para cada caractere) e Glyph (extensão para símbolos, expressões e caracteres especiais), e armazena 16 bits de informação (máximo de 65.535 caracteres) em lugar dos 8 bits (256 caracteres) dos outros formatos. As fontes são totalmente portáveis, mas possuem uma assinatura digital do proprietário; ele controla a sua utilização por outras pessoas (apenas visualização, impressão ou instalação).

OPI
Open Prepress Interface (Interface Aberta de Pré-Impressão). Recurso desenvolvido pela Aldus (empresa incorporada pela Adobe e Macromedia). O bureau arquiva em seu servidor as imagens de alta resolução e envia ao cliente versões correspondentes em baixa resolução. No processo de geração de filmes, as imagens de baixa resolução são automaticamente trocadas pelas de alta resolução no servidor de OPI. Esse recurso foi superado pelo aumento do poder de processamento e armazenamento dos computadores e com a crescente prática de tratar as imagens em paralelo com a diagramação.

orelha
Espaço ao lado do cabeçalho do jornal que geralmente contém indicações sobre preço de venda avulsa e assinaturas, endereço da sede da empresa, avisos sobre o tempo, cotações de moedas ou anúncios.

orelha
Extremidades laterais da capa ou da sobrecapa de um livro que são dobradas para dentro, podendo ou não receber impressão. Usualmente contêm informações sobre a obra em questão e seu autor.

órfã
Última linha de um parágrafo que vai parar em outra coluna. É um defeito estético que deve ser evitado.

OV

Organização da Sociedade
Civil de Interesse Público (OSCIP) Também chamada de Organização Não Governamental, é uma entidade privada, sem fins lucrativos, que desenvolve atividades que visam alterar situações econômicas, sociais ou ambientais de uma região, país ou do mundo. Pode financiar suas próprias ações ou receber apoio de instituições públicas ou privadas.

original
Texto manuscrito, datilografado, digitado em arquivo eletrônico ou impresso, que se entrega ao designer para ser reproduzido em caracteres tipográficos em algum tipo de peça gráfica. O termo também diz repeito a todas as artes a serem impressas: texto, fotografias, ilustrações.

original a traço
Qualquer original que seja preto chapado sem gradação de tom: trabalhos a traço, texto, pontos, fios etc.

original de
tom contínuo
Qualquer imagem que apresente uma gama de tons intermediários entre cores diferentes ou entre o preto e o branco sob a forma de gradiente ou dégradé: fotografias, pinturas, desenhos etc.

original opaco
Qualquer original não transparente: foto, ilustração etc.

orelha

original transparente
Original visto por luz transmitida.

OS
Operational System (sistema operacional).

OSI
Open Systems Interconnection (OSI). É um modelo conceitual de protocolo com sete camadas, definido pela ISO, para a compreensão e o projeto de redes de computadores. Trata-se de uma padronização internacional para facilitar a comunicação entre computadores de diferentes fabricantes.

OTC
Do inglês "Over the Counter", significa "em cima do balcão". Refere-se a produtos que podem ser comercializados sem receita médica.

outdoor
Tipo de cartaz publicitário de rua, formado por diversas peças impressas que, somadas, configuram uma única imagem. Tem grandes proporções e em geral o tamanho padronizado em 32 folhas (os mais comuns).

outlet
1. Ponto de venda. 2. Passagem. Veja também loja de descontos.

outlier
Valores extremos. Valores extremamente raros, no sentido de que estão muito afastados da maioria dos dados.

outline
Desenho de letra no qual apenas as linhas de contorno, tanto externo como interno, são definidas.

overlapping
O mesmo que superposição. Termo mais utilizado em relação a mídia.

overlay
Papel transparente ou pedaço de filme colocado sobre uma arte com a finalidade de protegê-la contra sujeira ou estrago, de indicar instruções à gráfica ou ao impressor, ou ainda indicar as cores em separação de cor mecânica.

overlay
Aplicação de elementos recortados sobre outdoors, obtendo efeitos tridimensionais, garantindo maior impacto à peça em questão. O mesmo que superposição.

OV

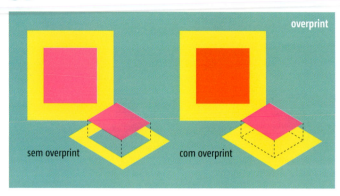

overprint ag
Técnica de pré-impressão que utiliza
a sobreposição de cores na impressão.
Sobreposição de tintas correspondentes
a objetos diferentes. O contrário de
knockout.

Pp

P&B / PxB / P/B
Formas abreviadas de preto e-branco.

P.E.P.S
(Primeiro que entra, primeiro que sai) Esta técnica também é utilizada para área de estocagem de produtos.

Ps do marketing
Os 4Ps são os mais conhecidos: Produto, Preço, Promoção e Praça. Na área de serviços já se fala em 8Ps, incluindo além dos quatro já conhecidos, o Posicionamento, as Parcerias, as Pessoas e os Processos.

packshot
Tomada exclusiva, em close, de produto a ser usada na produção de mídia eletrônica.

pacote
A informação que é transmitida pela Internet é separada em pacotes. Cada pacote contém, além do conteúdo que está sendo transmitido (imagem, mensagem etc.), endereço do remetente, do destinatário e informações essenciais para que os pacotes de um mesmo arquivo sejam reagrupados no destino. O tamanho dos "pacotes" pode variar de 40 até 32.000 bytes, dependendo da rede. Normalmente menos de 1.500 bytes.

Pacto Global (Global Compact)
Iniciativa da ONU para incentivar a responsabilidade social corporativa. Na ocasião, 206 empresas brasileiras atenderam à convocação e tornaram-se signatárias do compromisso. O pacto defende dez princípios universais, entre direitos humanos, direitos do trabalho, proteção ambiental e contra a corrupção: 1. Respeitar e proteger os direitos humanos. 2. Impedir violações de direitos humanos. 3. Apoiar a liberdade de associação no trabalho. 4. Abolir o trabalho forçado. 5. Abolir o trabalho infantil. 6. Eliminar a discriminação no ambiente de trabalho. 7. Apoiar uma abordagem preventiva aos desafios ambientais. 8. Promover a responsabilidade ambiental. 9. Encorajar tecnologias que não agridem o meio ambiente. 10. Combater a corrupção em todas as suas formas, inclusive extorsão e propina.

PageMaker
Software de editoração eletrônica que foi um marco na história dos aplicativos de desktop publishing, dominando o mercado até meados da década de 1990. Em virtude desse sucesso, a empresa produtora do software foi incorporada pela Adobe Systems, que acabou anuciando o InDesign como o seu sucessor em 2004.

página
Um dos lados de uma folha de papel em uma publicação.

página dupla
Duas páginas de tamanho padrão, dispostas lado a lado, usadas para um mesmo assunto ou anúncio. Podem ser ou não as páginas centrais de um caderno.

página editorial
A que contém o artigo de fundo e outros comentários. Pode, muitas vezes, conter outras informações de caráter editorial como, por exemplo, cartas de leitores ou sumário.

página espelhada
Aquela que fica ao lado de uma outra.

página mestra
Em um documento de paginação, é um layout de página que serve como "gabarito" para a criação das demais páginas da publicação. Útil para o posicionamento de elementos fixos ou repetitivos como logos, vinhetas, definição das colunas, fios-guias, margens etc.

paginação
Ação de paginar, ordenar as páginas. Em DTP, o mesmo que diagramação.

paica
(Do inglês pica) Unidade de medida tipográfica, equivalente a 1/6 de polegada ou 12 pontos do sistema anglo-americano de medição tipográfica, ou cerca da sexta parte de uma polegada (4,218 mm), ou, ainda, 11,22 pontos do sistema Didot.

painel de controle
Control Panels. Utilitário que controla as funções da máquina. No Windows, pode-se alterar o número de cores do monitor, instalar ou remover fontes tipográficas, ajustar o mouse, a impressora e o som, entre outras funções.

149

pa

painel perfurado
Painel destinado a receber ganchos que permitem a apresentação de produtos pendurados com ou sem blister.

Painter
Programa de ilustração semelhante ao Photoshop, mas especializado em simular instrumentos tradicionais de desenho e pintura como carvão, lápis e tinta a óleo, produzido pela Fractal Design.

paleta de cores
Conjunto de cores, dispostas em uma determinada ordem, de uma imagem com profundidade de cor em 8-bits ou inferior. No MacOS e no Windows, a primeira cor de uma paleta (cor zero) é sempre o branco e a última cor (255) é sempre preto.

palete (pallet)
Estrado padronizado para transporte de carga geral fracionada unitizada. Sua estrutura e altura reduzida, possibilita o seu manuseio por empilhadeiras ou paleteiras.

panfletagem
Ato de distribuir folhetos em locais estratégicos.

panfleto
Material impresso destinado à promoção e larga distribuição, geralmente produzido em pequenos formatos.

Pantone®
Empresa norte-americana que produz séries de cores prontas, associando, a cada uma, um código. Padrão de cores muito utilizado em artes gráficas como referência para impressão. Também é o nome da tabela codificada que apresenta essas cores.

papel
Material constituído por elementos fibrosos de origem vegetal e cola que, reduzidos a uma pasta de celulose, se faz secar e refinar sob forma de folhas delgadas utilizadas para escrita, desenho, impressão e outros fins.

papel apergaminhado
Fabricado com pasta química branqueada, carga mineral, com acabamento alisado. É usado para muitas finalidades, mas principalmente na confecção de cadernos, envelopes, formulários etc.

papel bíblia
Fino e resistente, é produzido com pasta branqueada e carga mineral para aumentar sua opacidade, recebendo acabamento alisante. Seu peso padrão geralmente não excede 45 g/m². Destina-se, sobretudo, à impressão de bíblias e obras muito extensas.

papel bouffant
(pronuncia-se buffon). Fofo e leve, por ser pouco alisado, suas principais características são a capacidade de absorção e seu corpo. Recebe elevada porcentagem de carga mineral em sua pasta química branqueada. Destina-se principalmente à impressão de livros em tipografia. Conhecido também como papel bufon.

papel couché
Papel com tratamento especial, feito em máquina de revestimento, que aplica uma camada de minerais (gesso, caulim) sobre a superfície (de 3 a 30 g/m2) em ambos os lados do papel. Esse processo é realizado com o objetivo de dar lisura e brilho ao papel, melhorando sua imprimibilidade. É normalmente utilizado no revestimento externo de embalagens com o objetivo de melhorar seu aspecto visual. É muito utilizado em impressos com retículas finas, garantindo melhor qualidade de reprodução de fotografias e textos.

papel couché opaco
Papel semelhante ao papel couché simples, preservando suas qualidades de lisura e imprimibilidade, porém sem brilho. Também muito utilizado

em impressos com retículas finas, garantindo melhor qualidade de reprodução de fotografias e textos.

papel estiva
Papel de baixa qualidade, fabricado com matéria-prima reciclada (aparas), fornecido geralmente na cor acinzentada natural, nas gramaturas de 70 a 120 g/m². É normalmente utilizado para embrulhos que não requerem boa apresentação, tubetes e cones.

papel fósforo
Papel fabricado com matéria-prima virgem, fornecido monolúcido ou não, na cor característica azul com gramatura de 40g/m², utilizado essencialmente como forro de caixas de fósforos.

papel impermeável
Papel com baixa permeabilidade a substâncias gordurosas.

papel imprensa
É feito com 70% ou mais de pasta mecânica, sem cola e alisado à máquina. Apresenta linhas-d'água. Com peso de 45 a 55 g/m², é geralmente vendido em bobinas para utilização em jornais, revistas e publicações similares.

papel jornal
Produzido com alta porcentagem de pasta mecânica, tende a descolorir e tornar-se quebradiço com o passar do tempo. Muito usado na impressão tipográfica comercial para serviços de qualidade inferior.

papel kraft
Produzido com pasta química e alta porcentagem de pasta mecânica, monolúcido ou alisado, tem como característica principal a alta resistência mecânica. É fabricado para variados fins, principalmente embalagens. Apresenta diversos subtipos, geralmente designados por palavras que descrevem sua aparência ou acabamento, como: monolúcido, liso, com listras etc.

papel manilha
Papel de qualidade intermediária, fabricado com alta porcentagem de matéria-prima reciclada (aparas), fornecido monolúcido em cores ou em cor natural, nas gramaturas de 40 a 100 g/m², utilizado como papel embrulho nas lojas de departamento, indústrias e congêneres.

papel monolúcido
Fabricado de pasta química branqueada, com carga mineral e boa quantidade de cola. Apresenta-se supercalandrado em uma das faces, condição da qual deriva seu nome: é lustroso apenas em uma das superfícies. Quase sempre é usado na confecção de rótulos, cartazes, sacos e embalagens.

papel offset
Feito de pasta química branqueada, colagem de superfície e carga mineral de 10 a 15%, destina-se sobretudo à impressão offset de revistas, livros, folhetos, catazes, selos etc. Precisa ser colado e forte o suficiente para resistir à puxada das tintas pegajosas utilizadas e à lavagem da camada de papel pelo sistema de umedecimento da máquina.

papel ou plástico de forração
Utilizado para forrar base de ilhas/ pilhas ou pontas de gôndolas.

papel reciclado
Papel produzido com restos de papéis já utilizados. O papel pode ser 100% feito com reciclados ou com uma participação menor. A produção do papel reciclado pode ser artesanal ou industrial.

papel seda
Papel fabricado com pasta química, branqueada ou não, nas gramaturas 20 a 27 g/m², branco ou em cores, utilizado para embalagens leves, embrulhos de objetos, intercalação, enfeites, proteção de juntas etc.

papel strong
Papel fabricado com matéria-prima virgem e/ou reciclada (aparas de cartões perfurados), fornecido geralmente monolúcido branco ou em cores claras, nas gramaturas de 40 a 80 g/m², utilizado essencialmente para a fabricação de sacos de pequena capacidade, forro para sacos e como papel de embrulho.

papel superbond
Confeccionado com pasta química branqueada, bem colado e alisado na máquina, é bem semelhante ao apergaminhado, mas produzido sempre nas cores azul, verde, rosa, canário e ouro. Geralmente é usado para escrita, envelopes, segundas vias de talões e encartes.

papel tecido
Papel fabricado com matéria-prima

pa

reciclada (aparas classificadas) e/ou virgem, fornecido geralmente nas cores creme, bege e azul, nas gramaturas de 70 a 120 g/m^2, utilizado essencialmente para embalagens de tecidos e envelopes, em virtude de sua boa resistência mecânica.

papel vergé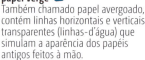
Também chamado papel avergoado, contém linhas horizontais e verticais transparentes (linhas-d'água) que simulam a aparência dos papéis antigos feitos à mão.

par trançado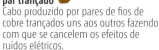
Cabo produzido por pares de fios de cobre trançados uns aos outros fazendo com que se cancelem os efeitos de ruídos elétricos.

parágrafo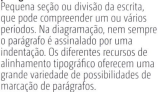
Pequena seção ou divisão da escrita, que pode compreender um ou vários períodos. Na diagramação, nem sempre o parágrafo é assinalado por uma indentação. Os diferentes recursos de alinhamento tipográfico oferecem uma grande variedade de possibilidades de marcação de parágrafos.

participação de mercado
1. Parte do mercado controlada pelo determinado produto; muitas vezes o desejo de alcançar uma participação específica do mercado é anunciado como uma reta do plano de marketing. 2. Objetivos de parcela de mercado.

passe-partout
1. Margem de papel-cartão ou de papelão forrado com tecido que contorna um desenho, uma fotografia ou uma gravura. 2. Parte integrante de uma moldura de quadro que fica entre os caixilhos (armação de madeira ou de metal) e a tela. 3. Fita de papel, vendida em rolos, que serve para emoldurar desenhos ou fotografias.

passe-partout
Moldura de papelão onde são colados o layout ou a arte-final de um anúncio, para apresentação ao cliente.

password
Senha usada para identificação do utilizador, em conjunto com o login.

pasta
Veja diretório.

paste
Veja colar.

paste-up
Trabalho de montagem de artes-finais por colagem, hoje bastante substituído pelo trabalho desenvolvido em computadores.

Pathname
A informação que designa somente um item no servidor. Pathnames apresentam a forma volume/folder/.../name, sendo o volume o dispositivo de armazenagem (normalmente um hard disk) onde os arquivos ficam, e "folder/.../" designa uma série de pastas (ou, em se tratando de DOS e Unix, diretórios) contendo o arquivo (você também encontrará nomes na forma ~name; estes designam usuários).

pattern
Padrão visual em que um elemento aparece repetido.

pauta
Relação de assuntos que devem ser tratados e investigados, com a intenção

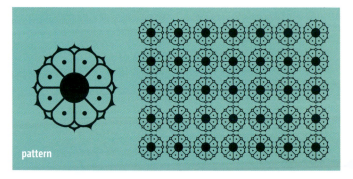
pattern

de vir a se transformar em matérias para uma determinada edição.

PC
Personal computer. Computador pessoal. Composto por monitor, teclado e CPU.

PCL
Printer Control Language (linguagem de controle de impressora). Linguagem de comando desenvolvida para impressoras da linha HP LaserJet e impressoras de jato de tinta.

PCTFE
Policlorotrifluoretileno. O filme de PCTFE é usado principalmente para embalagens de produtos farmacêuticos, apresenta uma alta barreira de umidade.

PCX
Antigo formato gráfico de PC desenvolvido pela Zsoft, usado para armazenar imagens monocromáticas ou coloridas em até 24 bits (milhões de cores). Possui compressão RLE, que garante fator de compressão de até 1,5:1. É um predecessor do atual TIFF.

PDF
Portable Document Format (formato de documento portável). Formato de arquivo do Adobe Acrobat. É multiplataforma e pode conter todos os elementos componentes, incluindo as fontes. Alguns RIPs PostScript Nível 3 já o aceitam, e é possível gerar fotolitos com altíssima qualidade (inclusive compostos por imagens) usando PDFs no lugar dos EPS fechados.

PDV (ponto de venda)
Local onde é efetivada a venda (estabelecimento comercial).

pé americano
Suporte de armar, fixado atrás de um display, que permite sua colocação na posição vertical.

pé de página
1. Parte inferior das páginas. 2. Em programas de edição de texto, o mesmo que footer.

pé de página
Sinal, em forma de cruz ou x, colocado na última página dos originais (ao alto e embaixo), indicando que a matéria termina ali.

PEAD
Polietileno de Alta Densidade.

PEBD
Polietileno de Baixa Densidade.

PEBDL
Polietileno de Baixa Densidade Linear.

peg board
Orifício feito na embalagem para pendurá-la em ganchos de gôndolas ou displays.

pegada ecológica
É um importante instrumento de avaliação dos impactos antrópicos no meio natural. Usada como indicador de sustentabilidade ambiental. Mede e gerencia o uso de recursos naturais, como terra e água, por exemplo, necessários para sustentar as gerações atuais, tendo em conta os recursos materiais e energéticos gastos por uma determinada população. A pegada contrasta o consumo dos recursos naturais pelas atividades do homem com a capacidade de suporte da natureza e mostra se os impactos são sustentáveis no longo prazo. Possibilita também que se façam comparações entre indivíduos, cidades e nações. Calcula a área de terra necessária para sustentar o consumo e o desperdício do ser humano. A conta é feita considerando toda a quantidade de água e de espaço físico necessários para plantio, pastagem, pesca etc. É conhecida em inglês pela expressão "ecological footprint".

película
Termo utilizado para designar filme fotográfico.

PEMDL
Polietileno de Média Densidade Linear.

PEMDR
Polietileno de média densidade para rotomoldagem.

percepção do cliente
É o processo pelo qual o cliente operacionaliza seus julgamento de qualidade. É mais subjetivo do que um processo rigoroso de controle de

qualidade de um fabricante. Todavia, as percepções do cliente, não importando sua subjetividade, são a realidade do mercado com o qual a empresa deve lidar.

perfil
Descrição colorimétrica do comportamento de um aparelho de input ou output, que pode ser usado por um aplicativo para assegurar a transferência precisa de dados cromáticos.

perfil de atitude
Maneira de se conhecer a opinião do cliente sobre determinado produto ou serviço.

periféricos
Dispositivos externos ao computador principal, como teclado, monitores, modems, scanners, impressoras, mouse, drives etc.

periódico
Publicação – jornal, revista, boletim etc. – com circulação definida por intervalos de tempo fixos (mensal, bimestral, semestral etc.).

permacultura
Filosofia criada nos anos 1970 pelo australiano Bill Mollison, cujo conceito é a criação de ambientes humanos sustentáveis, baseados na observação da natureza e na sabedoria contida em sistemas produtivos tradicionais. Seu princípio básico é o trabalho com a natureza e não contra ela. Os sistemas permaculturais utilizam fontes de energias alternativas como a luz do sol, a força dos ventos e da água, além de desenvolvidos para durar o tempo que for necessário.

peso
Em tipografia, é uma variação de um tipo em relação ao "normal" ou principal da família. Os pesos usualmente incluem Light, Medium e Bold. Famílias complexas como, por exemplo, Univers e Helvetica Neue, contêm outros pesos, como Ultra Light, Thin, Book, Heavy, Extra Bold e Black. Essas fontes podem usar números como meio auxiliar de identificação relativa: 45 Light, 55 Normal, 65 Bold etc.

pesquisa de mercado
Estudos feitos com os clientes e o mercado buscando informações relevantes para a atuação do marketing.

pesquisa descritiva
Pesquisa de mercado que descreve problemas, situações ou mercados – tais como o mercado potencial para um produto ou os dados demográficos e atitudes dos consumidores.

pesquisa e desenvolvimento (P&D)
Função entrepreneurial que dedica ativos da organização para o projeto, a avaliação de novos produtos.

pesquisa exploratória
Pesquisa de mercado para coleta de informações preliminares que ajudarão a definir melhor os problemas e sugerir hipóteses, visando à identificação de situações, construção de cenários, estruturação de tipologias e desenho de quadros que constituem a primeira aproximação ao assunto investigado, quando o objeto do Estudo é desconhecido.

pesquisa motivacional
Tipo de pesquisa qualitativa que busca identificar atitudes, intenções de compra, motivos e hábitos de consumo.

pesquisa qualitativa
1. Técnica que visa conhecer o estilo de vida, o comportamento, perfil e opiniões dos entrevistados. As técnicas mais difundidas são: discussão em grupo e entrevistas em profundidade.. 2. Tipo de pesquisa realizada para aferir aspectos qualitativos de alguma questão, como percepção de imagens, atitudes diante de marcas e veículos, motivações etc. Discussão em grupo: Pesquisa qualitativa de caráter exploratório de um segmento do mercado, com vistas à obtenção de dados sobre sua opinião, comportamento, percepções etc. sobre um assunto, problema, produto ou serviço. Sob a condução de um moderador, um grupo de pessoas escolhidas por suas características predeterminadas (classe, idade, sexo, educação etc.) e/ ou específicas de um assunto (como posse da coisa ou experiência como produto/ serviço) se reúnem para discutir um assunto em foco. Essa discussão é observada e registrada. A pesquisa com vários grupos permite, após

análise dos resumos das discussões, chegar-se a conclusões utilizáveis mercadologicamente, sobretudo como base para posteriores estudos quantitativos. Veja também moderador.

PET
Polietileno Tereftalato. Material transparente, resistente ao impacto e leve. É usado principalmente na fabricação de embalagens para indústrias; de bebidas, alimentícias, farmacêuticas, cosméticas, higiene etc.

PGP
Pretty Good Privacy. Programa para a codificação de mensagens, inventado por Philip Zimmerman. Uma mensagem enviada dessa forma é indecifrável e só o seu destinatário a pode decodificar.

Photoshop
Software de manipulação de imagens fabricado pela Adobe Systems.

PIB (Produto Interno Bruto)
Sigla constituída pelas iniciais de produto Interno bruto, é a soma dos valores de todos os bens e serviços produzidos num determinado país durante um ano. É por meio do aumento ou diminuição do PIB que se conhece a situação de uma economia, isto é, se houve ou não crescimento em determinado ano. O resultado final é dado em termos absolutos (tantos bilhões de dólares, por exemplo) ou relativos, quando aparece uma porcentagem de crescimento (ou de decréscimo) em relação ao ano anterior.

pick pack
Separação de pedidos e embalamento por um centro de distribuição (CD).

picotagem
Perfuração de pequenos orifícios em uma folha para que uma parte possa ser facilmente destacada da outra. É um processo feito normalmente fora da impressora, como operação de acabamento, utilizando uma máquina ou fio de picote.

Pict
Picture. Formato de arquivo gráfico que armazena imagens em formato vetorial.

pictograma
Tipo específico de símbolo gráfico muito utilizado em sinalização. Seu desenho figurativo é esquemático e autoexplicativo e apresenta como características: concisão gráfica, densidade conceitual e uma funcionalidade comunicativa que ultrapassa as barreiras da linguagem verbal. Pode sinalizar proibição, permissão, obrigação, perigo, emergência, identificação de locais e de serviços e, ainda, orientação espacial. O mesmo que glifo.

pigmento
Partículas sólidas que conferem cores às tintas.

pilfer proof
Tampa inviolável.

pilha
Agrupamento de unidades de um mesmo produto em locais de grande circulação dentro de estabelecimento comercial.

pin
Peça em forma de broche, produzido em metal esmaltado. Menor que button.

ping
Packet Internet Group. Programa TCP/IP usado para testar o alcance de uma rede, enviando a nós remotos uma requisição, e esperando por uma resposta.

PIR
Ponto de Interconexão de Redes. refere-se a locais previstos para a interconexão de redes de mesmo nível (peer networks), visando assegurar que o roteamento entre redes seja eficiente e organizado. No Brasil, os três principais PIRs estão previstos em Brasília, Rio de Janeiro e São Paulo.

pirólise
Decomposição pelo calor.

pixel
Abreviação de picture element. Elemento mínimo utilizado por hardwares e softwares, e impressoras, para construção de imagens e letras.

pixel
Picture Element (elemento de imagem). Componente básico de uma imagem digital bitmap. É uma pequena área retangular (quase sempre quadrada) à qual é atribuído um valor numérico descritivo da sua cor, conforme o espaço de cor usado.

placa
Termo genérico utilizado para designar as placas planas com circuitos impressos, onde estão instalados os chips, cuja conexão (passagem de eletricidade) é feita por meio de solda. Os principais circuitos do computador ficam na placa-mãe. As placas também podem ser chamadas de cartões, que têm a mesma estrutura, mas podem ser adicionados à placa principal.

plan file
Arquivo de texto contendo informações para que outros usuários tenham acesso por meio do comando finger. As informações colocadas no plan file variam desde endereço e telefone a citações e arte ASCII.

planejamento de portfólio
O processo feito para se atacar um segmento ou o mercado por meio de um conjunto de ofertas, avaliado sob o ponto de vista da satisfação dos clientes, do nível de concorrência, da participação no mercado ou segmento. Visa também a alocação de recursos dadas as diferentes contribuições dos componentes do portfólio.

planejamento estratégico
O processo dinâmico de alocação de recursos compatibilizando as oportunidades de mercado, os objetivos e as capacidades da organização.

plano de marketing
Planejamento feito periodicamente onde se analisam os diversos ambientes do marketing (auditoria de marketing) e se estabelecem objetivos e estratégias de produto (composto) e mercado (participação). Constitui um documento que orienta a implementação das atividade de marketing.

plano de mídia
O plano de mídia faz parte do plano de propaganda, em que devem ser incluídos os objetivos a cumprir e as táticas a serem seguidas. Atividade que pode variar de pessoa a pessoa, de agência a agência. Esse plano é um documento da análise dos dados e alternativas que estabelecem a ação a ser desenvolvida em mídia para determinada situação mercadológica.

plano de negócios
Documento formal contendo uma declaração de missão, a descrição dos bens ou serviços da empresa, uma análise de mercado, projeções financeiras e uma descrição das estratégia da direção para alcançar os objetivos da empresa.

plástico
Subdivisão dos polímeros, classe de materiais geralmente sintéticos que apresentam grande facilidade de assumir qualquer formato por meio de processo de transformação.

plástico bolha
Filme plástico base (Polietileno de baixa densidade), com pequenas bolhas do mesmo material cheias de ar. É ideal para embalar produtos frágeis ou sensíveis.

plásticos barreira
Plásticos com propriedades (aditivos ou combinação de resinas), que evitam a passagem de gases, odores, umidade, conservado o produto por mais tempo do que um plástico comum.

plastificação
Processo que cobre um papel ou cartão impresso com película de celofane® ou de outro plástico transparente, que se faz aderir por meio de uma plastificadora. Pode-se utilizar plástico

po

transparente fosco ou brilhante para melhorar o aspecto e proteger o papel ou papelão.

plotagem
Termo genérico que diz respeito à operação de dispositivos (plotters) que traçam imagens pelos mais diferentes processos a partir de arquivos digitais, desde a confecção de fotolitos por meio de imagesetters até os diversos processos de impressão digital.

plotagem
Processo de impressão que permite reproduzir imagens com qualidade fotográfica e pequena quantidade, em diversos tipos de materiais e formatos.

plotter
Termo hoje utilizado genericamente para designar dispositivo que traça imagens a partir de arquivos digitais.

plug-in
Tipo de extensão de um programa que pode ser facilmente adicionado ao computador.

PMT
Photomechanical Materials Transfer. Papéis fotomecânicos fabricados pela Eastman Kodak; papel Kodak negativo PMT para fazer cópias reduzidas ou ampliadas em uma câmara de seleção; papel Reflex PMT para fazer cópias por reflexão ou provas de contato de negativos a traço ou meio-tom em uma câmara de contato; papel Receiver Kodak PMT, papel quimicamente sensível para fazer cópias positivas em um processador de transferência por difusão.

policromia
Processo de impressão que utiliza as quatro cores da escala de impressão: ciano, magenta, amarelo e preto. Possibilita maior fidelidade cromática ao original. A impressão obedece ao mesmo princípio de inclinação ou porcentagem de retículas da tricomia, porém em graus e porcentagens diferentes.

poliestireno
Material plástico muito utilizado em peças promocionais feitas em vacuum forming.

polpa moldada
Produto obtido a partir da desagregação ou separação das fibras de aparas de papel e outras em geral, que, misturadas a água e produtos químicos, formam uma massa que, depois, é moldada conforme a necessidade (bandejas, formas, calços, para acondicionamento).

poluente
Substância que é irritante, prejudicial ou tóxica à vida humana, animal ou vegetal; é tudo que provoca poluição. (Fonte: Dicionário de ecologia e ciências ambientais, Editora UNESP e Melhoramentos).

poluente orgânico persistente (POP)
Substâncias extremamente tóxicas, formadas por compostos químicos orgânicos que possuem afinidade com as células dos seres vivos, que se acumulam no meio ambiente e nos corpos das pessoas, animais e plantas. São substâncias geradas em diversos processos industriais, entre eles: produção do PVC, produção de papel, geração e composição de produtos agrícolas, incineração de lixo; processos industriais que empregam cloro e derivados do petróleo. São resistentes à degradação biológica e fotolítica (da luz), e afetam a saúde humana, bem como os ecossistemas, mesmo em pequenas concentrações.

poluição transfronteiriça
Poluição transportada por meio de fronteiras políticas, por forças naturais, como ventos, rios etc. (Fonte: Dicionário de Ecologia e Ciências Ambientais, Editora Unesp e Melhoramentos).

ponta de gôndola
Espaço nobre, localizado nas extremidades das gôndolas, muito utilizado para promover e aumentar a circulação de produtos em ponto de venda.

ponteiro de ajuda
Assemelha-se a um ponto de interrogação. Trata-se da forma adotada pelo cursor, ao ser acionado o programa de ajuda.

ponto
Menor unidade de medida tipográfica. Pelo sistema anglo-americano, 12 pontos equivalem a uma paica, um ponto a aproximadamente 1/72 de uma polegada. No Brasil, adota-se

po

o sistema Didot, em que um ponto corresponde, em altura, a cerca de 0,3759 milímetros (12 pontos = 1 cícero). O tipo é medido em termos de pontos, sendo corpos padronizados os seguintes: 6, 8, 10, 12, 14, 18, 24, 30, 36, 48, 60 e 72.

ponto branco
Em relação ao monitor, é o nível máximo dos três feixes de elétrons do CRT (R=G=B= 255). Em fotografia digital, é o ponto do histograma que corresponde ao máximo brilho registrado na imagem.

ponto de cola
Na montagem de embalagens – caixas, sacolas ou sacos – é o termo que designa os exatos locais de aplicação de cola para sua estruturação.

ponto de dose
Local de comercialização onde a indústria de bebidas faz suas atividades promocionais, isto é, bares, boates e restaurantes.

ponto extra ou espaço adicional ou ponto adicional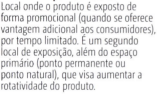
Local onde o produto é exposto de forma promocional (quando se oferece vantagem adicional aos consumidores), por tempo limitado. É um segundo local de exposição, além do espaço primário (ponto permanente ou ponto natural), que visa aumentar a rotatividade do produto.

ponto focal (exibidor)
Expositor que apresenta, sinteticamente, uma família de produtos à venda, por meio de uma ou várias de suas unidades.

ponto frio
É o local ou locais do ponto de venda com rendimento abaixo da média do estabelecimento e que geralmente escapa do fluxo natural da loja.

ponto preto
Em relação ao monitor, é o nível mínimo (de fundo) dos três feixes de elétrons do CRT (R=G=B=0). Em fotografia digital, é o ponto do histograma que corresponde ao mínimo brilho registrado na imagem.

ponto quente
Local ou locais do canal de vendas em que a venda de qualquer produto exposto é maior por metro linear que a média do estabelecimento. Esse ponto gera uma zona de atração. Pode ser natural ou criado.

pôster
Suporte de papel ou papelão para ser colocado em superfícies verticais.

POP (Ponto de Presença)
Ponto de presença local de uma espinha dorsal (backbone) de rede. Uma rede cobre sua região de atuação por meio de pontos de presença nas principais cidades/distritos dessa região: interligados por um conjunto de linhas dedicadas, compondo um backbone.

pop up
Peça impressa dobrada que, quando aberta, projeta uma ilustração tridimensional. Pode ser desde um simples cartão dobrado a um livreto.

POPAI Brasil
Entidade brasileira voltada ao merchandising do ponto de venda e conectada com o POPAI.

porta
Um servidor pode ter várias portas, uma para cada serviço oferecido, como FTP, telnet, http etc. Quando o seu computador manda um "pacote" para outro computador, este "pacote" contém informação sobre o protocolo que está sendo usado, e que aplicação está se comunicando com ele.

porta cartazete
Suporte com trilhos nas laterais que permite constante troca dos cartazetes.

porta folheto
Veja take one.

porta-fólio
O mesmo que portfolio. Versão aportuguesada, pouco usada.

portas
Conectores de entrada/saída em equipamentos de informática. São as tomadas que aceitam os cabos.

portfólio
1. Conjunto de marcas, produtos e serviços de uma empresa. 2. Conjunto das contas de uma agência. 3. Trabalhos já realizados por uma agência, escritório de design,

produtora, fornecedor ou profissional autônomo. 4. Conjunto de títulos de uma editora e de programas de uma emissora de rádio e tevê.

portrait
(Retrato) Orientação de página com a largura menor que a altura, em oposição a Landscape. Conhecida também por tall ou "página em pé".

pós-venda
Fase posterior à conclusão da venda e que tem por objetivo verificar a correta entrega do bem ou produto vendido, bem como o grau de satisfação do cliente.

pós-consumo
É o impacto causado pelo descarte de material após o consumo de um bem ou produto. A consideração tornou-se uma prática desde que foram descobertos os importantes impactos ambientais do depósito de rejeitos em aterros sanitários, lixões, cursos d'água, solo em geral, e consequentes impactos sobre a saúde humana e a qualidade ambiental. Essa preocupação está inserida na análise do ciclo de vida do produto e em estratégias de ecoeficiência, quando se procura minimizar os impactos em todas as fases de vida de um produto, da extração da matéria-prima, ao descarte final do bem, passando pelo processo produtivo e consumo. Baterias, pilhas, plásticos, pneus e materiais não biodegradáveis em geral são alguns exemplos de produtos com grande impacto pós-consumo. O conceito de pós-consumo está sendo amplamente incorporado na legislação de vários países, com destaque à União Europeia. A responsabilidade das empresas pela fase pós-consumo de seus produtos já é uma realidade, no Brasil os pneumáticos são um exemplo.

posicionamento
A percepção que o cliente tem, ou se quer que tenha, de uma determinada marca, empresa, produto ou serviço frente aos concorrentes.

positivo
Cópia ou transparência com imagem composta por zonas claras (ou transparentes) e escuras (ou opacas), que correspondem às luzes e sombras da imagem original.

pôster
Folha única de papel impressa em apenas um lado. Geralmente colocado em lugar público.

posting
Um artigo individual mandado para o grupo de discussão da Usenet ou o ato de mandar um artigo para o Usenet.

postmaster
E-mail do responsável pelo sistema de correio eletrônico de um servidor de rede. O endereço do postmaster normalmente é algo como postmaster@server.com.br.

PostScript
Linguagem de descrição de página para impressoras, criada pela Adobe. Tornou-se padrão quase absoluto no mercado de DTP. A página é descrita por comandos e expressões matemáticas legíveis. O arquivo salvo contendo essas instruções (chamado EPS ou "PostScript encapsulado") é totalmente legível e manipulável. PostScript também é o padrão de fontes proprietário da Adobe. Cada fonte compreende um par de arquivos: a fonte de impressão e a fonte de tela.

potencial de mercado
A máxima demanda possível entre os clientes de um segmento ou de um mercado; previsão numérica do número de clientes potenciais em um determinado mercado ou segmento desse mercado.

potes
Recipientes de perfil baixo com boca larga, geralmente de vidro ou plástico (maionese, sorvete, creme, cosméticos etc.

pp

pp
Polipropileno.

PPD
PostScript Printer Description (descrição de impressora PostScript). Arquivo que contém configurações específicas para uma determinada impressora PostScript. Normalmente as principais informações são a combinação páginas/resolução/lineatura default (padrão). Esse arquivos podem ser editados para melhor adaptação ao dispositivo; na maioria das vezes, as opções são mantidas em default e especificadas/forçadas pelo RIP.

PPP
Point to Point Protocol. Protocolo de comunicações que fornece acesso de discagem à Internet. É necessário para utilizar navegadores gráficos para a Web.

pragmática
Dimensão semiótica que se ocupa das relações do signo com seus intérpretes.

pre pack
Veja embalagem display.

preciclagem
Dar preferência a produtos que comprovadamente não agridem o meio ambiente, como sabão e detergente biodegradáveis, papel reciclado e sprays sem CFCs.

precificação
Determinação do preço.

preço de custo
Preço que não inclui lucro.

prefácio
Comentário que precede o texto principal de um livro, podendo ser escrito tanto pelo autor como por alguém convidado a fazê-lo. Distingue-se da introdução, que na verdade é parte integrante do texto, e da apresentação, que normalmente é escrita por alguém que não o autor.

pré-impressão
Todo o processo que antecede uma impressão: fotolito, prova de impressão, montagem de filmes, gravação de chapa etc.

prelo
1. Equipamento mecânico, manual ou automático, utilizado para imprimir provas para revisão, verificação da qualidade dos fotolitos, exame da seleção de cores etc., em um processo quase artesanal. Utiliza chapas, rolos e tintas semelhantes aos de uma impressora normal. É considerada a prova mais fiel, quando bem executada. 2. O mesmo que prensa.

prensa
1. Equipamento mecânico, manual ou automático, destinado a imprimir imagens e textos sobre folha de papel ou outro material. Prelo. Máquina impressora (plana, planocilíndrica ou rotativa). 2. Instrumento destinado a comprimir qualquer coisa entre suas peças principais. Nesta acepção, em artes gráficas utiliza-se diversos modelos de prensas, para variados fins: prensa de aparar (aperta o livro para ser aparado com uma guilhotina), prensa de encadernador, prensa para endorsar (fazer dorsos em livros), prensa de gofrar etc. 3. Equipamento gráfico destinado a gravar flãs, por pressão vertical entre duas superfícies planas: uma móvel, outra fixa.

prepress
Pré-impressão. Nome genérico para as atividades executadas entre o final da produção de originais e a gravação de matrizes. Sugere processos eletrônicos de foto-reprodução anteriores à fase de impressão. Pode também designar o espaço físico onde se dão as atividades que antecedem uma impressão.

preselling
Venda antecipada.

press release
Noticiário ou comunicado distribuído a órgãos de comunicação – jornais, tevê e rádios, sobretudo – para fins de divulgação, por entidades privadas e públicas.

press release
Noticiário de interesse do cliente distribuído à imprensa pela agência.

Preto
Em impressão no espaço de cor CMYK, é a tinta suplementar usada juntamente com as três primárias para dar

pr

profundidade e definição às sombras. É simbolizado pela letra K (blacK) e não por B, para não se confundir com o B (Blue) do espaço de cor RGB.

prime time
Horário privilegiado numa emissora de tevê. Horário nobre.

Princípios de Estocolmo
Declaração de uma série de princípios, criados durante a I Conferência sobre o Meio Ambiente Humano, em 1972, na Suécia. Seu objetivo é servir ao mundo inspiração e guia para preservar e melhorar o meio ambiente humano.

print
Imprimir. Correntemente utiliza-se também para designar o resultado de uma impressão – folha de papel impressa por impressora conectada a computador.

print
Reprodução, na íntegra, de textos, reportagens ou depoimentos, colhidos de publicações, revistas ou periódicos, citando a fonte e o nome do autor.

prismagem
Traçado do conjunto de uma imagem que serve como indicação de suas proporções finais e de sua localização em uma diagramação. Função também desempenhada por uma imagem scanneada em baixa resolução, posicionada em uma diagramação, visando o mesmo fim.

prismagem
Indicação de referência da posição e escala de uma foto ou ilustração na página.

prismar
Operação de diagramação que visa estabelecer a correta proporção e a exata posição de uma imagem. Ato de executar uma prismagem.

process color
Em softwares gráficos, opção que faz com que todas as cores utilizadas em um documento sejam separadas nas quatro cores básicas de impressão: ciano, magenta, amarelo e preto.

process color
Em softwares gráficos, opção que faz com que todas as cores utilizadas em um documento sejam separadas nas quatro cores básicas de impressão: ciano, magenta, amarelo e preto.

processadora
Equipamento para revelação automática de filmes, composta por três racks: um com o revelador, seguido do fixador e um último com água corrente para a limpeza e retirada de excessos. Finalmente, o filme processado é seco. Utilizada também para chapas offset.

processo
Programa correndo num determinado instante, portanto presente na memória do computador. Esta terminologia é usada em máquinas Unix, onde é possível ter vários processos correndo ao mesmo tempo.

produção gráfica
1. Tarefa de organização e supervisão da realização de peças gráficas. 2. Área de agência de publicidade ou de empresa editorial encarregada pela produção e pelo relacionamento com os fornecedores gráficos.

produto
Um bem tangível, por exemplo: um automóvel, um telefone celular, um lápis, um sabonete.

produto de combate
Produto de primeira linha que apresenta perda proposital da margem de lucro, com o objetivo de atrair a atenção dos consumidores para a loja.

produto essencial
Produto ou serviço básico fornecido pela empresa, pelo qual ela é identificada. As características de um produto essencial incluem tamanho, configuração, estilo e cor. Se o produto essencial for, na verdade, em serviço, suas características incluirão cronograma, frequência, âmbito etc.

produto tangível
As partes, estilo, aspectos, marca, embalagem e outros atributos que, combinados, fornecem os benefícios básicos do produto.

produtor
1. Empresário que se encarrega de arregimentar os meios materiais necessários para a realização de um filme, montagem teatral ou qualquer outro tipo de evento cultural.

pr

2. Profissional responsável pela coordenação dos meios necessários à realização de um programa de rádio ou de tevê, ou de comerciais e spots de rádio. 3. Pessoa física ou jurídica responsável pela direção musical, pela edição ou pela publicação de fonogramas.

produtos de conveniência
Produtos necessários, mas para os quais os consumidores não estão dispostos a gastar tempo ou empregar maior esforço para adquiri-los.

produtos de impulso
Produtos comprados rapidamente; compras não planejadas em função da necessidade instantaneamente despertada; normalmente, são produtos de baixo valor de compra.

produtos genéricos
Produtos sem marca, com embalagem que identifica apenas o conteúdo e o fabricante ou o intermediário.

profundidade de cor
Número máximo de cores suportado por uma imagem ou monitor. Em uma imagem digital, corresponde ao comprimento em bits do código digital que dá o valor de cor de cada pixel. Quanto mais longo esse código, maior a quantidade de valores numéricos que podem ser registrados e maior a precisão de cor no caso de fotos digitalizadas. A progressão é geométrica de base 2: 1 bit = duas cores, 2 bits = 4 cores, 4 bits = 16 cores, 8 bits = 256 cores, 16 bits = 65,5 mil cores, 24 bits = 16,7 milhões de cores.

Programa das Nações Unidas
para o Meio Ambiente (PNUMA)
Agência sediada no Quênia, foi criada em 1972 com a função de criar parcerias que objetivam proteger o meio ambiente, a fim de promover o desenvolvimento sustentável

programa de autoria
Programa usado por desenvolvedores de multimídia para criar aplicativos e apresentações, combinando imagens, áudio e vídeo com a opção de interatividade, permitindo que um usuário navegue de forma não linear.

programa de identidade visual
Termo que designa o conjunto de elementos visuais de uma identidade institucional e suas relações de modo a consolidar, por meio de um sistema de normas e padrões, a projeção de uma imagem coordenada. Usualmente é composta de elementos como logotipo, símbolo, elementos de suporte, cores e tipografias institucionais, dentre outros.

programação visual
Termo genérico que identifica o campo de atuação profissional que manipula linguagem visual para os mais variados meios de comunicação. Trata-se do planejamento e projeto de linguagem visual, adequados ao atendimento a situações de comunicação. Compreende as noções de design gráfico, design visual, projeto gráfico, identidade visual, web design, video graphics, dentre outras nomeações de áreas de especialização.

Projeto do Milênio (ONU)
Propõe soluções diretas até 2015 para o combate da pobreza, fome e doenças opressivas que afetam bilhões de pessoas no mundo. Ao todo são oito metas a serem atingidas pelas nações: 1. Erradicar a extrema pobreza e a fome. 2. Atingir o ensino básico universal. 3. Promover a igualdade de gênero e a autonomia das mulheres; 4. Reduzir a mortalidade infantil. 5. Melhorar a saúde materna. 6. Combater o HIV/AIDS, a malária e outras doenças; 7. Garantir a sustentabilidade ambiental. 8. Estabelecer uma parceria mundial para o desenvolvimento.

projeto gráfico
Planejamento das características gráficas e visuais de uma peça gráfica, seja uma publicação, um folder ou um cartaz, envolvendo o detalhamento de especificações para a produção gráfica, como formato, papel, processos de composição, impressão e acabamento.

promoção
Conjunto de estratégias e ações de comunicação definidas e harmoniosamente integradas ao composto de marketing da empresa promotora, visando motivar e incentivar consumidores e prospects à aquisição da marca promovida.

promoção de vendas
Conjunto de atividades desenvolvidas em favor de um determinado produto, em que se oferece, ao consumidor e/ou

pr

ao revendedor vantagem adicional, por um determinado período de tempo, como estímulo à compra.

promotor
Profissional designado para divulgar, demonstrar, expor, organizar, alocar e repor produtos dentro do estabelecimento comercial.

propaganda
A divulgação de produto/empresa claramente patrocinada. Atua diretamente no consumidor para induzi-lo a comprar o produto.

propaganda cooperativa
Sistema em que os custos da propaganda de certos artigos são partilhados entre os fabricantes e os varejistas.

prospecção
Etapa do processo de venda na qual o vendedor identifica o consumir potencial qualificado.

prospect
Pessoa ou empresa que demonstra interesse em comprar um produto. Consumidor em potencial.

protocolo
Um conjunto de regras padronizado que especifica o formato, a sincronização, o sequenciamento e a verificação de erros em comunicação de dados. Dois computadores devem utilizar o mesmo protocolo para poderem trocar informações. O protocolo básico utilizado na Internet é o TCP/IP.

Protocolo de Kioto
Acordo internacional patrocinado pela ONU e firmado, em 1997, por 59 países. Realizado em Kioto, Japão, tem como objetivo reduzir as emissões de gases de efeito estufa em nações industrializadas. Entre as metas para a redução, os países que fazem parte do acordo devem reduzir em média 5% do montante emitido em 1990, além do estabelecimento de desenvolvimento limpo para as nações emergentes. O Protocolo entrou em vigor em 16 de fevereiro de 2005.

protótipo
Modelo original da peça de merchandising, construído de forma artesanal ou mecanicamente.

prova
Página impressa, experimentalmente, fora de escala industrial, para identificação de erros e eventual correção anteriormente à impressão final.

prova de cor
Imagem impressa em cor que permite ao impressor ver o que está acontecendo com o filme e assegurar ao cliente que a cor está correta e no registro. Idealmente, a prova deveria ser impressa na mesma máquina e no mesmo papel que será usado no trabalho acabado.

prova de máquina
Prova obtida na máquina no início da impressão.

prova de prelo
Prova que simula uma impressão e que a antecede, cujo objetivo é a revisão final do material a ser impresso.

prova de prelo
Prova obtida por impressão a partir do fotolito por processo manual.

prova dye sublimation
Prova digital de alta resolução, que opera por transferência térmica de películas sobre o papel. Cada uma delas porta uma das quatro cores básicas de seleção (amarelo, ciano, magenta e preto).

prova heliográfica
Prova de fotolito feita em papel especial, fotossensível, com a imagem fixada por amônia, habitualmente em tom azul. Comumente enviada pela gráfica ao cliente, editor ou autor da publicação, antes da impressão, para verificação do que foi registrado no fotolito. Esse tipo de prova registra bem os erros de montagem ou de paginação, além da omissão de qualquer elemento previsto na arte-final, mas não evidencia a qualidade dos fotolitos no tocante à reprodução de ilustrações, retículas etc. O mesmo que blueprint.

prova progressiva
Para impressão em policromia, cada uma das provas fornecidas em conjunto ao impressor, pelo gravador ou fotogravador, mostrando a exata tonalidade da cor utilizada e a ordem em que as cores devem ser impressas.

provedores (inf)
(ou fornecedores) de acesso
Varejistas de conectividade à Internet.
Ligados a um provedor de backbone,
revendem conexão à Internet aos
usuários finais.

provedores (inf)
(ou fornecedores) de backbone
Atacadistas de conectividade. Vendem
acesso às empresas, que, por sua vez,
comercializam o acesso para usuários
finais.

provedores (inf)
(ou fornecedores) de informação
Empreendimentos que disponibilizam
informações na rede para os usuários.

proxy (inf)
Um servidor (ou programa) proxy (ou
com capacidades de proxy) recebe
pedidos de computadores ligados a sua
rede e, caso necessário, efetua esses
mesmos pedidos (de HTTP, Finger etc.)
ao exterior dessa rede (ao resto da
Internet), usando como identificação o
seu próprio número IP e não o número
IP do computador que requisitou o
serviço. Útil quando não se dispõem
de números IP registados numa rede
interna ou por questões de segurança.

PS (em)
Poliestireno – é um homopolímero
resultante da polimerização do
monômero de estireno. Apresenta-
-se no estado sólido à temperatura
ambiente. Trata-se de uma resina
do grupo de termoplásticos, cuja
característica reside na sua fácil
flexibilidade ou moldabilidade.

PSD (ag)
Formato nativo do Adobe Photoshop.
É o formato gráfico mais completo
(e complexo) de todos, com suporte
a diversos espaços de cor, imagem
indexada, layers, canais alfa, efeitos de
layers, clipping paths, objetos vetoriais,
objetos de texto e muitos outros
recursos. Alguns programas abrem PSD
diretamente, mas a maioria requer que
a imagem seja exportada como TIFF ou
outro formato comum.

publicidade (mkt)
Toda divulgação de produto/empresa
na qual não esteja caracterizado a
existência de patrocínio (formato
notícia).

público-alvo (mkt)
1. Na linguagem publicitária, tipo de
consumidor que se deseja atingir com
uma campanha; se o público-alvo é
constituído por núcleos familiares,
o fato de adotar mais de um título
dirigido à família pode provocar risco
de sobreposição. 2. Componentes de
um segmento de consumidores que se
quer atingir ou avaliar.

publieditorial (jor)
Expressão que designa anúncios feitos
sob a forma de matéria editorial em
qualquer mídia.

pull off (em)
Tampa fixada por pressão – puxada
para abrir.

pump (em)
Tipo de tampa com bomba que
quando acionada expele o conteúdo
(frasco com líquido).

push girl (mkt)
Veja demonstrador(a).

PVC (em)
Policloreto de Vinila.

Qq

quadricromia
Impressão realizada por meio das quatro cores primárias.

quadricromia por seleção
Método de reprodução de original policromático (arte original, transparência etc.) por meio da separação da imagem colorida nas três cores primárias – magenta, amarelo e ciano – e no preto. O processo resulta em quatro chapas de impressão que, umas sobre as outras, reproduzem, por ilusão de óptica, todas as cores da arte original.

quadricromia por seleção
Método de reprodução de original policromático (arte original, transparência etc.) por meio da separação da imagem colorida nas três cores primárias – magenta, amarelo e ciano – e no preto. O processo resulta em quatro chapas de impressão que, umas sobre as outras, reproduzem, por ilusão de óptica, todas as cores da arte original.

qualidade
É a conformidade aos requisitos. Requisitos são características:
a) desejadas pelos clientes;
b) obrigatórias pela legislação;
c) necessárias à empresa;
d) necessárias aos empregados. (Philip Crosby.)

QuarkXPress
Software de editoração eletrônica fabricado pela Quark.

quatro Cs
Cross Cultural Consumer Characteristics (Características culturais comparadas de consumidores). Método para dividir os mercados globais, desenvolvidos pela Young e Rubicam, usando um algoritmo que combina o perfil socioeconômico do consumidor com resposta a 22 tipos de estilos de vida. Considera: cliente, conveniência, custo e comunicação.

quatro Ms
Termômetro para um orçamento por objetivo de um planejamento de marketing industrial: market, message, media, medide. O market estabelece o mercado, a localização, pessoas, recursos, desejos etc. Message, é a mensagem transmitida para o mercado. Media, determina os veículos

quadricromia

qu

adequados. Medide é a medição que precisa aferir e saber a quantidade a ser investida no programa.

quatro Os
Conceito de marketing que considera: objetos de compra, objetivos de compra, organização para compra, operações da organização de compra.

quatro Ps
McCarty popularizou uma classificação das ferramentas de marketing, que, em seu conjunto, compõe o composto de marketing, chamada 4Ps: Produto, Preço, Praça (pontos de distribuição) e promoção.

quatro Ss
Júlio César Tavares Moreira, tendo em vista a satisfação do cliente desenvolveu uma classificação do composto de marketing chamada teoria 4Ss; Soluções, Serviço, Seriedade e Sinceridade.

química verde
A química verde pode ser definida como a utilização de técnicas químicas e metodologias que reduzem ou eliminem o uso de solventes e reagentes ou que não gerem produtos e subprodutos tóxicos, que são nocivos à saúde humana ou ao ambiente. Este conceito não é novidade em aplicações industriais, principalmente em países com controle rigoroso na emissão de poluentes. Ao longo dos anos, os princípios da química verde têm sido inseridos no meio acadêmico, em atividades de ensino e pesquisa.

quiosques
Espaço físico criado para alguma atividade promocional, que pode ter a forma de um balcão, um carrinho, algo que seja extra ao espaço tradicional dentro da loja, que poderá ter promotores divulgando, demonstrando ou oferecendo degustação dos produtos.

QWERTY
Configuração padrão dos teclados de computadores. Foi "herdada" das máquinas de escrever, para as quais foi inventada no final do século XIX, como meio de evitar problemas mecânicos. (O nome QWERTY vem das seis primeiras letras da fileira superior.) Em virtude de sua concepção, é ergonomicamente sofrível. O padrão Dvorak resolve isso com uma disposição de letras muito mais eficiente para digitar, mas nunca foi adotado para valer, mesmo sendo muito fácil reconfigurar os teclados de computador.

Rr

rafe
Veja rough.

Rainbow
Prova digital que simula os resultados de uma impressão; fabricada pela 3M.

RAM
Random Access Memory. Memória de acesso aleatório. Refere-se à quantidade de armazenamento temporário instalado em seu computador na forma de SIMMs ou DIMMs. Todas as informações armazenadas nessa memória são perdidas quando o computador é desligado.

rasterização
Conversão de um arquivo de página ou ilustração digital em um bitmap, chamado raster image (ou, numa tradução sofrível, "imagem de rastreamento"), que é o material reproduzido de fato na impressão. Por exemplo, as páginas em EPS recebidas pelo bureau são convertidas pela imagesetter em um raster de resolução muito alta, que é gravado a laser no fotolito.

readme
Leia-me. Arquivo que deve ser lido antes de se iniciar a utilização ou instalação de um determinado programa, sistema, computador etc. Contém geralmente informações que podem poupar tempo ao utilizador que pretende fazer algo (e esse algo tem um arquivo readme acessível).

realidade virtual
É qualquer uma das várias combinações de recursos de interface de usuário que permite a este interagir com o computador ou sistema, de uma maneira que tenta imitar da forma mais perfeita possível o ser humano. Pode incluir vários tipos de recursos.

rebaixamento
1. Efeito de processamento fotográfico que tem por fim diminuir a densidade de um negativo ou cópia (em toda a foto ou em parte dela), por meio de soluções químicas (rebaixadores ou redutores), geralmente utilizado para corrigir problemas de superexposição ou de super-revelação. 2. Técnica de calcogravura baseada na ação de um agente corrosivo que provoca a formação de relevos, com vários degraus, na chapa de metal. Depois de prensado contra essa matriz, sem emprego de tinta, o papel apresenta maior altura nas áreas correspondentes às partes mais fundas da chapa.

recall
Termo relacionado ao poder de mensagem que um determinado comercial ou campanha tem junto ao público. Dimensiona sua capacidade de se fixar ou não na memória do público.

reciclagem
Reaproveitamento de materiais ou produtos já usados para confecção de outros ou mesmo produto.

reciclagem
Processo por meio do qual um determinado material retorna ao seu ciclo de produção, após já ter sido utilizado e descartado, para que novamente possa ser transformado em um bem de consumo, assim economizando energia e preservando os recursos naturais e o meio ambiente.

reciclagem
Processo por meio do qual um determinado material retorna ao seu ciclo de produção, após já ter sido utilizado e descartado, para que novamente possa ser transformado em um bem de consumo, economizando, assim, energia e preservando os recursos naturais e o meio ambiente.

recortar / cut
Remover o texto selecionado ou um gráfico de um documento para poder copiá-lo em outro local do documento ou ainda em outro documento. A informação recortada é colocada na área de armazenamento temporário chamada clipboard, que a armazena até que outro texto ou elemento gráfico seja recortado ou copiado.

recursos naturais
Componentes, materias ou não, da paisagem geográfica, aos quais foram atribuídos, historicamente, valores econômicos, sociais e culturais. Exemplos: madeira, minérios, petróleo, areia, peixes, florestas etc. Podem ser não renováveis (finitos) ou renováveis.

recursos naturais renováveis
São aqueles que podem se renovar, se regenerar, ou ser recuperados, com

167

re

ou sem interferência humana, num período relativamente curto de tempo. Exemplos: as florestas, o ar, o sol, a água.

redes neurais
Ferramenta de apoio ao marketing que permite simular situações, como vendas futuras, após ser analisado o resultado de um período anterior.

redondo
Diz-se do desenho tipográfico vertical, ou seja, com o vértice superior da letra A disposto verticalmente sobre a haste horizontal.

redução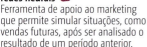
Reprodução, em dimensões menores do que as originais, de fotografia, desenho, gravura ou qualquer outro tipo de original.

reembalagem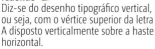
Remoção do produto de sua embalagem original, substituída por outra, com objetivo de marketing. Geralmente isso é feito para atender às necessidades de mercado ou requisitos aduaneiros de outros países no caso de exportação.

refilar
Fazer um corte muito delgado, por meio de guilhotina, a poucos milímetros das margens exteriores de livros, jornais, revistas e outros impressos, na fase de acabamento, para igualar todo o conjunto de páginas do miolo (e capas, no caso de livros em brochura).

refile
Ato ou efeito de refilar. Corte das margens de um material impresso, feito numa guilhotina especial, de acionamento elétrico, ou com uma faca.

região geográfica
Divisão de um país em partes, constituída por um grupo de estados. O Brasil está dividido em cinco regiões geográficas, com diferentes níveis de potencial de mercado.

registration marks
Veja marca de registro.

registro
Marcas em cruz usadas para permitir a sobreposição exata das cores de impressão, nos filmes, nas montagens e na impressão. São impressas em todas as tintas.

registro de cores
Perfeito encaixe das cores na impressão.

régua
Veja faixa de gôndola.

regulamento
Definição de critérios para participação de uma promoção que envolva sorteio.

reimpressão
Novo lote de impressão.

relações públicas
Atividade de comunicação que estabelece e mantém relações adequadas com os diversos públicos da empresa, de acordo com objetivos institucionais ou apoiando atividades de marketing.

Relatório de Meadows
Considerado um dos marcos do debate sobre meio ambiente e desenvolvimento, foi elaborado na década de 1970. Trata-se de um estudo realizado por cientistas e técnicos do MIT (Massachusetts Institute of Technology) a pedido do Clube de Roma sobre a dinâmica da expansão humana e o impacto da produção

registro de cores — registro correto — fora de registro

sobre os recursos naturais. O relatório alertava para a impossibilidade de o mundo continuar nos então atuais patamares de crescimento, sob pena de um drástico esgotamento dos recursos naturais.

relevo americano
Sistema de impressão com uma tinta especial que resulta em um relevo visível (mais alto que uma impressão comum).

relevo ou relevo seco
Método de impressão que usa uma área de imagem elevada. A forma comercial mais usual para impressão em relevo é a tipografia, no entanto outros processos podem atingir o mesmo objetivo. Veja calcogravura e serigrafia.

relevo seco
Sistema de acabamento de cartonagem, que, aplicado por meio de um clichê na fase do corte e vinco da embalagem, resulta em relevo tipo marca-d´agua.

repetidor
Um dispositivo que propaga (regenera e amplifica) sinais elétricos em uma conexão de dados, para estender o alcance da transmissão, sem fazer decisões de roteamento ou de seleção de pacotes.

replicar, replicabilidade
Aplicar novamente. A possibilidade de aplicação de uma dada solução em outras situações concretas e de se adaptar a alternativa técnica a outras situações. A replicabilidade pode acontecer parcialmente, o que é mais comum. Por exemplo, um projeto social que deu certo em uma determinada comunidade pode ser replicável para outra comunidade, observando-se as características similares e diferentes.

reply
Resposta.

reprinte
1. Prova de anúncio, geralmente impressa em papel couché. 2. Reprodução, em separata, de uma peça publicitária, tirada com o objetivo de informar sobre a campanha a públicos especiais (público interno, pessoal de vendas, jornalistas, autoridades etc.), ser exposta em pontos-de-venda ou para distribuição avulsa. 3. Segunda impressão ou qualquer reimpressão de um trabalho, no todo ou em parte.

reprodução
Cópia de algum documento, similar ao original, obtida por processo de fotografia, impressão, gravura, gravação de som etc.

reserva ecológica
Áreas cujo objetivo é a proteção e a manutenção das florestas, demais formações de vegetação natural, públicas ou particulares, e espaços considerados de preservação permanente. O Brasil tem seis reservas ecológicas federais, que totalizam mais de 550 mil hectares. Criada em 1983, a reserva ecológica Jutaí-Solimões, no Amazonas, é a maior delas, com quase 300 mil hectares.

resíduo
Qualquer material, gasoso, líquido ou sólido, que sobra de um processo de produção, transformação, extração de recursos naturais, execução ou consumo de produtos e serviços.

resíduos sólidos
São os produtos não aproveitados das atividades humanas (domésticas, comerciais, industriais, de saúde) ou aqueles gerados pela natureza, como folhas, galhos, terra, areia. Os resíduos podem se classificados de várias maneiras: por sua natureza física (seco e molhado), por sua composição química (orgânica e inorgânica), pelos riscos potenciais ao meio ambiente (perigosos, não inertes). Normalmente são definidos como resíduos urbanos ou especiais, segundo sua origem e risco em relação ao homem e ao meio ambiente. Para mais informações sobre definições, critérios e métodos de classificação de resíduos, ver norma NBR 10004:2004, publicada em 31-05-2004 e válida a partir de 30-11-2004.

resinite
Material plástico de fina espessura para melhor apresentar e proteger a embalagem.

resma
Termo usual para a quantidade de quinhentas folhas de papel.

resolução
Grau de nitidez de um caractere ou

imagem impressa ou exibida. Na tela, a resolução é expressa por uma matriz de pontos – PPI (pixels per inch). Na impressão, é expressa como pontos por polegada linear – DPI (dots per inch). Quanto maior a resolução de uma imagem, melhor é sua visualização em tela ou na impressão.

responsabilidade social
Define o grau de amadurecimento de uma empresa privada em relação ao impacto social de suas atividades. Abrange, em termos gerais, desenvolvimento comunitário, equilíbrio ambiental, tratamento justo aos funcionários, comunicações transparentes, retorno aos investidores, sinergia com parceiros e satisfação do consumidor. É a atuação e a consciência do papel das empresas como agentes sociais no desenvolvimento do ser humano e da comunidade na qual está inserida.

resposta direta
Direct response. Forma de comunicação de marketing direto caracterizada por três elementos principais: incitar sempre a uma resposta imediata; prover sempre um meio para resposta (número de telefone, caixa postal ou cupom) e ser sempre mensurável.

restartar
Ativar o computador de novo, sem desligar a energia. Serve para reiniciar o funcionamento dos programas, geralmente quando surgem problemas. O mesmo que reinicializar.

retícula
Rede de pontos geralmente diminutos ou de traços formando quadrículos, linhas ou quaisquer padrões regulares, traçada sobre vidro ou película transparente, que se usa em offset, autotipia e heliogravura, para reprodução de originais a meio-tom. Colocada entre o original e uma placa sensível, a retícula decompõe a imagem (foto ou desenho) em numerosos pontos de tamanhos variados que, embora impressos com a mesma intensidade de tinta, produzem, por ilusão de óptica, o efeito das tonalidades intermediárias (do claro ao escuro, por meio de uma escala de grisés).

retoque
Correção de imperfeições ou qualquer alteração produzida intencionalmente em negativo, cópia fotográfica, fotolito, arte-final ou digital. Pode ser feito por meios químicos ou físicos (com o uso de lápis, pincéis, aerógrafo, programas de tratamento de imagem etc.).

retoque americano
Retoque feito com uso de aerógrafo.

retorno
1. Respostas de uma campanha. 2. Volume de vendas reais gerado por uma campanha de marketing direto. 3. Bonificação concedida por veículo pelo patrocínio de um programa ou por negociação especial de volume. Também conhecido como reaplicação.

retortable pouch
Embalagens flexíveis laminadas (tipo bolsa, sachê...) feitas de materiais que permitem esterilização sob altas temperaturas, usadas principalmente para embalar alimentos em virtude de seu bom Self Life.

retranca
Termo genérico para designar cada unidade de texto em jornal. Mais especificamente, designa o código (em letras e números) com o qual se localiza um texto nos diagramas de qualquer página de uma edição.

revelação
Processamento químico destinado a tornar visível e estável a imagem latente que foi impressionada por meios fotográficos. Depois de exposto à luz, o suporte sensibilizado é submetido a um banho revelador e, quando a imagem está formada, o suporte é ligeiramente lavado e mergulhado em solução fixadora. Por fim, é submerso em água durante algum tempo e posto para secar.

revelador
Solução que torna visível a imagem produzida pela luz incidente sobre o material sensível do filme/chapa. O constituinte básico é um agente que reduz em prata metálica os haletos de prata atingidos pela luz.

revisão
Ato de revisar provas de composição, indicando as correções que devem

ro

ser feitas, utilizando sinais próprios indicativos.

revisão
Ato de revisar provas de fotolito.

revista
Publicação periódica que trata de vários assuntos ou se dedica a uma área específica de estudo. Produzida habitualmente em brochura, pode ter formato e acabamento bastante variáveis, sendo impressa em preto e branco ou em cores, sem número de páginas limitado.

RFC
Request for Comments. As RFCs constituem uma série de documentos que descrevem como funcionam padrões, protocolos, serviços, recomendações operacionais etc. A descrição de como deve funcionar o correio eletrônico, por exemplo, é a RFC 822.

RGB
Red, Green, Blue. Vermelho, Verde, Azul. Sistema de cores aditivas primárias, utilizado pelos monitores de vídeo dos computadores e televisores.

rios
Faixas brancas na coluna que são produzidos quando espaços em linhas consecutivas de texto coincidem. São facilmente visualizados quanto o texto se encontra a uma distância considerável do observador.

RIP
Raster Image Processor. Hardware (HardRip) ou software (SoftRip) usado para rasterização.

rodapé
Parte inferior da página.

rodapé
(Footer) Conjunto de linhas de texto que aparecem no pé das páginas de uma publicação, indicando capítulo, númeração de página ou informações de referência.

rodar
Funcionar. Se um software roda em determinada máquina, isso significa que o disco onde estão contidos seus dados, literalmente, gira dentro do drive e transmite as informações.

rodízio
Veja FIFO.

romano
Termo genérico que designa desenhos tipográficos providos com serifa. Sempre estruturados na vertical, ou seja, com o olho vertical, em oposição aos tipos em itálico, que se inclinam à direita. Diz-se da transposição tipográfica genérica da escrita humanística, que provém da Itália, de região próxima a Roma.

roof top
Peça fabricada em lona plástica no formato de um pião, usado para publicidade. Inflado com ar para exposição permanente.

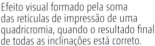
romano

roseta
Efeito visual formado pela soma das retículas de impressão de uma quadricromia, quando o resultado final de todas as inclinações está correto.

rota
Caminho na rede feito desde a origem até seu destino.

rotativa
Máquina de impressão. Qualquer método de impressão em que a chapa que recebe tinta está ajustada a um cilindro rotativo e não é plana. Rotogravura, offset, flexografia e colotipia usam sistemas de rotativas. As impressoras tipográficas podem ser planas ou rotativas (neste caso, as fôrmas são curvas). As máquinas rotativas podem ser alimentadas por folhas ou por bobinas de papel. Muitas vezes, são acopladas a equipamentos de dobra, corte etc.

roteador
Dispositivo responsável pelo encaminhamento de pacotes de comunicação em uma rede ou entre redes. Uma instituição, ao se conectar à Internet, instala um roteador para

171

conectar sua rede local (LAN) ao ponto de presença mais próximo. Veja também: gateway e POP.

rotogravura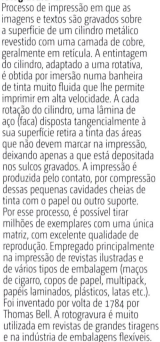
Processo de impressão em que as imagens e textos são gravados sobre a superfície de um cilindro metálico revestido com uma camada de cobre, geralmente em retícula. A entintagem do cilindro, adaptado a uma rotativa, é obtida por imersão numa banheira de tinta muito fluida que lhe permite imprimir em alta velocidade. A cada rotação do cilindro, uma lâmina de aço (faca) disposta tangencialmente à sua superfície retira a tinta das áreas que não devem marcar na impressão, deixando apenas a que está depositada nos sulcos gravados. A impressão é produzida pelo contato, por compressão dessas pequenas cavidades cheias de tinta com o papel ou outro suporte. Por esse processo, é possível tirar milhões de exemplares com uma única matriz, com excelente qualidade de reprodução. Empregado principalmente na impressão de revistas ilustradas e de vários tipos de embalagem (maços de cigarro, copos de papel, multipack, papéis laminados, plásticos, latas etc.). Foi inventado por volta de 1784 por Thomas Bell. A rotogravura é muito utilizada em revistas de grandes tiragens e na indústria de embalagens flexíveis.

rótulo
Impresso feito em suporte celulósico usado para identificação de produtos.

rótulo manga (sleeve)
Rótulo tubular que é aplicado à embalagem, vestindo-a como uma camisa.

rótulos heat transfer
Sistema de rotulagem onde são aquecidos; o frasco plástico e o rótulo, previamente impresso. O rótulo é transferido por pressão por meio de um rolete de borracha; após rotulado, passa por um flambador, para o acabamento final.

rough
Pronuncia-se rafe; significa rascunho. 1. Primeiros rascunhos feitos por designer ou diretor de arte na criação de um anúncio publicitário. Primeira fase de estudos, antes do layout e da arte-final. 2. Esboço inicial no planejamento gráfico de qualquer trabalho a ser impresso.

RTF
Rich Text Format. Padrão para codificação de texto formatado e gráficos, compatível com diferentes programas.

RTFM
Read The Fucking Manual. Leia o &*#$% do manual. Termo utilizado para indicar a alguém que deve ler o manual, pois provavelmente fica fazendo perguntas que estão claramente respondidas.

Ss

SA8000 - Social
Accountability 8000
SA8000 é a primeira norma voltada à melhoria das condições de trabalho, que abrange os principais direitos trabalhistas e certificando o cumprimento destes por meio de auditores independentes. Foi desenvolvida pela SAI - Social Accountability International, organização não governamental criada em 1997 nos Estados Unidos, e que tem ação voltada à preocupação dos consumidores quanto às condições de trabalho no mundo. A norma segue o padrão da ISO 9000 e da ISO 14000, o que facilita a implantação por empresas que já conhecem esse sistema.

SAC
Serviço de Atendimento ao Cliente. Sua finalidade é atender reclamações de clientes. Na maioria das ocorrências, a finalidade principal é conservar com o cliente e tentar resolver o problema de forma doméstica.

sachês
Embalagem em forma de envelope feitas de papel, tecido, plástico ou materiais combinados (chá, adoçante, temperos, sucos em pó etc.).

sacola promocional
Peça produzida em materiais diversos, impressa com mensagens e/ou imagens promocionais.

sales kit
Normalmente utilizado em lançamento de produto ou campanha. É um conjunto composto por um brinde, uma amostra do novo produto e um "broad side".

sampling
Processo de distribuição de produtos com amostras grátis para que sejam avaliados pelo público-alvo. Os locais e as áreas geográficas são selecionados conforme as características desejadas (classe social, sexo, idade) para aquele tipo de produto.

sangrar
Recurso de diagramação que consiste em deixar que se invada com texto, foto ou ilustração o espaço reservado às margens de uma publicação.

sangria
Área da chapa ou impressão que se estende além da margem a ser refilada (sangra). É utilizada principalmente para fotografias, ilustrações ou áreas de cor. Sua função é garantir que, após o refile do trabalho na gráfica, ele não apresente filetes.

satisfação emocional
Satisfação perseguida pelos consumidores na forma de status social, prestígio, segurança ou outro benefício que seja intangível e não mensurável por meio de padrão.

satisfação funcional
Diz respeito aos atributos tangíveis de um produto ou serviço que podem ser medidos de algum modo padronizado.
saturação Variação na pureza da cor de mesmo brilho tonal de uma cor acromática (cinza), passando por tons de baixa saturação, indo à cor pura sem cinza (alta saturação).

scanner
Equipamento acessório de computador que captura imagens, transformando-as em dados digitais passíveis de armazenamento em arquivo. A gravação de ilustrações, fotos, ou ainda qualquer tipo de imagem ou mesmo pequenos objetos, obtida por meio de scanner, na memória de um computador permite sua posterior manipulação. Para as artes gráficas, um scanner propicia a seleção de cores a partir da gravação de originais e a posterior feitura de fotolitos e rotofilmes. Pode ser cilíndrico ou de mesa plana (flatbed). O arquivo digitalizado é o scan.

schrink
Processo de embalar um produto com filme transparente termoencolhível.

SCSI
Small Computer System Interface. Lê-se scuzzy. Interface de hardware que permite a conexão de até sete dispositivos periféricos, como disco externo, fita ou CD-Rom, a uma única placa de extensão SCSI que pode ser conectada ao computador.

segmento de mercado
Grupo de clientes que possuem

173

cyan + amarelo + magenta = reprodução

separação de cores

características comuns, definidas nos critérios de segmentação.

segundo setor
Designa o conjunto de corporações, com fins lucrativos, que constituem o mercado.

seleção de cores
Processo de seleção das cores básicas (amarelo, ciano, magenta e preto) para fazer fotolitos e rotofilmes de uma quadricromia.

selo verde
São símbolos que se propõem a atestar determinada característica ambiental e/ou social a produtos e empresas, representando valiosas ferramentas para orientar o consumidor em suas escolhas. O primeiro selo foi criado foi o selo Anjo Azul, pelo governo alemão, em 1978. Cinco anos após sua adoção, uma pesquisa indica que 57% dos entrevistados dava preferência a mercadorias certificadas por esse selo. No Brasil, o movimento de certificação teve início no começo da década de 1990, com os alimentos orgânicos. Um fator decisivo para o nicho de produtos certificados foi a necessidade de adequação aos critérios estabelecidos nos mercados internacionais.

semântica
Dimensão semiótica que investiga a relação do signo com o objeto que designa ou denota.

semiótica
Considerada a ciência de toda e qualquer linguagem ou, simplesmente, a ciência dos signos. Atualmente, o termo semiótica, bem como o seu respectivo instrumental teórico, vem sendo amplamente aplicado nas pesquisas relativas à linguagem visual e gráfica.

sensibilidade
Em fotografia, é a medida da reação à luz de uma emulsão fotográfica. Pode ser espectral ou cromática. Diz o quanto o material é vulnerável à presença da luz.

sentido de fibra
Direção predominante das fibras em uma folha de papel. Em uma dobra, a direção da fibra é importante pois uma folha é dobrada mais facilmente na direção da fibra.

separação
Transformação de uma imagem em canais componentes que correspondem às chapas de impressão. Pode usar os métodos UCR ou GCR.

separação de cores
Técnica de decomposição de uma imagem original em duas ou mais cores. As cores, então separadas, podem ser novamente combinadas para a reprodução da imagem em seu aspecto original. Para impressão de imagens em policromia, as cores de um original são decompostas e impressas separadamente, de modo a compor a imagem nas cores que se deseja obter.

separata
Publicação de "reprints" de matérias, pesquisas ou artigos científicos sobre assuntos da área de atuação de determinado produto, para ser distribuída como material de consulta.

serifa
Detalhe que complementa opticamente o desenho de um tipo; usualmente é um "pé" ou "nariz" nas - extremidades de cada letra. Tipos que contêm esses elementos são chamados "serifados" e são os mais comuns na composição de

sh

livros e textos longos. As letras sem serifa, de construção despojada e aplicação versátil, só foram inventadas a partir da segunda metade do século XIX.

serifa

serigrafia ou silk screen
(Tela de seda) Sistema de impressão direta. Utiliza uma matriz vazada, constituída de uma tela de tecido plástico ou metálico tensionada sobre uma moldura, na qual as áreas de contragrafismo são vedadas. Com um racle (espátula) de borracha, a tinta líquida é forçada a passar pelos vãos livres entre os fios da trama, transferindo-se para o suporte de impressão. A tinta é semilíquida, de acordo com o suporte. Usado na impressão de tecidos, vidro, couro, cerâmica etc. Embora praticada pelos chineses há séculos, foi patenteada por Samuel Simon em 1907. Em silk screen não pode haver overprint de cores.

serrilhado
O mesmo que aliasing.

serviço
Um bem intangível, que não se tem posse, por exemplo: uma consulta médica, uma vivência num parque temático, o trabalho de uma babá.

Serviço de Proteção ao Consumidor
Órgão oficial de proteção ao consumidor, trabalha com leis próprias, que regem os interesses de ambas as partes envolvidas. No momento em que o cliente procura um órgão legal de proteção ao consumidor, o processo de fidelização atingiu o pior resultado possível, pois a empresa poderá ser investigada e o cliente insatisfeito se torna uma propaganda muito negativa.

serviço on-line
Empresa dedicada à venda de acesso ou conteúdo de uma rede de computadores. O termo serviço on-line tem sido mais utilizado para diferenciar empresas de fornecedores de acesso à Internet. Essas empresas montaram suas próprias redes e utilizam programas escritos especialmente para elas. No final de 1994, os grandes serviços on-line começaram uma transição para utilizar a infraestrutura da Internet. Hoje, o termo já descreve qualquer tipo de empreendimento on-line, desde fornecedores de acesso até empresas que colocam conteúdo na rede.

servidor
1. No modelo cliente–servidor, é o programa responsável pelo atendimento a determinado serviço solicitado por um cliente. Todos os serviços da Internet, como archie, gopher, WAIS e WWW funcionam no modelo cliente–servidor. Para utilizar um desses serviços, o usuário precisa usar um programa cliente para acessar o servidor. 2. Referindo-se a equipamento, o servidor é um sistema que oferece recursos tais como armazenamento de dados, impressão e acesso dial-up para usuários de uma rede.

setscreen
Comando da linguagem PostScript responsável pela definição dos pontos de retícula. Alguns parâmetros passados juntamente com o setscreen possibilitam a alteração dos parâmetros de frequência, tipo de ponto, ângulo e fundo, ou simplesmente desconsiderá-los.

SGML
Standard General Markup Language. Uma linguagem de descrição de páginas em hipertexto mais geral que o HTML.

share-of-market
Participação de mercado. Percentual do mercado total ou de um segmento que uma Empresa ou marca detenha.

share-of-mind
Participação de determinada marca ou produto na mente do consumidor, ou seja, a percepção do share-of-market.

sh

shareware
Programa disponível publicamente para avaliação e uso experimental, mas cujo uso em regime pressupõe que o usuário pagará uma licença ao autor. Note-se que shareware é distinto de freeware, no sentido de que um software em shareware é comercial, embora em termos e preços diferenciados em relação a um produto comercial "ortodoxo".

sharpen
(nitidez) Filtro de imagem que aumenta o contraste entre os pixels próximos, aumentando a nitidez e (até certo ponto) cancelando perdas de foco. Em imagens digitais, é usual dar um sharpen um pouco mais forte que o necessário, para compensar previamente a atenuação de detalhes finos na impressão.

shelf life
Tempo de validade de um produto.

shelf talk
Minicartazete que destaca a presença de um produto em uma gôndola, e chama a atenção do consumidor para as promoções, lançamentos, entre outras ações.

shop in shop
Espaço de comercialização de um grupo de produtos, dentro do PDV, com atendimento e check outs próprios.

shopper
Comprador, consumidor.

shrink
Filme plástico termoencolhível que adere por encolhimento embalando, ou lacrando o produto.

shrink-wrap
Embalagem a vácuo. Ela é executada colocando-se uma película pré--esticada sobre a carga unitizada de embalagens secundárias, película essa que é encolhida por meio de aquecimento, para fazer as embalagens aderirem à plataforma como um volume único.

signature
Veja assinatura.

signo
Segundo o conceito clássico da teoria semiótica de Charles Sanders Peirce, signo é algo que, sob certo aspecto ou de algum modo, representa alguma coisa para alguém. Pode ser uma palavra, uma imagem, um gesto, um som, enfim, qualquer representação que signifique algo para uma outra mente. A palavra árvore, por exemplo, o desenho de uma árvore, a fotografia de uma árvore, são todos signos do objeto árvore e representam-na apenas de um certo modo ou sob um certo aspecto.

silk screen
Processo de impressão por transferência de tinta por intermédio de uma tela de seda ou nylon. Esse processo é feito cor a cor. Veja também serigrafia.

símbolo
Sinal abstrato e único que é utilizado como marca. Figura ou forma não verbal ou predominantemente visual. Tipologia – fonte ou conjunto de fontes tipográficas que se utiliza para criar uma identidade única e coerente.

símbolo gráfico
Desenho característico destinado a funcionar como elemento de identidade visual de uma empresa, organização, produto, serviço ou evento. Pode ser abstrato ou figurativo.

simulação
Modelo da peça de merchandising feita artesanalmente em qualquer material para verificação de dimensão. Fase imediatamente anterior ao protótipo.

sinalização externa
Conjunto de placas e totens de identificação localizados em ambiente aberto – um pátio, um parque, uma rua etc.

sinalização interna
Conjunto de placas e totens de identificação localizados em ambiente fechado – um prédio, um escritóriob etc.

Sincovaga
Sindicato do Comércio Varejista Paulista.

sinergia
Efeitos conjuntos ou interações entre as

partes de qualquer sistema. A sinergia positiva ocorre quando as partes componentes de um sistema resultam no acréscimo de eficiência ou eficácia ou de ambas. A sinergia negativa resulta em decisões menos eficazes e/ou eficientes.

sintaxe
É a dimensão semiótica que estuda as características formais e gramaticais do signo.

sistema
Conjunto de hardware e software utilizados.

sistema
Conjunto de elementos interdependentes e relacionados entre si, em articulação evidente de algum tipo de lógica formal e conceitual.

sistema binário
Base para a manipulação de informações em todos os computadores digitais. Sistema numérico que usa apenas dois dígitos, 0 e 1, representando os estados On e Off. As sequências de 0s e 1s, estados de On e Off, servem como um código que pode representar valores, sons, imagens, vídeo digital e, virtualmente, qualquer outro tipo de informação.

sistema de embalagem
Conjunto de operações, materiais e acessórios (incluindo-se os sistemas de fechamento), utilizados pela indústria com a finalidade de conter, proteger e conservar produtos, bem como transportá-los aos pontos de venda ou de utilização, atendendo às necessidades dos consumidores e/ou clientes, a um custo adequado.

sistema de gestão ambiental
Sistema que define as etapas de avaliação, planejamento, implementação, monitoramento e revisão, conforme previstos pelas normas internacionais ISO 14000, com perspectiva de melhoria contínua progressiva.

sistema operacional
Software que controla o computador e os outros programas.

site
No mundo virtual, é um lugar cuja porta de entrada é sempre sua home-page. O site da Torque, por exemplo, fica no endereço: <http://www.torque.com.br>.

size impression
Sensação de tamanho provocada pelo design na embalagem.

skin
Filme plástico termoencolhível que adere como uma pele ao produto/cartela.

sky dance
Equipamento composto de material plástico leve e colorido, com motor para ventilação visando acionar o plástico na posição vertical com efeitos de dança no ar.

sleeve (rótulo manga)
Rótulo tubular que é aplicado à embalagem, vestindo-a como uma camisa.

slide
Cromo de 35 mm encaixado em uma moldura.

SLIP
Serial Line Internet Protocol. Protocolo Internet bastante popular utilizado para conexões IP por meio de linhas telefônicas comuns. Veja também PPP.

slogan
Frase curta e de grande efeito que sintetiza o apelo persuasivo de uma marca comercial. Procura resumir, em poucas palavras, os benefícios da marca para seus consumidores, definindo o seu posicionamento. Geralmente, acompanha a assinatura de uma peça publicitária.

small caps
Texto composto exclusivamente em caixa alta. O mesmo que versalete.

smileys
Convenção utilizada para transmitir o estado de espírito dos interlocutores com caracteres disponíveis no teclado. Veja emoticons.

sm

SMTP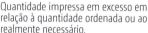
O Simple Mail Transfer Protocol é o protocolo Internet usado para correio eletrônico.

snap
Em programas de paginação, é um efeito que faz os objetos se encaixarem automaticamente quando estão bem próximos a guias (snap to guides), a outros objetos (snap to objects) ou à grade (snap to grid).

SNMP
O Simple Network Management Protocol é um protocolo usado para monitorar e controlar serviços e dispositivos de uma rede TCP/IP. É o padrão adotado pela RNP para a gerência de sua rede.

sobra
Quantidade impressa em excesso em relação à quantidade ordenada ou ao realmente necessário.

sobra
Quantidade excedente do pedido gerada na produção de um lote.

sobrecapa
Cobertura móvel de papel ou outro material flexível que envolve e protege a capa de um livro encadernado. Pode ter quatro dobras ou seis. Neste último caso, a sobrecapa é dobrada tanto na cabeça como na parte de baixo, aumentando sua resistência.

Sockets
O nome da interface em Unix (originalmente, mas também já existente em outras plataformas) que implementa os protocolos TCP/IP. Uma interface é um conjunto de chamadas possíveis a bibliotecas que contêm rotinas implementando determinados objetivos; neste caso, comunicação em TCP/IP.

software
Programa de computador; conjunto de instruções, procedimentos e programação que ordenam a operação de sistemas de computação. Opõe-se a hardware, que é o equipamento.

solapas
Fechos em papel cartão para pendurar o produto embalado em displays.

spam
Publicação do mesmo artigo de news em vários grupos de discussão, geralmente resultando em desperdício de espaço em disco e largura de banda nos meios de transmissão. São as mensagens de propaganda enviados sem autorização.

splash
Forma gráfica para dar destaque às vantagens ou características de produtos ou serviços.

spool
(carretel) Recurso dos sistemas operacionais modernos que permite a impressão enquanto se executa outras tarefas no computador. O material enviado para imprimir é gravado no HD e libera o programa rapidamente. A transmissão à impressora ocorre no background (segundo plano).

spot
Mensagem publicitária a ser transmitida por rádio.

spot color
Cor especial. Separação produzida para imprimir com tintas especiais. Uma spot color é separada como uma cor pura, produzindo uma nova chapa. Geralmente utilizada para impressão de cores extras, que não são geradas pelo sistema CMYK – prata, ouro ou qualquer outra pertencente a uma escala diferente (Pantone, Hexachrome e outras).

spray
Embalagem rígida com gás propelente ou bomba de pressão que pulveriza o conteúdo quando acionada (perfumes, inseticidas, tintas etc.).

squeeze
Embalagem plástica flexível, que expele o conteúdo quando envolvida com a mão e pressionada (desodorantes, ketchup, mostarda etc.).

stack
Programa para conexão com um servidor da rede. Para acessar a Web via linha telefônica, por exemplo, é preciso um stack de TCP/IP.

stakeholder
Qualquer ator (pessoa, grupo, entidade) que tenha uma relação ou interesse (direto ou indireto) com ou sobre a organização. Atores (internos ou externos), que afetam ou são afetados pelos objetivos ou resultados

de uma dada organização em diferentes extensões, na medida em que reúnem alguns atributos básicos: poder, legitimidade e urgência. A relação original de stakeholders inclui proprietários/acionistas, empregados, clientes, fornecedores, credores, governo e a sociedade.

stand
Espaço construído especialmente para receber clientes e expor produtos em feiras, congressos e eventos afins.

stand up
Display.

stand up pouch
Embalagem tipo sachê, porém com uma base na parte inferior, que permite mantê-la em pé na gôndola (sopas em pó, ração para cães e gatos, temperos etc.).

startup
Veja inicializar e boot.

stick pack
Embalagem flexível tubular.

sticker
Pequeno adesivo publicitário.

stopper
Peça publicitária que se sobressai perpendicularmente à prateleira ou gôndola.

storyboard
Descrição ilustrada, cena a cena, do roteiro da filmagem de uma peça publicitária, definindo algumas de suas cenas principais, para facilitar sua análise, aprovação e produção. Espécie de layout do filme. Utilizado em tevê e cinema.

stretch
Filme plástico esticável, de Polietileno Linear de Baixa Densidade (PELBD), utilizado para unitização, estabilização e proteção de cargas. Muito usado em cargas sobre paletes. Ela é executada envolvendo-se a carga a uma película plástica esticada, fazendo-se a carga rodar e ser envolvida pela película, o que resulta numa carga única, embalada sob pressão.

string
É uma sequência de caracteres, façam

eles sentido ou não: "marluz" é um string, mas "z@x#tt!" também é. Todas as palavras são strings, mas poucos strings são palavras. Um formulário de busca pode pedir, algumas vezes, que você digite um string para a procura, o que significa que você deve definir algumas palavras-chave por onde começar a busca.

stripping
1. Emenda feita diretamente sobre filme ou fotolito utilizando estilete e fita adesiva. 2. Filme especial que possui uma camada que se destaca, usado para fazer emendas no filme pronto. Também chamado de filme de recorte.

stuffer
Folheto.

subtítulo
Título subordinado a outro; título hierarquicamente menos importante do que o título principal de uma notícia ou texto.

suitcase
Utilitário para gerenciamento de fontes produzido pela Symantec Corp., que permite ao usuário organizar as fontes em grupos destinados ao projeto ou em "maletas".

sumário
1. Descrições e estatísticas sobre um documento, incluindo título, nome do autor, comentários e número de revisões efetuadas. 2. Relação das partes constituintes de um livro ou publicação, como prefácio, capítulos, apêndices e índices, com a indicação da numeração da página onde se encontram.

suplemento
Termo tradicional para designar caderno temático com periodicidade semanal.

suporte
Qualquer tipo de material – papel, cartão, plástico, madeira, vidro, tecido, fita, cortiça, couro etc. – sobre o qual se registram informações (impressas, desenhadas, montadas, manuscritas, gravadas); o mesmo que base, elemento que sustenta alguma coisa.

suspect
Pessoa ou empresa que se enquadra

su

no perfil ideal de cliente potencial que se deseja conquistar.

sustentabilidade

"Ter sustentabilidade significa assegurar o sucesso do negócio a longo prazo e ao mesmo tempo contribuir para o desenvolvimento econômico e social da comunidade, um meio ambiente saudável e uma sociedade estável. (...) Utilizamos o termo neste relatório para nos referirmos à contribuição do setor privado para o desenvolvimento sustentável — geralmente definido como 'a forma de satisfazer as necessidades da presente geração sem comprometer a capacidade das futuras gerações de satisfazer as suas necessidades', de acordo com a comissão Brundtland. A sustentabilidade tem três amplos componentes, geralmente descritos como 'as pessoas, os lucros e o planeta', ou seja, os aspectos 'sociais, econômicos e ambientais'. A necessidade de as empresas darem conta dessas três dimensões tem sido resumida no conceito da triple bottom line. Além desses três componentes, há ainda outro elemento no processo para a sustentabilidade que diz respeito a responsabilidade (accountability), transparência e envolvimento com os stakeholders. A sustentabilidade é às vezes chamada de "responsabilidade social corporativa" ou de "cidadania corporativa". Embora usemos aqui a palavra "sustentabilidade", reconhecemos que em muitos pontos os termos são sinônimos. E cobrem os mesmos amplos aspectos dos negócios: a gestão, o modo de tratar os empregados, o impacto sobre o meio ambiente e sobre a comunidade local e as relações com os fornecedores e clientes." (Fonte: SustainAbility. Disponível em: <http://www.sustainability.com/developing-value/what-is-sustainability.asp>.)

sustentabilidade ambiental

Manutenção da capacidade de sustentação dos ecossistemas. Implica no potencial de absorção e recomposição desses sistemas, em face das interferências provocadas pelo ser humano no meio ambiente

sustentabilidade espacial

Capacidade de suporte do planeta diante do crescimento desmedido da população e suas consequentes características, como a ocupação irregular do espaço e a migração, entre outros fatores. Alguns autores referem-se à sustentabilidade espacial como a capacidade de promover o equilíbrio entre o meio rural e o urbano, a fim de evitar os impactos negativos da hiperurbanização, priorizando novas formas de civilização, alicerçadas no uso sustentável de recursos renováveis possíveis e, principalmente, essenciais.

SWOT
Veja FFOA.

Syquest
Sistema de armazenamento de arquivos digitais que utiliza cartuchos de discos magnéticos.

sysop
A pessoa que opera e mantém um BBS. Abreviatura de system operator.

Tt

T1,T3
Padrões que representam 1.544 megabits (T1) e 45 megabits (T3) por segundo na transmissão de dado.

tabloide
Formato de jornal, equivalente à metade do tamanho standard.

tack
Resistência oferecida pelas películas de tinta. Medida de coesão interna da tinta.

tag
1. Tipo de etiqueta solta. 2. Códigos utilizados para criar as páginas de Web. São usados aos pares. Para colocar uma palavra em negrito, por exemplo, deve-se usar os tags <B> e </B> antes e depois da palavra. Exemplo: o trecho <B>>Brasil OnLine</B> aparece no navegador como Brasil OnLine. Veja também HTML.

tags
Etiquetas de papel cartão, utilizadas geralmente em confecções.

take one
Expositor de mesa ou balcão para folhetos no qual o consumidor se serve.

talho-doce
Designação primitiva da gravura a buril e de qualquer processo de calcogravura.

talk
Serviço que permite a comunicação escrita on-line entre dois usuários da Internet. Veja também chat.

tampa flip top
Tampa de dois corpos onde a parte superior (vedação), ao ser aberta fica presa à base (parte inferior).

tampografia
Sistema de impressão indireto, no qual a imagem é transmitida da matriz para o suporte por meio de uma peça de silicone chamada "tampão"; em virtude de sua flexibilidade, ela pode imprimir sobre objetos curvos. A tinta, semilíquida, varia de formulação de acordo com o suporte. Utiliza clichê em baixo relevo e um sistema de racle análogo à rotogravura, onde se retira a tinta do contragrafismo. Muito utilizado para imprimir em pratos, teclas de computador, canetas, painéis de equipamentos etc. A primeira máquina foi construída por volta de 1970.

target
Mercado-alvo e/ou público-alvo, segmento de pessoas ou empresas que se pretende atingir.

tarja
Cercadura, geralmente formada por fios grossos e finos, ou faixa utilizada para destacar texto, notícia ou anúncio em uma página, ou para atuar como moldura.

TCP/IP (Transmission
Control Protocol / Internet Protocol) Conjunto de padrões da Internet que orienta o tráfego de informações e define o endereçamento e o envio de dados. Para que dois computadores se comuniquem na Internet, é preciso que ambos utilizem o TCP/IP. Permite que milhões de pessoas possam usar centenas de computadores ao mesmo tempo. Veja também IP.

teaser
Peça promocional planejada para provocar a curiosidade sobre uma comunicação futura; chamadas anteriores ao lançamento de um produto que, sem revelar o principal, atraem e criam expectativa.

teclado
Componente de um computador onde estão dispostas as teclas. À direita, usualmente, há um teclado numérico, como em uma calculadora. Na parte superior dos modelos aperfeiçoados ou estendidos, estão as function keys (teclas de função) associadas a um número. Entre o bloco principal e o numérico, há um de edição, com teclas como Help, End e Home. O mesmo que keyboard.

teclas
Botões no teclado, que se pressiona para se obter resultados. As alfanuméricas possuem letras, números e sinais de pontuação. As modificadoras, quando pressionadas simultaneamente a outras, alteram suas funções originais. As teclas de função – function keys --, associadas

181

a um número, servem para acionar um comando completo do programa, como gravar, gravar com outro nome ou imprimir.

tela
Superfície luminosa de um monitor, onde se organizam todos os elementos visuais com que se trabalha em um computador.

tela de abertura
Tela introdutória que aparece logo após a ativação da interface principal de um aplicativo ou logo ao se estabelecer contato com algum website.

teleobjetiva
Tipo de objetiva que aproxima um objeto, gerando um efeito parecido ao de um binóculo ou uma luneta.

telnet
O telnet é um serviço da Internet para acessar outros computadores na rede. Os usuários podem usar o telnet para acessar uma conta que tenham em outro computador da rede. Um usuário que tenha uma conta em um computador da Austrália pode acessá--la do Brasil. Basta ele entrar na Internet usando uma conta no Brasil e fazer um telnet para o computador australiano. Para fazer um telnet, deve-se usar um cliente específico. O telnet também é utilizado para acessar serviços especiais na rede. São serviços que só estão disponíveis por meio de telnet. Quando é estabelecida a conexão via Telnet, você está no computador remoto, ou seja, é como se você estivesse usando o computador no lugar onde ele está instalado.

temperatura da cor
Mensuração do comprimento de onda da composição da luz. Esta é definida como a temperatura e é medida em graus Kelvin.

terceiro setor
Espaço institucional que abriga um conjunto de ações de caráter privado, associativo e voluntarista, em geral estruturadas informalmente, voltadas para a geração de bens e serviços públicos de consumo coletivo; se houver lucro, deve ser reinvestido nos meios para se chegar aos fins definidos.

terminal
Veja ponta de gôndola.

terminal do servidor
(Terminal sever)
Pequeno e especializado computador de rede que conecta vários terminais na LAN por meio de uma conexão de rede. Qualquer usuário na rede pode conectar- se a vários hosts de rede.

termoformagem
Processo de fabricação em que uma lâmina de plástico é derretida sobre uma forma (potes de iogurte e de margarina).

termografia
Processo de acabamento que simula o efeito de gravação com matriz de aço, produzindo letras elevadas. Enquanto a tinta ainda está molhada na folha, esta é polvilhada com um pó resinoso que adere a ela. A folha é, então, passada por meio de uma unidade de aquecimento, que faz com que as partículasde pó sejam fundidas com a tinta, dando um efeito de relevo às letras.

termoplástico
Resina plástica que se molda, quando aquecida ou com alguns tipos de solventes.

testeira
Estrutura colocada no alto de um display ou gôndola, contendo algum elemento de identificação do produto em questão ou outra mensagem.

tetra pak®
Embalagens cartonadas semirrígidas para acondicionamento asséptico de alimentos líquidos. Apresentam estrutura básica em cartão, PEBD, alumínio ou poliolefina.

texto
Conjunto de palavras escritas, reunidas e articuladas de forma a demonstrar, narrar ou relatar alguma coisa; matéria principal de um livro ou página.

texto corrido
Texto composto em colunas regulares com nenhuma ou poucas variações tipográficas.

texto irregular
Linhas de texto compostas em

diferentes medidas, alinhadas (justified) por um lado (esquerdo ou direito) e irregulares (ragged) do lado oposto.

thread
Dentro de um grupo de discussão, existem normalmente vários threads. Um thread representa um assunto específico aí debatido e é composto por um ou mais artigos.

threshold
(limiar) Cálculo usado como técnica de separação dos tons da imagem em dois valores uniformes. Assinala-se algum tom na escala como limiar (normalmente 50%, mas pode ser qualquer outro) e todos os valores dos pixels menores ou igual a esse valor são transformados em preto, enquanto os valores superiores são mapeados para branco. O efeito é utilizado para conversão de imagens grayscale em alto-contraste.

TI
Tecnologia da informação.

TIFF/TIF
Tagged Image File Format. Formato de arquivo de imagens bitmap. Muito usado por scanners e programas de manipulação de imagens e paginação. Desenvolvido nos anos 1980 em parceria por Aldus, Microsoft e fabricantes de scanners. Suporta RGB, grayscale e CMYK, aceita clipping paths, canais alfa e tem como opcional a compressão - LZW (sem perda de qualidade da imagem).

Tim Berners Lee
O investigador do CERN que definiu/inventou o protocolo HTTP e deu origem ao WWW.

tinta
Substância líquida ou pastosa pigmentada utilizada para escrita, desenho, impressão ou pintura. É formada pela combinação de resinas, solventes, pigmentos e aditivos. O pigmento dá a cor, o solvente a viscosidade, os aditivos o brilho, opacidade e consistência, e as resinas são responsáveis pelo transporte físico.

tipo
1. Desenho de letra do alfabeto e de todos os outros caracteres usados isolada ou conjuntamente para criar palavras, sentenças, blocos de texto, etc. 2. Desenho de letras e algarismos formando um conjunto regido por propriedades visuais sistematizadas e consistentes. 3. Bloco de metal ou madeira que tem gravada em uma das faces, em alto-relevo, uma letra, algarismo ou sinal que, entintado, presta-se à impressão.

tipo
Desenho de um caractere tipográfico. O sentido original era "matriz de metal para um caractere dentro de uma fonte". O metal usado é composto de chumbo para volume (85%), antimônio para dureza (11%) e estanho para liga (4%).

tipo, typeface
[type, typeface]. Um conjunto de caracteres, fonte. Na tipografia com tipos móveis, cada um dos blocos que fazia parte de uma fonte.

tipografia
No sentido atual, é simplesmente a ciência e arte da criação e composição de tipos. No sentido original, é um sistema de impressão direta. Usa tinta gordurosa e pastosa; os tipos são fôrmas relevográficas de metal. Originou-se da xilogravura (impressão com blocos de madeira em relevo), originalmente inventada pelos chineses; a prensa de tipos metálicos foi criada em 1440 por Gutenberg. Foi o principal sistema de impressão durante 400 anos. Ainda é usado na impressão de livros, folhetos, cartões de visita, convites e outros produtos de natureza semiartesanal. Nas demais aplicações, foi substituída por outras tecnologias.

tipologia
Termo pertencente à taxonomia – ciência das classificações – que se refere ao estudo das características, das diferenças entre objetos e seres vivos de toda espécie. Comumente utilizado, de modo equivocado, para denominar tipografia.

tipometria
Estudo das medidas tipográficas. Aborda medidas de tipos, claros e material branco, rendimento e distribuição de textos, cálculos de produção, justificação de composição etc.

ti

tipômetro
Régua, fita ou trena de metal, plástico, madeira etc., graduada em cíceros e pontos e/ou paicas, geralmente também em centímetros ou polegadas, que serve para medir o material tipográfico e para se obter a equivalência entre esses sistemas de medida.

tira de contrastes de cores
Colocadas em todas as provas das quatro cores de processo para mostrar ao impressor as quatro cores que foram usadas para imprimir a imagem. A tira de controle das cores mostra a quantidade de tinta usada, a baixa aceitação da tinta e as densidades relativas através da folha de impressão. Usada principalmente como guia para o copiador de chapa e impressor.

tira ou fita de gôndola
Material com mensagem/imagem impressa em papel, cartão ou poliestireno, devendo ser introduzido em canaletas/trilhos de display/ gôndolas ou aparadores/cantoneiras.

tiragem
Quantidade de qualquer publicação impressa. Total de cópias produzidas por uma publicação em uma edição. Diferencia-se da circulação paga, que é o total de exemplares da edição vendidos. A tiragem é a soma da circulação paga com a circulação distribuída por cortesia acrescida do encalhe.

título
Linha de texto mais importante em uma peça gráfica, atraindo o leitor para a leitura do texto ou sumarizando o conteúdo do texto que se segue.

tixotropia
Alteração que sofre a tinta quando muito tempo envasada. Conhecida como a casca que se forma dentro da lata.

TNT (tecido não tecido)
Material com aparência de um tecido, mas não é fabricado por teares. Suas fibras no processo de fabricação, são dispostas de maneira aleatória. A principal matéria-prima é o polipropileno (PP).

tom
1. Valor de uma cor em função de seu brilho e de sua luminosidade; maior ou menor intensidade de uma cor. O mesmo que matiz e tonalidade. 2. Inflexão da voz; valor de um som em função de seus graves e agudos.

tom/tonalidade
Valor de uma cor em função de seu brilho ou de sua luminosidade.

tom contínuo
Imagem com extensa gama de tons do branco para o preto, de forma que as tonalidades do branco ao preto absolutos misturam-se sem interrupção perceptível. Fotografias, pinturas, desenhos a lápis ou a carvão são todos originais de tom contínuo. Como uma máquina de impressão só imprime a traço (presença total ou ausência total de tinta em cada ponto do papel), é preciso transformar esse tom contínuo em meio-tom de retícula.

tombstone
Duas placas de acrílico transparente (coladas) sem base, com logotipo da empresa ou marca.

tom-traço
Conversão de original de tom contínuo em traço por fotografia.

tonalidade
Veja tom.

toner
Tinta sólida, composta de partículas finas de pó que possuem características eletrostáticas e são atraídas eletromagneticamente. Utilizado pelas copiadoras e impressoras a laser, que fundem essas partículas à superfície do papel e as fixam via aplicação de alta temperatura. O toner é uma substância tóxica.

tons médios
Valores tonais médios de uma cor entre as altasluzes e as sombras em uma imagem – fotografia ou reprodução. Normalmente diz respeito aos tons entre 30% e 75% do valor de um original.

totem
Peça sinalizadora vertical, geralmente fixada no chão. Sua função pode ser de identificação – muito utilizada para o comércio em geral – ou de direcionamento. O nome designa a peça usada tanto em espaços externos como internos.

totem aéreo
Placa interna, fixada verticalmente no

teto, com função tanto de identificação como de direcionamento.

tracking
Ajuste de espaçamento entre letras em um bloco de texto.

traço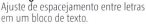
Definição de ilustração ou símbolo em linha, sem meio tons, em P&B ou cor chapada.

trade
Comércio (distribuidores, representantes, atacadistas, varejistas etc.).

trade marketing
É o marketing feito junto aos canais de distribuição visando estabelecer parceria e relações amistosas, pois as relações entre os fabricantes e as grandes lojas ou supermercados estavam ficando "deterioradas". Este é um conceito que surgiu no início dos anos 1990. A prioridade da área não são as questões comerciais e sim o planejamento estratégico a médio e longo prazo.

transceiver
Dispositivo para conexão física de um nó de uma rede local.

totem aéreo
totem

transfer
Decalque.

transferência de arquivos
Cópia de arquivos entre duas máquinas via rede. Na Internet, implantada e conhecida por FTP.

transgênico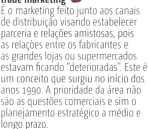
Também chamado Organismo Geneticamente Modificado (OGM) é o organismo cujo material genético (DNA/RNA) foi modificado por qualquer técnica de engenharia genética, recebendo genes exógenos (oriundos de espécies diferentes, não correlacionadas).

transparência
Folha de material transparente, na qual se imprimem ou escrevem textos, gráficos, desenhos, mapas etc., para projeção em retroprojetor.

trap/trapping
Técnica de pré-impressão que utiliza a sobreposição de cores na periferia de imagens justapostas, garantindo registro na impressão.

trapping
Recurso presente nos programas de paginação e ilustração, que expande automaticamente os contornos das cores chapadas de planos sucessivos, causando uma pequena sobreimpressão na aresta de contato entre as cores. Sua função é evitar que surja um filete na transição das duas cores, em decorrência de um eventual erro de registro. O mesmo efeito pode ser feito do primeiro plano para o segundo ou do segundo plano para o primeiro; o segundo caso é o usual em textos compostos com corpos muito pequenos, evitando que as letras pareçam muito espessas e próximas.

Tratado de Clima de Copenhagen
WWF, Greenpeace, IndyACT, Germanwatch, Fundação David Suzuki, Centro de Ecologia Nacional da Ucrânia e especialistas independentes de todo o mundo se uniram e apresentaram um documento para servir como referência ao acordo climático global que foi realizado no ano de 2009 em Copenhagen, na Dinamarca. O Tratado do Clima de Copenhagen traz aspectos importantes para um acordo ético e justo, apontando diferenças entre países pobres e ricos e norteando

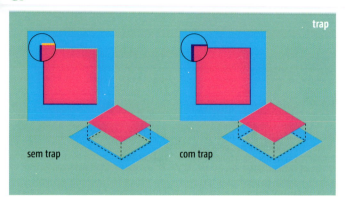

sem trap | com trap | trap

seu conteúdo na sustentabilidade do planeta. Descrevendo o caminho que o mundo deverá percorrer para evitar uma mudança climática catastrófica, o documento jurídico se divide em três partes: Protocolo de Kyoto atualizado, para reforçar as obrigações dos países industrializados; um novo Protocolo de Copenhagen que exija um compromisso jurídico dos Estados Unidos e aponte caminhos para uma economia de baixo carbono nos países em desenvolvimento, apoiados pelos países desenvolvidos; e um conjunto de decisões que estabeleça as bases de negociações para os próximos três anos.

tratamento de imagem
Manipulação digital envolvendo ajustes de cor e correção de defeitos.

trava de segurança
Sistema feito no desenho de uma faca especial para travar o fechamento de caixas e outras embalagens em cartão.

travar
O computador está travado quando não responde a nenhum comando e quando o cursor do mouse não se mexe. Em geral é necessário desligar a máquina e ligá-la novamente.

tricromia
Reprodução de originais em cores, utilizando-se as três cores primárias: amarelo, magenta e ciano, impressas nessa ordem. A seleção de cada uma dessas cores é feita em câmera fotográfica especial, na qual são colocados filtros que deixam passar, a cada vez, somente o que o original contém de cada uma das três cores. Grava-se, então, um fotolito para cada cor. Esse processo apresenta o inconveniente de imprimir um preto ligeiramente cinza ou pardo, já que é reproduzido pela mistura do magenta com o ciano, o que pode ser solucionado mediante uma quarta impressão (portanto não mais tricromia) somente de preto puro.

triple bottom line
Conceito que resume o tripé da sustentabilidade, segundo o qual, para ser bem-sucedida no longo prazo, a empresa deve buscar equilíbrio e harmonia nos desempenhos econômico, social e ambiental.

trueType
Padrão de fontes conjunto da Apple e Microsoft, com versões (incompatíveis entre si) para Mac OS e Windows, no qual cada fonte é codificada em um arquivo único (podendo ou não as fontes da mesma família serem reunidas em maletas – suitcases – no Mac). Para sua visualização, não é necessário um software auxiliar como o ATM.

trumpet
Trumpet é o nome dado aos programas que implementam e usam o TCP/IP em ambiente Windows, feitos por Peter Tattam. O mais importante é o Trumpet Winsock. Nome da firma.

truncamento
Embaralhamento entre as linhas ou ausência de trecho de um texto. Fruto do descuido de jornalista ou redator, ou ainda, de defeito na operação em computador.

twist off
Tampa de rosca.

Uu

UART
Universal Asynchronous Receiver Transmitter. Circuito integrado responsável pelas comunicações por meio de uma porta serial, num computador.

UCA
Undercolor Addition. Método de separação que reforça as cores primárias (CMY) nas áreas neutras escuras, que são impressas pela tinta preta (K). Isso compensa o fenômeno de quando os tamanhos dos pontos de retícula amarelo, magenta e ciano são muito reduzidos pelo processo GCR. Sem UCA, as áreas escuras podem ficar mais claras do que o desejado.

UCR
Undercolor Removal. Método de separação que remove, em maior ou menor grau, as cores primárias (CMY) das áreas neutras escuras, compensando a diferença com a adição de tinta preta (K). Reduz os tamanhos dos pontos de retícula das três cores de escala das áreas neutras e compensa o aumento dos tamanhos dos pontos pretos. O mesmo tom escuro é reproduzido com muito menos problemas de trapping e registro.

UDP
Acrônimo para User Datagram Protocol, o protocolo de transporte sem conexão da família TCP/IP, usado com aplicações como o de gerenciamento de redes (SNMP) e de serviço de nomes (DNS).

UHF
Ultra High Frequency. Frequência ultra-alta. Faixa de frequências eletromagnéticas compreendida entre 300 MHz e 3 GHz.

UHMW-PE
Polietileno de Ultra-Alto Peso Molecular.

unitização
Agrupamento de unidades do produto ou carga de em um único invólucro, para fins de movimentação e armazenagem.

Unix
Sistema operacional que suporta um número muito grande de computadores. Com características de multitarefa e multiusuário, criado nos anos 1970 nos Laboratórios Bell da AT&T. Desde aí evoluíram muitas variantes diferentes desse sistema. É também conhecido como "o sistema operacional da Internet".

unsharp mask
Sharpen com controles de ajuste.

update
Atualizar. Modificar dados de um arquivo ou banco de dados.

upload
Ato de transmitir um arquivo do computador do usuário para um computador remoto, usando qualquer protocolo de comunicações.

URL (Uniform Resource Location)
Padrão de endereçamento da Web. Permite que todos itens na Internet, sejam eles sites Web, páginas Web ou partes de páginas, gophers, sites ftp ou caixas de correio (mailboxes), tenham um endereço próprio, que consiste de seu nome, diretório, máquina onde está armazenado e o protocolo pelo qual deve ser transmitido. Por isso se diz que cada página da rede tem sua própria URL. Um exemplo de URL é <http://www.torque.com.br/internet/glossario.htm>.

urna
Caixa destinada a recolher os cupons de participação em uma operação promocional.

usenet
Rede de grupos de discussão amplamente disseminada na Internet. A rede é formada por grupos de discussão, chamados newsgroups. Cada servidor que participa da Usenet troca as mensagens colocadas por seus usuários com os demais servidores. Assim, todo o conjunto de mensagens colocadas nos grupos de discussão está sempre atualizado. Veja também newsgroups.

username
Nome do usuário ou ID. Endereço que representa uma conta pessoal em um computador grande, por exemplo, santa@north.pole.world.

usuário final
Aquele que em última instância utiliza os resultados de uma aplicação, sistema ou processamento de dados no computador.

uu

UUCP
Unix-to-Unix Copy Program é uma coleção de programas para intercomunicação de sistemas Unix. Possibilita transferência de arquivos, execução de comandos e correio eletrônico. O UUCP é o tipo de conexão mais comum entre BBSs e a Internet.

uudecode
Programa para descodificar um arquivo texto e transformá-lo no binário correspondente. Juntamente com o uuencode, permite que se transfiram arquivos binários (portanto, qualquer software) por meio de um simples arquivo texto.

uuencode
Programa para codificar um arquivo binario e transformá-lo num arquivo texto. Juntamente com o uudecode, permite que se transfiram binários (portanto, qualquer software) por meio de um simples arquivo texto.

Vv

V.32bis
Uma das normas estabelecidas para os modems e que define a transmissao de dados na velocidade de 14.400 bps.

V.34
Uma das normas estabelecidas para os modems e que define a transmissao de dados na velocidade de 28.800 bps.

V.Fast
Uma pseudonorma definida pelos fabricantes de modems para permitir a transmissao de dados na velocidade de 28.800 bps. Obsoleta com a chegada da norma V.34.

V.FC
Veja V.Fast.

vacuum forming
Processo que permite obter objetos na forma desejada a partir de termoplásticos preaquecidos.

VALE BRINDE
Cédula impressa que dá direito a receber brindes.

valor
Benefício obtido como resultado da utilização e das experiências vividas com um produto ou serviço. É a percepção do cliente e das demais partes interessadas sobre o grau de atendimento das suas necessidades, considerando-se as características e atributos do produto, seu preço, a facilidade de aquisição, de manutenção e de uso, ao longo de todo seu ciclo de vida. As organizações buscam criar e entregar valor para todas as partes interessadas. Isso requer um balanceamento do valor na percepção dos clientes, acionistas, da força de trabalho e da sociedade. (Critérios de Excelência 2004 do Prêmio Nacional da Qualidade).

vantagem competitiva
Atributo ou característica oferecida aos clientes que apresenta diferencial superior de valor, sob o ponto de vista do cliente, sobre a oferta dos concorrentes. É conhecido também por diferencial ou diferencial competitivo.

varejo
Todas as atividades diretamente envolvidas na venda de bens ou serviços para os clientes finais para seu uso pessoal e não industrial.

varredura
Processo utilizado para transmissão e reprodução de imagens em televisão. Pela ação de um feixe eletrônico móvel, existente no tubo catódico da câmera de tevê, a imagem é reconstituída elemento por elemento, linha por linha. Os sinais que constituem cada elemento de imagem correspondem a um ponto luminoso que se movimenta pelas linhas que compõem o quadro. Em televisão, não são transmitidos todos os elementos de imagem ao mesmo tempo, mas um em cada momento, sucessivamente. Cada elemento impressiona a retina durante um tempo muito curto, na ordem de milionésimo de segundo. A transmissão é contínua, isto é, cada imagem é imediatamente seguida pelo primeiro elemento da imagem posterior, sem interrupção, a uma frequência de 30 quadros por segundo. O movimento explorador desse feixe eletrônico, na transmissão, é reproduzido exatamente pelo feixe eletrônico do tubo de imagem existente no aparelho receptor.

vasca/mesa
Para exposição de produtos promocionais ou legumes e frutas na seção de hortifrutis dos supermercados.

vazado
Qualquer elemento em traço aplicado como branco – área sem impressão – sobre uma mancha determinada (chapada ou reticulada), desde que haja contraste suficiente. Por exemplo, um texto incluído em negativo sobre a área escura de uma tarja, foto ou ilustração – as letras do texto aparecem em branco sobre o fundo.

vazado
design

veículo
1. Categoria genérica a que pertencem empresas de comunicação como editoras, emissoras de tevê, radiodifusoras, exibidoras de outdoor etc. 2. Diz-se de jornal ou revista, emissora de rádio ou tevê, ou ainda qualquer outro instrumento de comunicação, que conduz mensagens dos anunciantes aos consumidores.

ve

velocidade
A velocidade indica o tempo em que o diafragma fica aberto para que o filme (ou chip em máquinas digitais) capte a luz. A velocidade sempre vai depender do diafragma. O quanto menor for o diafragma (próximo de 22), menor a velocidade. Um diafragma "baixo" (próximo de 22) deixa entrar pouca luz na máquina, o que significa que o diafragma deve ficar aberto por mais tempo, para compensar esta abertura pequena. A velocidade tradicionalmente tem os seguintes formatos numéricos 1 / 2 / 4 / 8 / 15 / 30 / 60 / 125 / 250 / 500 / 1.000 / 2.000 etc. Porém, este número pode variar livremente entre 1 (um segundo) e até mesmo 12.000 (que significa 1 segundo dividido por 12.000). Algumas máquinas indicam a velocidade como 1/125, outras, simplesmente, como 125. Se o tempo de exposição for maior que um segundo, o número torna a crescer para o outro lado, chegando geralmente até 30 segundos. Varia de máquina para máquina a forma como é feita a diferenciação entre velocidade abaixo e acima de 1 segundo. A velocidade e o diafragma têm uma relação exata. Se em uma determinada situação de luz o diafragma for 11 e a velocidade 1/125, mudando-se o diafragma para 8 (um f/stop) a velocidade será 1/250, ou seja, o dobro.

verniz
Veja envernizamento.

verniz com reserva
Processo de aplicação do verniz U.V em áreas delimitadas.

verniz UV
Verniz de impressão ultravioleta para dar mais brilho e proteger contra o desbotamento.

veronica
Acrônimo para Very Easy Rodent-Oriented Net-wide Index to Computerized Archives; ferramenta para pesquisa no GopherSpace, o conjunto de servidores Gopher disponíveis na Internet.

versal
(capital, inglês) Letra maiúscula, letra de caixa alta. Plural: versais.

versalete
(SC, Small Caps, inglês) Corte de letra cuja forma é a da maiúscula, mas com peso igual para a maiúscula (mais alta) e para a minúscula (menos alta). Nas famílias de fontes digitais mais elaboradas podem existir dois tipos diferentes de versaletes, que terão designações menos vulgares, como GrandCaps, Petite Caps etc.

versaletes, pseudo
[Tip dig] (synthesized small caps, inglês) São versaletes aproximadas, que não estão incluídas na colecção de glifos de um font, mas que são geradas por aplicações. No InDesign pode-se especificar a percentagem da altura das maiúsculas a ser usada para pseudo-versaletes – por exemplo, o valor 70%.

vértice
(apex, inglês) Ponta de ligação das hastes de letras maiúsculas como o A, M, W.

vetor
Desenho geométrico, obtido por meio de uma fórmula matemática. Existem diversos modelos matemáticos; o mais comum é o de Bézier. A resolução de um desenho vetorial é limitada unicamente pelo dispositivo de saída, permitindo ampliação ilimitada sem perda de qualidade. Os arquivos vetoriais são relativamente pequenos em tamanho. É possível combinar os vetores com bitmaps; a tecnologia de animação Flash é baseada nos dois.

VGA
Vídeo Grafhics Array. Trata-se de placa adaptadora de vídeo. Antiga qualidade de vídeo para monitores de computadores IBMcompatíveis, exibe um total de 16 cores diferentes (cores de 4- bit). SVGA ou Super VGA são adaptadores para monitores que os deixam mais nítidos e precisos que um VGA-padrão.

VHF
Very High Frequency. Frequência muito alta. A faixa de frequências eletromagnéticas entre 30 MHz e 300 MHz.

VHS
Formato de VCR (gravadores de videocassete) que se tornou padrão doméstico e industrial.

vídeo composto
Tipo de sinal de vídeo recebido quando se vê televisão, onde os sinais de crominância, luminosidade e de sincronia separados são codificados ou misturados para reprodução, mas com perda da qualidade.

vídeo digital
Vídeo que foi digitalizado ou transformado em informação binária, usando uma mesa digitalizadora ou por meio de um computador do tipo A/V.

vidro âmbar
Vidro marrom (geralmente usado para medicamentos) com objetivo de proteger os produtos da luz.

viewer
Programa que permite ver um arquivo gravado num determinado formato. Existem portanto viewers de GIF, JPEG, Postscript etc.

vincagem
Operação de vincar.

vincar
Produzir por pressão, mediante fios de aço ou discos rotativos, em cartolina ou cartão, vincos destinados a facilitar sua dobragem.

vinco
Conformação feita por pressão de uma "faca" sobre o papel ou papelão, para permitir seu dobramento.

vinheta
1. Pequena ilustração colocada em anúncio ou trabalho gráfico. 2. Cena animada – em desenho, fotografia ou computação gráfica – bem rápida (até 5 segundos) para lembrar um tema, empresa, comercial ou marca na televisão. 3. Mensagem sonora musical, acompanhada ou não por curta locução, bem rápida (até 5 segundos) para lembrar um tema, empresa ou marca no rádio.

VIP
"Very Important Person".

visual aid
Material para apoio visual na abordagem ao médico. Muito semelhante ao broad side quanto ao formato, contém informações importantes quanto a característica, pesquisas e benefícios do produto.

visual identity
(identidde visual) É o conjunto de símbolos, formas, cores e tipologia utilizados para a criação de uma estética única e coerente.

vitrine
Local específico para ambientação e/ou exposição de produtos e peças.

viúva
Primeira linha de um parágrafo que fica sozinha no fim de uma coluna. É um defeito estético de paginação que deve ser evitado.

volante
Impresso de pequenas dimensões distribuído para propaganda política ou comercial. Também conhecido como flyer.

VRAM
Memória RAM de vídeo. É o tipo de memória utilizada na placa de vídeo que armazena a imagem exibida na tela de um computador.

VSAT
Very Small Aperture Terminal. Uma antena VSAT permite a transmissao de

vt

dados (envio e recepcao) para outra antena VSAT, usando uma parte da banda disponivel nos satelites VSAT.

VT100
Um tipo de emulação de terminal muito frequente na Internet.

waffle
Um programa que possibilita a um BBS tornar-se um site Usenet.

WAIS
Acrônimo para Wide Area Information Server, é um serviço de bases de dados distribuídas acessíveis via Internet, cuja principal peculiaridade é a conversão automática de formatos para visualização remota de documentos e dados.

WAN
Sigla para Wide Area Network, uma rede que interliga computadores separados por distâncias maiores do que um quilômetro.

web (World Wide Web ou WWW)
Área da Internet que contém documentos em formato de hipermídia, uma combinação de hipertexto com multimídia. Os documentos hipermídia da WWW (teia de alcance mundial) são chamados de páginas de Web e podem conter texto, imagens e arquivos de áudio e vídeo, além de ligações com outros documentos na rede. A característica multimídia da Web tornou-a a porção mais importante da Internet.

web design
Área especializada das atividades em design, responsável pelo planejamento e projeto de websites, entre outros problemas para a World Wide Web. Sua competência diz respeito à definição de padrões visuais para interfaces e da estrutura de navegação própria a essa natureza de problema.

web site
Um servidor de WWW. Contém páginas interligadas conhecidas como documentos de hipertexto (páginas de Web). Os Web sites são usados para oferecer aos usuários informações institucionais sobre uma empresa, notícias, lojas virtuais, jogos, entre outras.

Whois
WHOIS é um banco de dados de informações sobre domínios, redes, hosts e pessoas, fornecendo um serviço de diretório de usuários da Internet.

Windows
Sistema operacional baseado em interfaces gráficas, produzido pela Microsoft, que proporciona um ambiente de trabalho semelhante ao sistema do Macintosh.

Winsock
Programa que capacita o ambiente Windows a operar na Internet.

woobler
Material confeccionado em acetato com função semelhante ao de um Stopper; mas com um diferencial de se movimentar com deslocamento do ar.

workstation
Estação de trabalho. Computador mais possante que um computador pessoal, usado para aplicações pesadas, como aplicações gráficas. Normalmente, roda num sistema operacional Unix, que é capaz de fazer várias tarefas ao mesmo tempo.

WORM
Acrônimo de Write Once Read Many.
1. Ferramenta de busca na rede Web;
2. Verme, programa que, explorando deficiências de segurança de hosts, logrou propagar-se de forma autônoma na Internet na década de 1980.

WWW
World Wide Web. Rede mundial de comunicação entre computadores, por padrões gráficos. Serviço provido pela Internet, que estabelece ligações entre documentos fornecendo conexões em formato de hipertexto entre servidores diversos.

WYSIWYG
What You See Is What You Get, em português: O que você vê é o que você tem. Termo da indústria de computadores que indica que o trabalho que você fez na tela irá aparecer exatamente igual na impressora.

Xx

X.25
Protocolo de roteamento muito utilizado em redes públicas de pacotes.

X.400
Um protocolo que especifica serviços do tipo store-and-forward, sendo o serviço de correio eletrônico Message Handle System (MHS) o mais conhecido deles, como parte das recomendações OSI/ISO.

X.500
É um padrão ITU-TSS/ISO para serviços de diretório eletrônico.

xerografia
Processo de impressão na qual o papel da tinta é feito por um pó seco (toner) que é atraído eletrostaticamente para as áreas de interesse. É a mesma tecnologia usada em copiadoras e impressoras laser.

x-height
Veja altura-x.

xilogravura

xilogravura
Gravura em madeira; cópia feita a partir de uma imagem em relevo talhada em um bloco de madeira. O bloco é entintado com um rolo e a imagem é transferida diretamente ao papel por pressão da superfície entintada. Dependendo do sentido da fibra no bloco a ser talhado, diferentes instrumentos podem ser utilizados, obtendo-se resultados bastante diversos.

Xmodem
Um protocolo de transferência de dados por modem, relativamente lento.

195

Y/C
Formato de vídeo "semicomponente" dos sistemas de vídeo Hi-8 e S-VHS, que grava cor em um sinal de vídeo de crominância e em um sinal de luminância em brilho. Os componentes de vídeo reais gravam sinais de vídeo separados para os componentes da cor vermelha, verde e azul.

Yanoff
Scott Yanoff. Um homem que se lembrou de criar uma lista (Lista de Yanoff) que contém endereços eletrônicos e indicação de outros recursos, para a obtenção de informação na Internet. Essa lista está estruturada em temas (desde Agricultura, Bioquímica, Esportes etc.) e é regularmente atualizada. Não contém indicações para tudo o que existe na Internet (pois isso é impossível), mas pode ser de grande ajuda.

Ymodem
Um protocolo de transferência de dados por modem, com alguns melhoramentos em relação ao Xmodem.

Zz

zip lock
Sistema de fechamento por zíper, pós abertura da embalagem.

Zmodem
Um protocolo de transferência de dados por modem, com alguns melhoramentos em relação ao Xmodem e ao Ymodem, em particular, mais rápido.

zona de conforto
O âmbito aceitável dentro do qual os gerentes acreditam com facilidade nos resultados da pesquisa.

zona de conforto
É o ponto em que o homem despende a menor quantidade de energia, para se adaptar ao seu ambiente.

zona ótica primária (ZOP)
Parte superior esquerda de uma página impressa.

zoom
Existem dois tipos. Zoom óptico é o zoom mecânico feito pela lente da câmera, que aproxima o objeto a ser fotografado. O "zoom digital" interpola os pixels provenientes do CCD da câmera; não é um zoom real, causando degradação por perda de detalhes ou serrilhamento.

zoom
Ato de aproximar um objeto por meio de uma lente zoom, lente esta que tem como característica poder variar a distância ótica entre o fotógrafo e o objeto fotografado.

16-bit 🔷
Imagens criadas com, no máximo, 65.536 cores diferentes, embora a quantidade de cores disponíveis seja, geralmente, de 32.768, para dar espaço aos canais alfa dos efeitos especiais, como transparência. O número 65.536 é derivado do número 2 (representando o sistema binário que todos os computadores usam para manipular informações) multiplicado por ele mesmo 16 vezes (216).

24-bit 🔷
Imagens criadas com, no máximo, 16.777.216 cores diferentes, derivadas do número 2 (representando o sistema binário que todos os computadores usam para manipular as informações) multiplicado por ele mesmo 24 vezes (224). Para trabalhar com imagens em 24-bit, o desenvolvedor precisará de um computador muito potente e de grande capacidade de memória RAM. É importante lembrar que o monitor padrão, de 13 ou 14 polegadas com 640 x 480 pixels exibe somente 307.200 pixels por vez. Mesmo que cada pixel tenha uma cor diferente, a exibição fica abaixo de 2% dos valores máximos de cores em 24-bit.

3Rs 🔷
Conhecido como os 3Rs do consumo consciente: reduzir o consumo, reutilizar o que for possível e reciclar.

32-bit 🔷
Imagens criadas com, no máximo, 16.777.216 cores diferentes além dos canais alfa destinados aos efeitos especiais, como efeitos de transparência e máscaras.

48 quadros por segundo 🔷
O "número mágico" exigido para uma animação perfeita. A animação profissional é gravada normalmente a 24 quadros por segundo, mas os projetores foram concebidos para mostrar cada quadro 2 vezes, alcançando os 48 fps (frames per second / quadros por segundo) necessários. A televisão exibe imagens com 29,97 fps, mas a natureza da televisão, incluindo imagens residuais projetadas nos fósforos brilhantes do CRT (Cathode Ray Tube/Tubo de Raio Catódico), atinge os 48 fps.

4Cs 🔷
O composto do marketing, visto sob a ótica do cliente, a saber, a definição do valor para o Cliente, do menor Custo, da Conveniência e da Comunicação.

4Ps 🔷
O composto do marketing, visto sob a ótica do vendedor, a saber, a definição do Produto, do seu Preço, da Promoção e da Praça.

5Rs 🔷
O composto da educação ambiental: repensar os hábitos de consumo e descarte; recusar produtos que prejudicam o meio ambiente e a saúde; reduzir o consumo desnecessário; reutilizar e recuperar ao máximo antes de descartar; reciclar materiais.

8-bit 🔷
Imagens com 256 cores, derivadas de 2 multiplicado por ele mesmo 8 vezes (28). Esse é o padrão utilizado em multimídia, em virtude de vários fatores, incluindo a necessidade de muita potência e muita memória RAM em um computador quando se usa maiores profundidades de cores e meios mais lentos para publicação, tais como CD-ROMS e World Wide Web. O uso de cores em 8-bit é também conhecido como "modo paleta", porque as cores são desenhadas na tela com base na paleta em uso pelo sistema.